LA DISCIPLINE POSITIVE POUR LES PARENTS SOLOS

Jane Nelsen, Cheryl Erwin
et Carol Delzer

LA DISCIPLINE POSITIVE POUR LES PARENTS SOLOS

**Instaurer une coopération bienveillante,
le respect et la joie
dans votre foyer monoparental**

SECONDE ÉDITION RÉVISÉE

Adaptation et traduction
Béatrice Sabaté et Armelle Martin

Illustrations de Elena Delaville De La Parra

éditions du
Toucan

Traduction autorisée par l'auteur et *Three Rriver Press*,
imprint de *Crowwn Publishing Group*, division de Random House LLC
Copyright Jane Nelsen, Cheryl Erwin, Carol Delzer
et Les Editions du Toucan pour la traduction française

ISBN 978-2-810-00723-3

Éditions du Toucan
16, rue Vézelay – 75008 Paris
www.editionsdutoucan.fr

« A Carol, qui a su me convaincre que les parents solos avaient des besoins spécifiques ; et à Cheryl, qui défend la vision selon laquelle les familles monoparentales ne sont pas des foyers brisés. L'une comme l'autre sont des exemples éloquents de parents solos qui offrent à leurs enfants l'environnement d'un foyer bienveillant et stimulant »

Jane Nelsen

« A mon fils Philip qui m'a apporté tant de joie, et à Tom pour avoir fait preuve de courage en changeant et pour avoir permis à ce livre d'exister »

Cheryl Erwin

« A ma fille Jessica pour tout ce qu'elle m'inspire et à son père, pour la coopération et l'aide qu'il m'apporte dans ma vie de parent solo »

Carol Delzer

SOMMAIRE

PRÉFACE

Depuis l'apparition du concept de monoparentalité dans les années 70, le nombre de parents, hommes ou femmes élevant seuls leurs enfants a doublé en seulement quelques années. Les statistiques ont bien du mal à capturer le profil du parent solo et sont avant tout le reflet d'une société en pleine mutation. En France comme ailleurs, les schémas familiaux sont de plus en plus variés, même si la famille nucléaire traditionnelle reste le type de structure le plus fréquent.

Les raisons qui conduisent aujourd'hui à se retrouver en solo dans l'aventure parentale se sont, aussi, largement diversifiées : le décès d'un parent même si ce n'est plus la raison principale, la séparation, le divorce, mais aussi l'éloignement géographique entrainé par une situation professionnelle ou tout simplement le choix d'élever un enfant sans partager son foyer avec un autre adulte.

Que la situation de monoparentalité soit subie ou au contraire choisie, elle peut se trouver fragilisée par des facteurs socio-économiques, l'accumulation des rôles par le parent solo, l'isolement affectif et les émotions qui traversent inévitablement le ciel changeant d'une réorganisation familiale.

Le parent solo a dans son jeu autant d'opportunités que de défis à relever : l'opportunité, entre autre, de poser un regard neuf sur la monoparentalité et d'entrainer son ou ses enfants dans la co-construction d'une ambiance familiale sereine et propice aux apprentissages.

Jane Nelsen, Cheryl Erwin et Carol Delzer, comme beaucoup d'autres, ont, elles-mêmes, été parents solos à un moment ou à un autre de leur vie ; elles en connaissent les joies et les difficultés. C'est leur expérience qui leur a inspiré cette belle image des cyprès, magnifiques sentinelles chahutées par les vents : *« Le cyprès, comme le parent solo, possède une force qui émane de la tempête elle-même. Avec patience, il gagne un supplément d'âme à être ainsi façonné par le vent et les intempéries. Cette force, avec le temps, devient source d'inspiration et refuge pour ceux qui l'entourent. »*

Avec talent, bon sens et pragmatisme, les auteurs entrainent le lecteur sur le chemin de la démarche de Discipline Positive. Les outils proposés dans cet ouvrage seront une aide précieuse pour tous les parents solos qui souhaitent profiter pleinement de leurs enfants et de leur propre vie.

Ce livre est un hymne à la joie, celle d'être parent, celle de transmettre à ses enfants l'envie de célébrer la vie, la force de plonger leurs racines dans ce qui fait la beauté de notre humanité et le courage de se tourner vers les autres avec confiance pour co-construire la société de demain.

Béatrice Sabaté
Psychologue et Maître Formatrice en Discipline Positive

INTRODUCTION

PARENT SOLO : LE DÉBUT DU VOYAGE

Selon l'enquête *Couples et Familles*, éditions 2015 INSEE références, le nombre d'enfants mineurs de France Métropolitaine vivant au sein d'une famille monoparentale est en augmentation (18 % en 2011 contre 14 % en 1999). Les statistiques européennes sont similaires : la part des familles monoparentales est passée de 14 % à 19 % entre 1996 et 2012, avec des inégalités selon les pays.

En Europe, les caractéristiques de la monoparentalité ont changé : les familles monoparentales se sont masculinisées : en 2012, 15 % des parents solos sont des pères, soit 5 points de plus qu'en 1996.

Par ailleurs, les situations conduisant à la monoparentalité se sont diversifiées (veuvage, divorce, mais aussi personnes qui ne se sont jamais mariées et qui représentent aujourd'hui 36 % des parents solos, soit 16 points de plus qu'en 1996).

Notre perception de la monoparentalité est en train d'évoluer, bien que certaines peurs et certains ressentis restent encore très ancrés.

Lorsqu'on interroge un groupe de parents solos sur ce qu'ils pensent de leur situation et ce qu'ils ressentent, on s'attend à être bombardé par diverses émotions : « *Je me sens débordée* », répond l'une des mamans solos. « *Coupable* », *dit un père séparé*. Et d'autres ressentis vont se bousculer : « *je me sens isolé* », « *épuisé* » ;

« amer », « j'ai peur », « je manque de confiance en moi », « je me sens vulnérable », « seul », « déprimé », « anxieux », « profondément triste ».

Les chemins qui mènent vers la monoparentalité sont nombreux. Certains parents se retrouvent seuls après le décès de leur conjoint, D'autres ne se marient jamais, que ce soit par choix ou par crainte. Enfin nombreux sont aussi ceux qui divorcent. Quelle qu'en soit la raison, une fois que l'on est engagé sur cette voie, une fois que l'on se retrouve parent solo, que faire ?

Etre un parent solo dans le monde complexe qui est le nôtre est un défi immense. La monoparentalité est une sorte d'exercice de parentalité amplifiée, on pourrait presque dire un « supplément de parentalité » : aux problèmes quotidiens inhérents au fait d'élever des enfants, s'ajoute le fait de devoir accomplir seul un travail conçu à l'origine pour deux personnes.

En outre, de nombreux parents solos se laissent envahir par le doute, et développent des attitudes qui freinent leur capacité à exercer leur parentalité de façon efficace. Les parents solos sont peut-être devenus plus visibles, mais ils continuent souvent à remettre en question leurs capacités à élever correctement leurs enfants. Des ouvrages comme celui de Judith Wallerstein, *Deuxièmes chances, les hommes, les femmes et les enfants après une décennie de divorce*[1], ont poussé de nombreux adultes à croire que les enfants souffrent de dommages irrémédiables lorsqu'ils grandissent dans une famille monoparentale, et que leur chance de réussir et d'être heureux est automatiquement affaiblie s'ils n'ont pas leur deux parents sous le même toit.

Etre un parent solo n'est clairement pas chose aisée. Les trois auteurs de cet ouvrage ont elles-mêmes élevé des enfants en tant que maman solo, et elles n'en sous-estimeront jamais ni les difficultés, ni les gratifications. Si de nombreux parents

1. Judith S. Wallerstein and Sandra Blakesly, *Second Chances, Men, Women & Children A Decade After Divorce : Who Wins, Who Loses-And Why*, 1989, Ticknor & Fields, NYC

choisissent aujourd'hui la voie de la monoparentalité, bien plus nombreux sont ceux qui s'y engagent contraints. La souffrance qui accompagne le divorce ou le décès rend encore plus intimidante la réalité d'éduquer seul ses enfants. Cela prend du temps de se reconstruire lorsqu'on a souffert d'une perte, et beaucoup de parents solos portent des blessures encore à vif. Le travail du deuil, la douleur, le sentiment de rejet, sont parfois accablants, et il devient difficile d'avancer avec confiance et optimisme sur le chemin de la monoparentalité.

Les parents solos sont souvent très conscients des émotions qu'ils ressentent face à leur situation, mais ils sont parfois surpris de constater que leurs enfants vivent des choses similaires. Si l'un des deux parents est décédé, les enfants vivent leur propre deuil. S'ils ont grandi avec un seul de leur parent, ils peuvent s'interroger sur l'absence de l'autre.

Et s'ils ont été témoins du divorce de leurs parents, quelles qu'en aient été les raisons, ces enfants doivent apprendre à accepter leur nouvelle situation et gérer leurs émotions : colère, confusion, culpabilité et sentiment d'abandon.

Seul le temps peut guérir les blessures laissées par la mort d'un époux, d'un parent, ou par la séparation due à un divorce. Toutefois, lorsque des parents divorcés ou séparés arrivent à construire une coparentalité respectueuse et centrée sur l'enfant, le traumatisme associé à la séparation peut être largement diminué. Beaucoup de parents divorcés choisissent de demeurer impliqués de façon active dans l'exercice d'une parentalité conjointe, ce qui permet aux enfants d'avoir deux foyers (et deux familles), chacune avec un parent qui les aime. Cela demande du temps, et beaucoup d'engagement pour passer d'une relation d'intimité à un partenariat parental fonctionnel (et nous proposerons dans cet ouvrage des pistes de réflexion et des moyens concrets pour parvenir à cette transformation). Cependant, les enfants sont capables non seulement de survivre mais de s'épanouir pleinement dans une situation familiale qui ne correspond pas nécessairement à ce que la société considère comme la norme.

De toute évidence, être parent solo peut s'accompagner de nombreux facteurs de stress. Les soucis financiers peuvent sembler insurmontables. Réussir à équilibrer travail, gestion de la maison, temps pour les enfants et temps pour soi est une tâche ardue. Mentionnez les mots *vie sociale* et nombre de parents solos vous regarderont probablement avec une grimace incrédule. « Quelle vie sociale ? » diront-ils. « Qui a le temps pour ça ? »

Est-ce qu'il est possible d'être à la fois heureux et de réussir sa vie lorsqu'on est parent solo ? Quel devenir pour les enfants qui grandissent dans une famille mono parentale ? Parviendront-ils eux-mêmes à construire des relations stables lorsqu'ils seront adultes ? Est ce qu'un seul parent peut vraiment fournir tout ce dont un enfant à besoin pour grandir en bonne santé et s'épanouir pleinement ? Ces questions habitent la majorité des parents solos à un moment ou à un autre.

Cependant, lorsque les parents solos ont la possibilité d'échanger entre eux, de normaliser ce qu'ils ressentent, lorsque les peurs et les frustrations ont été explorées en profondeur, cela peut déboucher sur une perspective plus nuancée. « Attendez un peu » disait un père dans un groupe de partage : « mon foyer est bien plus paisible depuis que nous vivons chacun de notre côté ». Des hochements de tête se produisirent dans l'assemblée pour laisser place, petit à petit, à une belle énergie. Bien qu'il faille parfois un peu de temps pour le réaliser, il y a de bons côtés à être un parent solo.

Peu importe comment on l'est devenu, on se découvre souvent des ressources insoupçonnées. C'est l'opportunité, par exemple, d'exercer sa créativité, et d'approfondir sa confiance en soi et en ses enfants. Ce ne sont pas les seuls bénéfices. Bien des parents solos découvrent par exemple qu'ils apprécient d'avoir un foyer dépourvu de conflits, de ne pas avoir un partenaire qui mette en doute leurs décisions et leurs moindres agissements. Les parents solos font souvent preuve de plus de spontanéité, et profitent mieux de leurs enfants.

Le film, déjà ancien, *Kramer contre Kramer*[1] est un excellent exemple de la façon dont un père a su développer un lien privilégié avec son fils en devenant père célibataire. Opportunité qu'il aurait manquée s'il avait maintenu le rythme très soutenu de sa carrière professionnelle, abandonnant toutes les responsabilités parentales à la mère.

Certains parents trouvent leur nouvelle vie libératrice, ils aiment leur indépendance, les nouvelles possibilités qui s'offrent à eux, et la satisfaction que l'on ressent à relever un défi par soi-même. Et cela peut être bien agréable de se sentir ouvert et disponible !

Les enfants aussi peuvent grandir et s'épanouir dans un foyer monoparental. C'est particulièrement valorisant de se rendre compte que non seulement on peut survivre à un traumatisme, mais que l'on peut en faire une opportunité d'apprentissage, source de bien des bénéfices. Les enfants élevés par des parents solos ont la possibilité de contribuer véritablement à leur vie de famille et de développer ainsi leurs sentiments d'importance et d'efficacité personnelle.

Si vous êtes en train de lire ce livre, il y a de grandes chances pour que vous soyez vous même un parent solo ou sur le point de le devenir. Le but de cette édition de *La Discipline positive pour les parents solos* — et l'espoir de ses auteurs — est que le lecteur puisse y découvrir des moyens d'identifier les problèmes potentiels tout en développant des compétences pour les éviter. Nous espérons que vous y trouverez effectivement des solutions aux problèmes que vous rencontrez, des suggestions, des pistes de réflexion. Bien que nous soyons conscients que tous les parents solos ne sont pas passés par un divorce, cela reste de loin la

1. *Kramer vs. Kramer*, Robert Benton, d'après le roman d'Avery Corman, 1979

cause la plus courante dans les situations familiales conduisant à la monoparentalité.

Recevez dès à présent toute notre gratitude pour la patience qui sera la votre à la lecture de suggestions qui ne vous concerneront pas directement et seraient plus spécifiquement destinées aux parents divorcés. L'idée reste que chacun puisse trouver, au sein de ces discussions, de nombreuses suggestions qui pourront s'adapter également à sa situation.

Les compétences enseignées en Discipline Positive peuvent aider les parents et leurs enfants à co-construire et vivre dans la joie – en tout cas la plupart du temps. Chacun peut en tirer des bénéfices.

Tous les outils de Discipline Positive proposés dans cet ouvrage ont été conçus pour aider les parents à enseigner à leurs enfants les compétences nécessaires à une vie pleine et heureuse. Cet ouvrage s'appuie sur les essais et les réussites de plusieurs parents solos, avec pour objectif d'encourager tous ceux et celles qui partagent cette situation.

Selon les jardiniers, sans quelques fortes rafales de vent occasionnelles, un arbre ne développera pas de racines puissantes. C'est la force du vent qui oblige l'arbre à creuser et à enfoncer ses racines plus profondément pour y trouver une accroche suffisamment solide. Les fameux cyprès qui bordent la côte californienne ont subi des rafales de vent et des orages, mais ils sont fermement enracinés dans la roche et ne lâcheront pas prise, quelque soit la force de la tempête. Leur beauté s'est forgée sous les vents qui les ont façonnés.

Etre un parent solo n'est peut-être pas votre choix. Comment ne pas se demander parfois s'il est possible de surmonter toutes ces difficultés, si la famille va réussir à s'en sortir ? Etre un parent dans le monde d'aujourd'hui est déjà un défi en soi, mais être un parent solo peut se révéler encore plus difficile. Il est possible cependant d'élever des enfants responsables, respectueux et débrouillards dans un foyer monoparental. L'ouverture d'esprit et l'envie d'apprendre peuvent à elles seules révéler de belles opportunités à saisir sur le chemin du parent solo, opportunités pour soi mais également pour ses enfants.

Finalement, les souhaits du parent solo ne sont pas très différents de ceux de n'importe quel autre parent : avoir une vie de famille dans laquelle chacun trouve sa place, s'épanouit et contribue ; des enfants qui grandissent pour devenir des adultes équilibrés, heureux et compétents. Non, ce n'est pas toujours facile, mais oui, *c'est* possible.

1 GRANDIR DANS UNE FAMILLE MONOPARENTALE : LES MYTHES ET LA RÉALITÉ

Les parents solos sont avant tout des *parents*. Ce sont simplement des parents qui se trouvent être célibataires. Malgré tout, une grande partie de ce qui préoccupe ces parents-là, en particulier au début de leur aventure en solo, se concentre sur le fait d'être seul(e)s : « *Est ce que mes enfants vont souffrir ?* » « *Comment gagner assez d'argent pour m'en sortir ?* » « *Comment me débrouiller quand ils seront malades et que je devrais rester avec eux alors que je travaille ?* » « *Comment gérer toutes les émotions que je ressens – la colère et la culpabilité, le découragement, la tristesse ?* » « *Est ce que je retrouverai un jour quelqu'un ? Et si j'y arrive, comment est ce que je parviendrai à voler quelques heures pour sortir et continuer à passer suffisamment de temps avec mes enfants ?* » « *Comment puis-je aider mes enfants à gérer leur colère et soigner leurs blessures quand j'ai aussi besoin de prendre l'air et de voir d'autres personnes ?* » « *Est ce que mes enfants seront privés de quelque chose si leurs deux parents ne vivent pas ensemble ?* » « *Comment est ce que je peux être à la fois la mère et le père de mes enfants ? Je n'ai déjà ni le temps ni l'énergie d'être un seul de ces deux parents de façon efficace !» « Comment adoucir les épreuves que mes enfants seront appelés à traverser ?»*

Cette multitude d'interrogations vient s'ajouter aux préoccupations non moins pressantes que rencontre n'importe quel parent : « *Comment obtenir de mes enfants qu'ils contribuent à la vie de famille ?* » « *Comment puis-je encourager mon ado à me parler ?* » « *Comment poser mon autorité ?* » « *Est ce que mes enfants auront confiance en eux ?* » « *Est ce que mes enfants reproduiront mes erreurs ?* » « *Comment renforcer les limites que je pose ?* » « *Comment faire cesser les jérémiades ?* » « *Et que faire avec les frères et sœurs qui se disputent ? Avec les devoirs ? Et juste arriver à s'entendre ?* »

Est ce que certaines de ces questions vous semblent familières ? Toutes ces préoccupations sont bien réelles, et nous nous pencherons sur chacune d'entres elles. Globalement, les parents solos se *font* plus de soucis que la moyenne. Et la majorité d'entre eux ont des croyances négatives sur le divorce, sur ce qu'est un foyer monoparental et comment sont les enfants qui y grandissent. Certaines de ces idées préconçues ont fait partie de notre culture depuis si longtemps que nous en oublions de prendre un peu de recul afin de les remettre en question. Pourtant, nombre de ces croyances sont fausses et font plus de mal que de bien.

Par le passé, les parents n'élevaient leurs enfants seuls que lorsqu'ils avaient dû traverser une tragédie (la mort d'un conjoint) ou lorsqu'ils avaient d'une certaine façon enfreint les lois morales de la société (en concevant un enfant hors mariage). Notre époque est différente.

En 2011, en France Métropolitaine, 13,7 millions d'enfants mineurs vivent dans 7,8 millions de familles : 9,8 millions (soit 71 %) en famille « traditionnelle », 1,5 million en famille recomposée (11 %) et 2,5 millions en famille monoparentale. (*Couples et Familles*, édition 2015, INSEE Références).

Certains d'entre eux sont passés par là plusieurs fois lorsque leurs parents ont divorcés, se sont mariés puis ont divorcé à nouveau.

Les familles monoparentales sont peut-être plus nombreuses aujourd'hui, mais une grande partie des croyances à leur égard date d'une époque révolue. Ces mythes, lorsqu'ils perdurent, risquent parfois de freiner la capacité des adultes et des enfants à croire en leur potentiel et en la promesse d'un avenir meilleur. Quels sont ces mythes que notre société a développés autour de la monoparentalité ?

De nombreuses personnes sont encore convaincues que les enfants issus de ces familles sont bien plus enclins que leurs pairs à se retrouver en échec scolaire, à avoir des démêlés avec la justice et à avoir des problèmes relationnels. Qu'en est-il vraiment ?

1. « Les enfants qui grandissent dans une famille monoparentale sont condamnés d'avance »

En réalité, un certain nombre de chercheurs ont étudié la question ces dernières années, pour aboutir à des découvertes — rassurantes — et intéressantes. Les exemples de personnes élevées par un parent solo et ayant réussi dans la vie sont nombreux. En fait, les chercheurs sont arrivés à la conclusion

Les mythes de la monoparentalité

- « Mes enfants sont condamnés d'avance »
- « Les enfants qui grandissent dans un foyer monoparental seront incapables de construire à leur tour des relations équilibrées »
- « Les enfants de parents solos ont besoin de modèles parentaux, et plus tôt leurs parents se remarient, le mieux c'est »
- « Les enfants des parents solos manquent d'estime d'eux-mêmes »
- « Les foyers monoparentaux sont des foyers déstructurés »

que de solides compétences parentales peuvent compenser l'expérience d'un stress intense ou de grandes difficultés. En d'autres termes, au sein de foyers où les parents solos ont la volonté de consacrer du temps et de l'énergie à éduquer leurs enfants tout en construisant avec eux une relation aimante, ces enfants ont les mêmes chances de réussite que ceux vivant au sein de familles nucléaires traditionnelles.

Une grande partie des prédictions pessimistes qui menacent les enfants issus d'une famille monoparentale ont bien plus à voir avec les conditions économiques difficiles qui peuvent être les leurs qu'avec le nombre de parents dans le foyer. La pauvreté et les difficultés financières ont effectivement une forte incidence sur les parents solos et leurs enfants.

Selon l'enquête Couples et Familles de l'INSEE, le niveau moyen des familles monoparentales est de 1 240 euros par mois. Il est inférieur à celui des couples avec enfants (1 880 euros par mois en moyenne). Quel que soit le nombre d'enfants, le niveau de pauvreté des familles monoparentales est très supérieur à celui des couples avec enfants (40 % contre 14 % en 2011).

La monoparentalité concerne davantage les femmes peu ou pas diplômées. Leur insertion sur le marché du travail est rendue plus complexe par l'organisation de la garde de leurs enfants.

Ces chiffres traduisent les difficultés économiques que peuvent rencontrer les familles monoparentales. Maintenant, si les parents solos ont la volonté de consacrer du temps et de l'énergie à éduquer leurs enfants tout en construisant avec eux une relation aimante, ces enfants ont les mêmes chances de réussite que ceux vivant au sein de familles nucléaires traditionnelles.

L'idée de cet ouvrage n'est pas de proposer de solution évidente à ces dilemmes financiers, mais des suggestions concrètes qui permettent aux parents solos d'améliorer à la fois leur situation et les perspectives d'avenir de leurs enfants. Les parents solos ont l'opportunité unique de pouvoir enseigner à leurs enfants que ce qu'ils sont et ce dont ils sont capables ne dépend pas de ce qu'ils possèdent. La bonne nouvelle est que les enfants de parents solos ne sont pas « condamnés ». Avec beaucoup d'implication, d'amour et en s'appuyant sur des compétences parentales comme celles proposées par la Discipline Positive, ils peuvent éduquer leurs enfants pour en faire des adultes compétents, heureux et responsables.

2. « Les enfants qui grandissent dans des foyers monoparentaux seront incapables de construire à leur tour des relations équilibrées »

Erreur ! En réalité, une étude récente menée par l'Université du Michigan aux Etats Unis sur plus de 6 000 adultes a mis en évidence que 43 % des enfants issus de foyers monoparentaux et devenus adultes étaient engagés dans un mariage heureux – ce qui correspond au même pourcentage que ceux issus de foyers nucléaires ! En fait, les enfants de parents divorcés semblent s'investir avec une énergie accrue pour préserver leur relation, peut-être parce que leur propre expérience les a rendus moins enclins à prendre les relations amoureuses équilibrées comme acquises.

Les enfants apprennent de leurs parents bien entendu. Si le parent devient amer, se plaint constamment du sexe opposé, et par ses actes, montre que s'engager dans une relation n'en vaut pas la peine, s'il dit que « ça ne marchera jamais », alors ses enfants auront sans doute tendance à adopter les mêmes attitudes. Si, au contraire, le parent fait preuve d'honnêteté émotionnelle, qu'il garde un esprit ouvert, et développe des compétences relationnelles saines et constructives, son ou ses enfants comprendront que même si cela demande de s'investir et d'être patient, s'engager dans une relation amoureuse apporte aussi beaucoup de joie. Trouver le chemin de la reconstruction et croire en son propre avenir est une excellente façon de transmettre à ses enfants ce dont ils ont besoin pour apprendre à construire des relations équilibrées.

3. « Les enfants des parents solos ont besoin de modèles parentaux, et plus tôt leurs parents se remarient, le mieux c'est. »

Pauline se faisait énormément de soucis pour son fils. Justin, 8 ans, n'avait jamais connu son père qui avait quitté Pauline juste avant sa naissance. La vie semblait se dérouler sans trop de problèmes pour la mère et le fils, jusqu'à ce que Justin entre aux scouts. Un soir, après que Pauline est venue le chercher à une de ces rencontres, elle remarqua qu'il était inhabituellement silencieux.

– *Tu as l'air un peu triste mon bonhomme* » lui dit-elle, « *Qu'est ce qui se passe ?* »

Justin resta silencieux pendant un moment, perdu dans ses pensées. Puis il leva son visage vers celui de sa mère.

– *Il y a une sortie camping chez les scouts ce weekend, près du lac. J'ai vraiment envie d'y aller, mais tous les autres y vont avec leur père.* ».

– *Je pourrais t'accompagner ?* » proposa Pauline.

Il hésita un moment, lançant un regard inquiet vers sa mère.

– *Maman, t'es super – mais tu serais la seule maman, et je me sentirais bizarre. Et puis tu ne sais pas monter une tente ou tous ces trucs-là. Le papa d'Idris m'a proposé de dormir dans leur tente, mais ce n'est pas génial non plus.* »

Justin soupira.

– *Maman* », dit-il sur un ton mélancolique, « *pourquoi mon père à moi est parti ?* »

Pauline ouvrit les bras pour y serrer son fils, tandis qu'un vrai kaléidoscope d'émotions et de pensées se précipitaient dans sa tête. Est ce qu'elle devait accompagner Justin à sa sortie ? Peut-être pourrait-elle demander à son oncle ou à l'un des jeunes accompagnateurs du centre aéré de venir avec lui ? Peut-être devrait-elle recommencer à sortir ? Sa dernière relation amoureuse s'était terminée douloureusement, mais peut-être que Justin avait besoin d'un père. Elle soupira comme son fils, incertaine de ce qu'elle allait faire et de la façon de lui venir en aide.

Puis Pauline se souvint de quelque chose qu'elle avait appris dans un atelier de Discipline Positive pour parents solos :

- au lieu de vous sentir désolé pour votre enfant lorsque des situations difficiles se présentent, impliquez-le dans la recherche de solutions possibles.
- S'il n'y a pas de solution, proposez votre soutien en pratiquant l'écoute active (pour en savoir plus sur ce sujet, voir le chapitre 2), et enfin, ayez confiance dans les capacités de votre enfant à affronter des situations difficiles sans vous apitoyez.

Pauline dit à Justin :

– Et si on cherchait des solutions ensemble ? Je commence : On pourrait dire à tous les papas de rester à la maison comme ça les mamans auraient une chance d'apprendre à planter une tente. Ou alors je pourrais me déguiser en papa et voir si ça passe. »

Justin fit un grand sourire et dit :

– Je pourrais y aller tout seul et que tous les autres enfants viennent dans ma tente pour raconter des histoires qui font peur quand leurs papas dorment. »

Pauline ajouta :

– On pourrait voir si ton oncle aurait envie de t'accompagner, ou tu pourrais accepter l'invitation du papa d'Idris ».

Justin renchérit :

– Je pourrais inviter Nicolas. Il n'a pas de papa non plus. On pourrait se donner des ordres chacun son tour. »

A présent Pauline et Justin riaient. Puis ils examinèrent leur liste avec sérieux. Justin dit :

– Maman, je ne crois pas que les autres papas pourraient rester à la maison, et jamais tu ne pourras passer pour un papa. Si oncle Marc veut bien venir, j'aimerais vraiment bien inviter Nicolas aussi. S'il ne peut pas, ce serait pas si mal d'y aller avec Idris et son père. Après tout, tu me dis tout le temps que personne ne va s'apitoyer sur mon sort si moi non plus je ne le fais pas. »

Puis il se pencha et fit un gros câlin à sa mère.

– Merci maman ».

Tôt ou tard la plus part des parents solos sont confrontés à un moment comme celui-là. Les enfants bénéficient grandement de la présence mixte d'hommes et de femmes dans leur vie de famille – si ces personnes sont équilibrées. Ils souffrent en fait bien plus de vivre au milieu de conflits et sous l'influence de modèles déséquilibrés qu'en ayant un seul parent, efficace et bien dans sa peau. Pourtant, la majorité des enfants vont désirer occasionnellement ce qu'ils voient autour d'eux : une famille avec un papa et une maman. Donc, si un enfant ne peut pas avoir auprès de lui ses deux parents, est ce qu'un parent séparé doit se remarier ?

Il existe de nombreuses façons d'aider les garçons et les filles à s'épanouir sans qu'ils aient, nécessairement deux modèles parentaux sous le même toit, (l'influence du genre est abordée au chapitre 7). On *peut* élever ses enfants avec succès sans nouveau partenaire. Il est sage de mettre en place un système d'aide efficace, d'avoir un cercle d'amis, de membres de la famille, et de personnes capables de donner un coup de main, de procurer de temps à autre ce que le parent solo n'est peut-être pas à même de fournir à ses enfants. Des suggestions concrètes sont proposées au chapitre 6. Il est bien sûr fort possible que le parent solo trouve un partenaire aimant et respectueux en cours de route mais, quoi qu'il en soit, être parent solo, est tout à fait possible.

4. « Les enfants des parents solos manquent d'estime d'eux mêmes »

Le manque d'estime de soi semble être généralisé dans le monde d'aujourd'hui. La vérité c'est que les enfants élevés par des parents solos ne sont pas plus enclins à en souffrir que leurs pairs issus de familles nucléaires, à condition que leurs parents soient capables d'apprendre et de mettre en pratique les compétences et les attitudes qui rendent les enfants autonomes, et confiants dans leurs propres capacités.

Lorsque les enfants ont cette croyance, celle du « je suis capable, je peux apporter ma contribution de façon significative, je peux avoir une influence sur ma vie », alors ils ne manquent pas d'estime d'eux. Les parents solos peuvent offrir à leurs enfants tout autant d'opportunités que les autres parents pour leur permettre de développer ces croyances. N'importe quel parent, qu'il soit solo ou pas, peut ne pas réussir à transmettre ce qui est nécessaire pour construire les fondations de l'estime de soi.

Une solide estime de soi est importante. Elle aide les enfants à résister à la pression négative que peuvent exercer leurs camarades, elle leur insuffle le courage d'affronter les épreuves, et leur permet d'oser essayer de nouvelles choses. Cela vaut la peine d'insister : les parents – qu'ils soient célibataires ou mariés – peuvent apprendre à leurs enfants les compétences de vie, pratiquer l'art de l'encouragement, et leur donner la possibilité de déployer leurs ailes étape par étape. En fait, les enfants des parents solos ont cette opportunité supplémentaire de développer leurs sentiments d'appartenance et d'importance, de s'apercevoir qu'ils peuvent contribuer de façon significative à leur vie de famille, et qu'ils sont capables d'affronter et de vaincre n'importe quelle épreuve.

Lorsque les enfants ont la croyance qu'ils sont capables, je peux apporter ma contribution de façon significative, je peux avoir une influence sur ma vie alors ils ne manquent pas d'estime d'eux.

5. « Les foyers monoparentaux sont des foyers déstructurés »

– *Papa* » dit Julie, 5 ans, en rentrant ce soir là dans la cuisine. « *comment ça se fait que tout le monde a plus de gens et de choses dans leur famille ?* »

Stéphane mit de côté les légumes qu'il était en train d'émincer, et sourit à sa fille.

– *C'est une question intéressante* » répondit-il « *qu'est ce que tu veux dire par là ?* »

Julie s'assit devant le comptoir de la cuisine et prit un morceau de pain qui trainait sur la table.

– *Ben* » répondit-elle entre deux bouchées, « *Laura dit que je viens d'une famille cassée parce que j'ai que mon papa et que ma maman vit dans un autre endroit. Et tout le monde dans le quartier a un papa et une maman et plus d'enfants et de trucs chez eux. Alors je me demande pourquoi on est différents.* »

Stéphane prit Julie dans ses bras et s'installa avec elle sur le canapé.

– *Moi je pense que notre famille est vraiment chouette* » dit-il, « *mais elle est un peu différente. Il y a toi, et moi, et notre chien Milou…* »

– *Et le chat Cajou* » l'interrompit Julie, « *et mon lézard, Rex, est ce que c'est vraiment une famille ?* »

– *Bien sûr que c'en est une* » dit Stéphane en regardant sa fille dans les yeux. « *On a la meilleure des familles dans laquelle j'ai jamais vécu, et personne n'en a une exactement comme la nôtre. C'est ce qui la rend spéciale. Et tu sais quoi ? Tu as une autre famille quand tu vas voir maman. Tu as deux familles !* »

Julie eut un large sourire et serra son papa dans ses bras.

– *Merci papa* » dit-elle. « *On dîne quand ?* »

6. Tout est possible : chacun peut y arriver

Aucun foyer, aucune famille n'est détruite ou déstructurée à moins que les personnes qui en font partie ne l'acceptent. Et même ce qui a été brisé peut être réparé. Aujourd'hui il y a des familles de toutes sortes, les enfants sont élevés par deux parents, par des parents solos, par des grands-parents, ou par des couples gays ou lesbiens. Quelle que soit la forme de la famille, apprendre à maitriser des compétences parentales efficaces, construire des relations équilibrées, et mettre en valeur les atouts des uns et des autres aidera chacun des membres de cette famille à faire de son mieux et à se construire avec davantage de bien-être.

BOÎTE À OUTILS : LE CONCEPT

À partir du deuxième chapitre de cet ouvrage et à la fin de chacun d'entre eux, vous trouverez une « Boîte à Outils » qui synthétise les pistes d'action qui ont été présentées sur le thème du chapitre.

Ces pistes et outils sont des propositions, et l'objectif n'est bien sûr pas de tout mettre en œuvre en même temps ! Pourquoi ne pas choisir une piste d'action à consigner dans un journal de bord et à essayer pendant quelques jours ?

La mise en place pratique de la Discipline Positive est un chemin et chaque parent pourra choisir ce qui lui semble utile, selon ses envies et les caractéristiques de sa famille.

2 CHANGER VOTRE PERCEPTION DE LA MONOPARENTALITÉ

La perception que nous avons des événements de notre vie a davantage d'impact sur notre devenir que les événements eux-mêmes. Chaque personne décide si les épreuves rencontrées sont des pierres d'achoppement ou des marches sur lesquelles prendre appui vers les joies et les succès de la vie.

Ce regard sur les épreuves n'efface pas les difficultés et les soucis des parents solos, mais peut leur apporter de l'espoir et un élan pour transformer l'adversité en opportunité d'apprentissage pour tous.

Commençons donc par abandonner la croyance selon laquelle nous devons compenser pour notre enfant le fait qu'il n'ait qu'un seul parent. N'essayons pas d'être à la fois le père et la mère, ce n'est ni faisable ni sage. Un seul parent équilibré est suffisant. Efforçons nous de développer une attitude positive sur le fait d'être un foyer monoparental : « c'est une réalité, et nous allons en tirer des bénéfices ».

1. Les enfants suivront votre exemple

Le plus souvent, les enfants reproduisent les attitudes de leurs parents, même si parfois ils choisissent la voie opposée.

Si l'on se sent déprimé, défavorisé, coupable ou dans une situation tragique, il y a des chances pour que nos enfants le ressentent aussi. Si nous endossons le rôle de la victime, il y a des chances pour que nos enfants se sentent eux aussi des victimes. Si notre attitude est optimiste et courageuse, nos enfants seront très probablement poussés à apprendre en nous observant. Le plus beau cadeau que nous puissions offrir à nos enfants est de poser sur la vie un regard porteur d'espoir, quelles que soient les circonstances – et toutes, peu importent leur difficulté, offrent des opportunités qui permettent d'apprendre et de grandir. Essayons de nous concentrer sur la manière de tirer le meilleur des circonstances actuelles de notre vie.

2. Elever ses enfants pour le futur

Revenons juste quelques instants au premier regard que nous avons posé sur chacun de nos enfants. Vous souvenez-vous de l'émerveillement, de la stupéfaction, la force pure des premiers moments d'une nouvelle vie ? Bien vite nous sommes rentrés à la maison avec ce nouveau né, et nous nous sommes laissés embarquer dans un quotidien dont chaque ajustement, chaque nouvelle phase ressemblait peut-être davantage à une lutte pour s'en sortir qu'à un enchantement. L'émerveillement et la stupéfaction s'estompent parfois pour devenir de vagues souvenirs, engloutis par la somme d'energie, d'efforts et de temps nécessaires à l'éducation d'un enfant.

Quand le bébé fera t-il ses nuits ? Quand se mettra-t-il debout ? Quand marchera-t-il ? On passe des heures à cogiter sur des emplois du temps de repas et des fiches de croissance, et à discuter le plus sérieusement du monde toutes les méthodes d'apprentissage du pot. Les semaines et les mois passent à toute vitesse. Avant d'avoir eu le temps de le réaliser, nos bébés sont devenus des enfants, et des décisions importantes doivent être prises quant à la discipline. Faut-il leur donner des fessées ou pas ? Faut-il les envoyer dans leur chambre ou pas ? C'est bientôt l'âge de l'école, puis de l'adolescence. Il y a tant de décisions quotidiennes à prendre et le simple fait de s'adapter à l'évolution des comportements (appropriés ou pas) peut absorber tout notre temps et toute notre énergie. (Pour plus d'information sur comment élever de jeunes enfants, référez vous à *La Discipline Positive : les trois premières années* et à *La Discipline Positive pour les enfants en maternelle*[1], *ouvrages uniquement disponibles en anglais pour l'instant*)

Cependant, tôt ou tard, arrive le moment où l'adolescent échappe à notre vigilance pour vivre au rythme de ses copains, laissant papa ou maman assis dans une maison silencieuse, préoccupé par mille questions. Est ce qu'elle fume ? De la Marijuana ? Est-ce qu'il boit ? Fait la fête ? Et le sexe ? Est ce qu'elle me fait assez confiance pour me dire ce qui se passe dans sa vie ? Est ce qu'il a confiance en lui ? Est ce que j'en ai fait assez ? Trop ? Est ce que j'ai été un parent suffisamment bon ?

1. Jane Nelsen, Cheryl Erwin et Roslyn Duffy *Positive Discipline : the first three years*, et *Positive Discipline for Preeschoolers*, Prima Publishing, 1998.

Peut être que dans ces moments là, le mieux que nous puissions faire et de nous poser la question suivante : « *Qu'est ce que je souhaite vraiment pour mon enfant ?* »

Tous les parents font face à ce genre de moments, à ce type de questions. Les parents solos quant à eux s'inquiètent parfois plus que de raison, car après tout, il leur semble que les responsabilités ne reposent fermement que sur une seule, et bien trop fragile, paire d'épaules. Si vos enfants sont déjà presque adultes au moment où vous lisez ces lignes, rassurez-vous, il n'est jamais trop tard pour changer les choses, et pour les améliorer. Et si, au contraire, vos enfants sont encore très jeunes, vous avez la possibilité de construire un environnement familial propice à l'apprentissage des compétences de vie et au développement de liens profonds et durables.

Lorsqu'ils seront lancés dans leur vie d'adulte, quelles compétences, quelles qualités souhaiteriez-vous qu'ils aient en main ? Est ce que votre façon d'agir en ce moment lui permet de développer ces compétences essentielles à vos yeux ?

Peut-être voudriez vous que vos enfants fassent preuve d'un solide bon sens, qu'ils soient responsables, autonomes, bienveillants, honnêtes, attentionnés, courageux, qu'il aient des valeurs et un sens moral, le goût de l'effort, et sachent faire preuve de gratitude : cette liste peut varier d'une personne à l'autre. Ce qui importe est que l'on prenne conscience du fait que notre façon d'agir au quotidien en tant que parent influence le futur de nos enfants. Si l'on veut que nos petits soient responsables, la façon dont nous allons gérer le lait renversé, le couvre-feu non respecté et les devoirs qui n'ont pas été terminés peuvent encourager chez eux ces qualités que nous avons à coeur.

Ces pensées se montrent envahissantes chez tous les parents, et peuvent nous pousser à nous demander : « *Mais comment vais-je pouvoir y arriver ? D'autant que je suis seul(e) ?* » Souvenons nous simplement que les outils les plus importants sont ceux que nous possédons déjà : notre amour pour nos enfants, notre sagesse et notre bon sens. La façon dont nous gérons notre propre vie et les décisions que nous prenons tous les jours sont riches d'enseignement pour nos enfants (parfois même trop à notre goût !). Ce livre a pour objet de mettre à la disposition de ceux et celles qui le souhaitent une démarche et des outils, des pistes d'action et de reflexion.

Lorsqu'on décide de partir en voyage et d'aller dans un endroit que l'on ne connaît pas, la plupart du temps, on consulte une carte, on cherche le meilleur itinéraire, sans oublier de s'assurer que la voiture est en bon état de marche. Eduquer des enfants devrait être un voyage préparé avec le même soin ! Choisir nos objectifs éducatifs en tenant compte des résultats à long terme que l'on espère peut nous préparer à l'inattendu, nous aider à garder le cap et à profiter davantage de cette aventure monoparentale.

Avoir pris le temps de réfléchir à ce que l'on souhaite que nos enfants apprennent de nous et de leur expérience de la vie est une première étape cruciale sur la route d'une monoparentalité épanouissante et constructive. Cette étape est d'autant plus important dans le cas du parent solo que les sollicitations et les responsabilités sont très nombreuses. Bien entendu nous nous tromperons parfois de direction, nous aboutirons à des impasses le long du chemin, comme c'est le cas pour tous les parents. Notre cap éducatif sera là pour nous aider à rester sur le chemin de nos envies et de nos responsabilités.

3. Il n'y a pas de situation idéale

Aussi étonnant que cela puisse paraître, il y a des avantages à être un parent solo. Le mythe largement répandu selon lequel l'exercice de la parentalité est toujours plus facile quand deux personnes se partagent le travail n'est pas forcément vrai ! Il est facile d'idéaliser les avantages d'avoir un partenaire à ses côtés quand tout le travail repose sur soi, mais les désaccords sont souvent de mise dans les foyers où deux parents sont présents. Papa et maman ne sont presque jamais complètement d'accord sur la façon d'élever leurs enfants. Selon les mots d'Alfred Adler, « *les contraires s'attirent, mais ils ont généralement des difficultés à cohabiter* »[1]. C'est incroyable avec quelle rapidité des différences qui au départ étaient séduisantes deviennent des défauts agaçants. Les couples qui envisagent l'exercice de la parentalité de deux façons opposées ne parviennent à cette charmante conclusion généralement qu'*après* l'arrivée des enfants.

Il suffit de regarder autour de soi et de compter le nombre de couples qui sont en désaccord sur la « bonne » façon d'éduquer les enfants, et comme souvent ils se retrouvent en compétition vis à vis de leurs enfants. Tandis que l'un est adepte d'un contrôle parental plutôt strict, l'autre prône l'indulgence. Ces convictions se renforcent et peuvent même s'accentuer lorsque chacun ressent le besoin de compenser les idées malencontreuses de l'autre : le parent strict devenant plus sévère encore pour compenser le parent jugé « ramollo », et le parent le plus indulgent devenant de plus en plus clément pour compenser le parent jugé « méchant » et « rigide ». Ils vont même parfois jusqu'à se disputer âprement pour savoir lequel d'entre eux a raison, alors qu'en réalité ils sont tous les deux inefficaces. En effet, les enfants réagissent beaucoup mieux lorsque l'autorité parentale est posée avec *fermeté et bienveillance dans la dignité*

1. « *Opposites attract, but they usually have difficulty living together* ».

et le respect. Une attitude parentale que les parents solos sont tout à fait en mesure d'exercer de façon efficace.

Le contrôle strict est inefficace car à terme il fait naitre un dangereux mélange de rébellion, de rancœur, de revanche, de ressentiment, de cachotteries et de faible estime de soi. Parfois les enfants ayant subit un contrôle excessif deviennent dépendants de l'approbation d'autrui, et passent leur vie à laisser les autres les diriger, fondant leurs choix de vie sur l'opinion de tiers. La permissivité est tout aussi inefficace car elle enseigne aux enfants à manipuler les autres pour obtenir ce qu'ils veulent sans avoir de leur côté à fournir le moindre effort. Parfois les enfants qui sont élevés dans une grande permissivité sont convaincus qu'ils ne sont aimés que lorsque quelqu'un est à leur service, leur cède tout. Ils peuvent mêmes être tentés de tester les limites en permanence afin de s'assurer qu'elles existent et qu'ils sont en sécurité.

D'une façon comme de l'autre, ces enfants n'explorent ni ne développent leur sentiment de capacité. Ils n'intègrent pas les compétences et les croyances qui les aideront à résoudre des problèmes, à exercer leur bon sens, et à affronter les défis de la vie avec confiance et optimisme.

En soulignant les problèmes que peuvent poser des attitudes parentales opposées, loin de nous l'idée que les enfants sont pénalisés par le fait d'avoir leurs deux parents. La majorité des parents solos aimeraient bien un coup de main de temps en temps, tandis que la plupart des parents en couple traversent des désaccords occasionnels. Aucune situation n'est parfaite. Il s'agit ici d'aider les parents solos à cesser d'idéaliser les couples de parents, à enrichir le regard qu'ils posent sur la façon de résoudre leurs difficultés en s'ouvrant à d'autres solutions. Toute situation présente à la fois des atouts et des inconvénients. On *peut* choisir de se concentrer sur les atouts de la monoparentalité.

4. Les atouts de la monoparentalité

a. *Vers de nouveaux horizons*

Lorsque les parents solos évoquent rétrospectivement l'échec de leur mariage, il est fréquent de les entendre dire : « *j'étais tellement anéanti par le divorce que jamais je n'aurais imaginé dire un jour que c'était une bonne chose. Cela m'a fait énormément évoluer et apprendre en chemin. Jamais je n'aurais pensé renouer un jour une relation amoureuse dix fois plus belle que celle d'avant* ».

Comme en témoignait cet homme :

– *Lorsqu'on devient plus fort et plus mature, on est souvent prêt à rencontrer quelqu'un de plus fort et de plus mature* ».

Il concluait en ajoutant :

– *J'ai longtemps pensé que le divorce était la fin du monde alors qu'en réalité il était pour moi le début d'un monde bien meilleur.* »

Lorsqu'on est incertain et que l'on manque de confiance en soi, on est souvent à la recherche (inconsciemment) de partenaires qui présentent les traits de caractère qui nous font défaut, afin de nous compléter. On peut aussi avoir tendance à choisir des partenaires qui présentent le même niveau de maturité (ou d'immaturité) que le nôtre. Mais il arrive qu'une fois ensemble, au lieu de ressentir la complémentarité espérée, on investisse toute notre energie à faire changer nos compagnons, pour les rendre plus semblables à nous. Vouloir à tout prix changer l'autre ne donne pas naissance à une relation aimante et respectueuse. Cependant, lorsqu'on gagne en maturité et en confiance en soi, on est à la recherche de compagnons qui partagent nos centres d'intérêt et notre style de vie. Et lorsque notre besoin de trouver un mode de vie commun est satisfait, il devient bien plus facile de construire une relation aimante et respectueuse.

On peut choisir de laisser la colère, la rancœur, une absence d'estime de soi ou d'autres croyances limitantes contrôler notre vie. On peut aussi décider d'utiliser les épreuves que nous traversons pour en faire des opportunités d'apprentissage qui font grandir.

Un divorce peut être extrêmement douloureux, en particulier lorsqu'il échappe à votre contrôle. La perception d'avoir été abandonné(e), s'accompagne bien souvent d'un sentiment de rejet, de doute quant à sa propre valeur, de la crainte de ne plus jamais être aimé(e).

Dans la situation contraire, le fait d'être à l'initiative de la rupture génère parfois un mélange de culpabilité et de tristesse.

Dans les deux cas, il peut s'avérer utile de faire appel à une aide extérieure, psychologue, groupe de parole ou autre afin de pouvoir mettre de l'ordre dans toutes ces émotions.

Une séparation est l'occasion d'être modèle dans l'exercice de certaines compétences que l'on souhaite enseigner à ses enfants : le courage, la tenacité, le sentiment dêtre de capable et la résilience.

Beaucoup de parents solos redoutent la solitude. Ils oublient qu'ils se sentaient souvent extrêmement seuls au sein de leur mariage. Et en général tellement occupés par les affres d'une relation toxique qu'ils n'ont pas pris le temps de se pencher sur leur propre solitude. Mais une fois ces préoccupations éloignées, la solitude s'impose à eux. Ce sentiment est souvent désagréable bien qu'il soit riche d'enseignement. Asseyons-nous tranquillement et méditons sur ce qui vous dérange. Posons la question à notre solitude : « *qu'as-tu à m'apprendre ?* ». Les réponses pourraient bien nous surprendre.

Pour des pistes sur la façon d'accepter sa solitude, rendez-vous au chapitre 13

b. (Pour les enfants) un entrainement à se sentir utile

Un autre avantage de la monoparentalité, est l'occasion qu'elle offre aux enfants de se sentir utiles. Les parents solos sont, de fait, plus incités à enrôler leurs enfants dans le partage des responsabilités de la famille et du foyer. Les enfants développent leur sentiment d'être capables lorsqu'on leur donne la chance de pouvoir contribuer au collectif. Ils en ressentent fierté et satisfaction. Contribuer aux responsabilités partagées, faire partie d'une équipe, est une des façons de favoriser la mise en capacité de l'enfant.

Plutôt que de nous inquiéter de ce dont nos enfants peuvent être privés parce que nous sommes parent célibataire, concentrons nous sur les responsabilités que nous pouvons leur donner dans la limite de leur âge afin qu'ils développent leur sentiment de capacité personnelle: « j'ai un objectif, je suis capable de l'atteindre, et mon effort sert à toute la famille ».

Si les parents tentent d'en faire trop auprès de leurs enfants pour compenser le fait qu'ils n'ont qu'un seul parent à leurs côtés, ils risquent de priver leurs enfants de l'opportunité de développer leur sens d'initiative et d'acquérir de nouvelles compétences. La force de caractère se développe grâce à la patience, le travail acharné et la capacité à différer une satisfaction.

5. Prendre des décisions ensemble

Une excellente façon de motiver les enfants à participer pleinement à la vie de famille est de les impliquer dans les décisions qui les concernent au cours des Temps d'Echange en Famille (T.E.F.). Les enfants se sentent particulièrement

capables lorsque leur contribution est réellement nécessaire et lorsqu'ils ont un sentiment d'appartenance et d'importance. Ils sont naturellement plus enthousiastes et motivés à suivre des décisions auxquelles ils ont participé. Laissons les nous aider à décider de la routine du coucher, de la façon de démarrer le matin, des tâches de chacun, de l'organisation des devoirs, des sorties en famille et de tout ce qui peut aider le quotidien de la famille à se dérouler avec le plus de fluidité possible.

Nous aborderons les Temps d'Echange en Famille (T.EF.) en détails au chapitre 9.

6. Développer le lien familial

En vivant avec un parent solo, les enfants ont la possibilité de participer de façon significative à la vie de famille, de se sentir utiles et écoutés, et d'être pris au sérieux, et tout ceci resserre les liens familiaux. Les circonstances de notre vie de parent solo peuvent être perçues comme une opportunité de développer la coopération au sein de la famille. En soulignant ces aspects positifs, il ne s'agit à aucun moment de sous-entendre que les problèmes n'existent pas, que les sentiments douloureux ne sont pas réels. Il s'agit simplement de rappeler que le fait de changer le regard que l'on pose sur notre situation familiale pour y voir les opportunités d'apprentissage est plus aidant que d'idéaliser la situation d'autres familles.

On ne peut pas contrôler tout ce qui nous arrive dans la vie, mais on peut contrôler la façon dont nous gérons ce qui nous arrive. En tant que parent solo, nous avons la possibilité d'enseigner à nos enfants cette façon d'appréhender la vie. Et si jusqu'à présent l'energie parentale était investie de façon négative, il n'est jamais trop tard pour redresser la barre : c'est peut être l'opportunité de reconnaître les faits et de demander de l'aide aux enfants pour, ensemble, transformer la réalité en opportunité d'apprentissage pour tous.

7. Quelques points à garder en tête

Exercer sa parentalité, en particulier en solo, est rarement simple. Et quelque soit le nombre de livres que l'on a lu sur le sujet ou les conseils que l'on a reçus, toutes les suggestions ne sont pas valables, tout le temps, pour tous les enfants, ni pour tous les parents ! Lire un livre sur la parentalité peut être décourageant, dans le sens où il peut nous amener à penser : « *j'ai tout fait de travers !* », et à abandonner avant même d'avoir commencé. Ou à penser : « *tout ça a l'air super !* » pour ensuite tenter de tout changer d'un coup.

Alors, trois points à garder à l'esprit au cours de cette lecture :

- *Le lien qui nous unit à nos enfants prime toujours sur le reste.*
- *N'essayons pas de tout changer d'un coup.*
- *Faisons confiance à notre propre sagesse et à notre bon sens.*

a. Le lien qui nous unit à nos enfants prime toujours sur le reste.

Les trucs et astuces pour parents sont fantastiques et peuvent être très utiles, mais ce qui importe plus que tout est la relation qui lie le parent à son enfant, relation fondée sur un amour, un respect et une confiance inconditionnels. Si ce lien est solide,

— si nos enfants savent sans l'ombre d'un doute que nous les aimons quoi qu'il arrive et quoiqu'ils fassent – on peut faire beaucoup d'erreurs en tant que parent, et très bien s'en sortir.

Toutes les attitudes parentales fonctionnent mieux si elles se construisent dans un lien ou l'amour peut prendre toute sa place. Un outil, une approche sans amour, ne sont que des techniques. Prendre le temps de construire des fondations et des liens solides à travers les discussions, l'écoute, les rires, le jeux, et juste en passant du temps ensemble est sans doute le meilleur investissement que l'on puisse réaliser pour nos enfants.

b. N'essayons pas de tout changer d'un coup.

Il se peut que vous trouviez à la lecture de ce livre de nombreuses idées que vous aurez envie d'essayer, mais modifier trop de chose en une seule fois – en particulier au sein d'une famille monoparentale qui a déjà connu pas mal de changements – risque de nous compliquer la vie plutôt que de nous la simplifier.

Mieux vaut choisir une ou deux idées à la fois et prendre le temps de les tester pour voir si elles sont aidantes, comment chacun réagit et comment elles s'intégrent dans votre réalité familiale. Un changement progressif et réfléchi est sans doute plus efficace que des changements brusques qui vont marcher un temps ou créer des perturbations pour être ensuite abandonnés rapidement.

c. Faisons confiance à notre intuition, notre sagesse et à notre bon sens.

Personne ne connaît nos enfants mieux que nous. Etre à l'écoute de notre sagesse intérieure nous permettra de *savoir* lorsque le moment sera venu d'introduire des changements dans notre famille. Rappelons-nous, toutefois, que la maitrise de nouvelles compétences n'est pas nécessairement naturelle au départ et s'accompagne souvent d'hésitations et de maladresses. Apprendre à faire confiance à son propre jugement et à suivre son cœur peut prendre un certain emps, et demande une confiance en soi que l'on a pas toujours (surtout si celle ci a été éprouvée) et qu'il nous faut reconstruire.

L'utilisation de nouvelles compétences n'est pas nécessairement naturelle au départ et s'accompagne souvent d'hésitations et de maladresses.

Garder comme fil rouge le lien et l'amour qui nous unissent à notre enfant, procéder étape par étape en donnant du temps aux apprentissages nous aidera à décider à quel moment introduire tel ou tel changement et comment.

BOÎTE À OUTILS

- Porter un regard positif sur la famille monoparentale et y voir une opportunité pour soi et pour les enfants d'apprendre de nouvelles compétences.
- Prendre le temps de déterminer son cap éducatif : quelles compétences souhaitons-nous pour nos enfants ?
- Solliciter une aide extérieure pour faire le tri dans les émotions que génère la séparation.
- Partager les responsabilités en famille.
- Prendre des décisions AVEC les enfants pour ce qui les concerne (routine du soir, emploi du temps, vacances, etc.)
- Faire de la situation une occasion de renforcer les liens familiaux (écoute, participation, cohésion).
- Privilégier le lien avec son enfant sur tout le reste (rire, discuter, jouer, passer du temps ensemble...)
- Initier des changements par petites étapes (pas tout en même temps !)
- Faire confiance à son intuition, à sa sagesse et à son bon sens de parent.

3

GÉRER LES ÉMOTIONS : LES NÔTRES ET LES LEURS

Que ce soient des hurlements de colère, des complaintes sans fin, des sanglots hystériques, ou le mur de silence, les façons dont nous choisissons d'exprimer nos émotions sont parfois contreproductives. Et pourtant, tant de choses font naitre des émotions fortes en nous : le changement (comme le divorce ou la perte d'un proche), le stress, les difficultés relationnelles, et parfois simplement la vie de tous les jours. Ce que de nombreux parents ont du mal à comprendre, c'est que les enfants ressentent les mêmes émotions qu'eux – et ont sans doute encore moins de ressources pour y faire face.

Parfois les parents oublient à quel point les émotions peuvent influencer les actions, et il est souvent tentant de ne s'occuper que du comportement en essayant de le « corriger », comme on pourrait réparer une poupée cassée, ou remplacer une pièce manquante de son jeu préféré. Et pourtant bien souvent notre seul souhait est d'être en paix, serein sans avoir à prendre en charge les problèmes et leur lot d'émotions.

Lorsque les enfants expriment leurs ressentis, et en particulier les émotions fortes, les parents voudraient en assumer eux aussi la responsabilité, au lieu de simplement essayer de les comprendre. On veut protéger nos enfants, et cela nous empêche de partager nos émotions avec honnêteté, de dire ce qui nous habite vraiment.

Ce que de nombreux parents ont du mal à comprendre, c'est que les enfants ressentent les mêmes émotions qu'eux – et ont sans doute encore moins de ressources pour y faire face.

Or en agissant de la sorte on risque d'écarter totalement le vrai problème. «*Ne me réponds pas sur ce ton!*» dit-on, ou «*il n'y a pas de raison d'avoir peur*». Et à cause de ces réactions, les enfants peuvent alors se convaincre que les émotions sont des phénomènes dangereux dont on ne doit pas parler. Mais les émotions (positives ou négatives) sont partie intégrante de la vie, alors ne serait-ce pas mieux d'apprendre à nos enfants (et d'apprendre nous aussi par la même occasion), qu'il n'est pas necessaire d'en avoir peur, que l'on peut les gérer et même en tirer des enseignements?

Pour tous les parents – et pour les parents solos en particulier – apprendre à reconnaître et accompagner les émotions de l'enfant est une première étape essentielle dans la gestion du comportement de ce dernier.

Ce sujet est particulièrement sensible lorsqu'on est seul à bord avec ses enfants. Certains parents solos connaissent bien des émotions comme l'angoisse, la solitude, la culpabilité, la peur, la colère, l'amertume, la confusion. Lorsqu'on est en proie à de vives émotions, il devient particulièrement difficile de regarder le comportement inapproprié de l'enfant comme une sorte de message codé derrière lequel se cache ces mêmes émotions.

Ce n'est pas toujours facile de savoir ce qui motive le comportement d'un enfant : s'agit-il d'une réaction vive en lien avec son tempérament ou une tentative d'exprimer, au travers du seul langage qu'il connaît, sa souffrance ou sa colère face aux épreuves qu'il traverse ?

Pour tous les parents – et pour les parents solos en particulier – apprendre à reconnaître et accompagner les émotions de l'enfant est une première étape essentielle dans la gestion des comportements.

1. Que sont les émotions ?

Les sentiments ont mauvaise réputation, car de nombreuses personnes les assimilent à de l'étalage émotionnel. Une crise de colère est une manifestation émotionnelle. Afficher une attitude déprimée peut être une façon d'attirer l'attention. Une émotion cependant, n'est qu'une émotion. A vrai dire, ce ne sont pas les émotions en tant que tel qui posent un problème, ce sont les actions (ou l'incapacité absolue d'agir) qui peuvent en découler.

Les émotions nous transmettent des informations indispensables à notre bon fonctionnement. Certaines d'entre elles, comme la peur, sont le gage de notre sécurité, et nous aident à départager les actions dangereuses ou peu raisonnables de celles qui sont plus censées. D'autres émotions nous servent de baromètre et nous renseignent sur ce qui se passe dans notre vie. Adultes comme enfants peuvent être effrayés par une nouvelle expérience ou par un changement soudain, ils peuvent avec raison se mettre en colère lorsqu'un événement menace leur univers, et ils peuvent être tristes, se sentir blessés et déprimés. Lorsque nous sommes capables de nous mettre à l'écoute de nos émotions sans jugement ou censure, nous avons alors accès à notre sagesse intérieure pour trouver des solutions aux problèmes engendrés par ces émotions. De fait, de nombreuses recherches nous démontrent que M. Spock, le personnage de « *Star Treck* », avait tort. Les émotions ne sont pas uniquement des contrariétés pénibles, sources de désordre qui font obstacle à une vie rationnelle et logique. Elles sont au contraire un élément crucial dans un processus de prises de décisions justes et dans notre façon de réagir au monde.

Les enfants apprennent à gérer leurs émotions en observant leurs parents. Et malheureusement, beaucoup de parents gèrent les émotions difficiles de façon outrancière. Il arrive qu'ils déversent leurs émotions les plus intenses sur les personnes qui les entourent, ou qu'ils ne montrent absolument rien.

Cependant les émotions qui restent intériorisées ne disparaissent pas pour autant, elles se contentent de passer sous la surface. Quand elles sont enfin libérées, les conséquences peuvent être bien plus préjudiciables si on les a laissées se dégrader.

C'est important d'aider les enfants à gérer leurs émotions, comme par exemple la déception de n'avoir qu'un seul parent, ou la colère et la confusion éprouvées suite à un divorce. Les parents peuvent aider leurs enfants à exprimer leurs émotions de façon à ce qu'ils ne blessent personne, que ce soit eux ou les autres.

Les émotions sont *toujours* légitimes – elles ne sont jamais bonnes ou mauvaises. Ce que l'on *fait*, en revanche, peut être plus ou moins approprié. Par exemple, c'est normal de se sentir en colère, ce n'est pas admissible d'utiliser cette colère pour frapper quelqu'un.

De nombreux adultes refusent de reconnaitre leurs émotions, par crainte des actions que cela pourrait impliquer. Par exemple ils ne peuvent pas admettre qu'ils sont malheureux, parce qu'ils craignent de devoir envisager des changements qu'ils ne sont pas prêts à entreprendre. Inconsciemment, ils refoulent cette émotion (ce qui n'empêche pas l'émotion de se glisser dans certains comportements comme des colères ou des symptomes dépressifs). Les enfants intègrent petit à petit les stratégies de gestion des émotions qu'ils observent autour d'eux.

Les émotions sont toujours légitimes – elles ne sont jamais bonnes ou mauvaises. Ce que l'on fait, en revanche, peut être plus ou moins approprié.

Combien de fois avez-vous entendu ce genre de conversation ? Un enfant va dire «*je déteste ma sœur!*» et l'adulte va lui répondre, «*mais non tu ne la détestes pas! Je sais bien que tu l'aimes!*»

Ce serait plus constructif de répondre à l'enfant «*Je vois bien à quel point tu es en colère contre ta sœur là maintenant (ou blessé par ce qu'elle vient de te dire). Je ne peux pas te laisser la frapper, mais essayons de voir comment tu peux exprimer ce que tu ressens sans blesser les autres*».

2. Et la colère ? Comment la gérer de façon adhéquate

Une des émotions les plus délicates à gérer – et l'une de celle que notre société considère la moins tolérable – est la colère. On ne la voit pas assez comme une tentative de prendre soin du sentiment d'impuissance ou de la souffrance qui est en nous. En effet, elle dissimule souvent des émotions primaires plus douloureuses qui résident au plus profond de nous. Parfois les enfants expriment de la colère parce que les exigences de leurs parents ou leur propre incapacité à satisfaire leur curiosité ou à accomplir une tâche font naitre en eux de la frustration.

Cela fait mal de perdre un parent ou de manquer d'amour inconditionnel. L'agressivité, la résistance, la provocation sont bien souvent des expressions de la colère et dissimulent des émotions plus profondes qui n'ont pas encore trouvé le chemin des mots.

Cependant, la plupart des adultes trouvent que les colères des enfants sont difficiles à gérer. Les enfants expriment souvent leur colère de façon déplacée, ce qui peut leur attirer bien des ennuis. La colère exprimée de façon appropriée peut être l'opportunité de mettre les choses à plat et de poser les bases d'une discussion aidante sur ce qui pose problème. Trop souvent malgré tout l'explosion de colère échappe à tout contrôle coupant court au dialogue et pouvant même aller jusqu'à mettre nos proches en danger.

Alex avait 6 ans lorsque son père est parti, et Diane, la mère d'Alex, se faisait du soucis sur les effets que cette rupture aurait sur son fils. Alex était un garçon intelligent et sensible, presque toujours joyeux et serviable. Il ne s'était jamais montré agressif, et Diane fut choquée et déstabilisée lorsqu'un soir un jeu de chatouilles dégénéra et qu'Alex se mit soudain à lui donner des coups de poings dans le ventre.

Diane et Alex avaient abordé de façon plutôt ouverte le départ du père d'Alex ainsi que le divorce, mais il était évident que le cœur du petit garçon était plein d'émotions dont lui-même ignorait l'existence. Le lendemain, en ramenant son fils de l'école, Diane lui demanda comment il se sentait à propos de ce qui s'était passé la veille.

Alex se tut pendant un moment. «*Maman*» dit-il finalement, «*quelque fois je suis tellement en colère que j'ai juste envie de taper quelqu'un !*»

3. Aider l'enfant à gérer ses émotions

Aider nos enfants à gérer leurs émotions fortes est une belle opportunité de les rejoindre dans leur monde et de construire avec eux un lien fait d'intimité, de compréhension et de confiance. Quelques suggestions à expérimenter :

- *Demander à l'enfant de dessiner ce qu'il ressent. Est ce que cette émotion a une couleur, un son ?*
- *Aider l'enfant à dire ce qu'il ou elle ressent plutôt que de laisser l'émotion guider l'action. Parfois, les enfants ne sont pas conscients de leurs émotions (ou ne savent pas les nommer), donc leur poser des questions simples sur un ton calme (« j'ai l'impression que tu te sens blessé et que tu voudrais te venger ? »*
- *Valider les émotions par une question (« on dirait que tu es très en colère là tout de suite ? ») ou par un commentaire factuel.*
- *Rediriger le comportement vers une façon de s'exprimer plus adéquate. Crier dans un oreiller, courir dans le jardin, jouer avec de l'eau, de la peinture ou de la pâte à modeler sont quelques idées parmi bien d'autres qui peuvent favoriser le défoulement et le retour au calme.*
- *Proposer à son enfant de prendre un temps de pause pour se calmer plutôt que d'agir sous le coup de l'émotion. Anticiper et identifier avec l'enfant ce à quoi pourrait ressembler le temps de pause de chacun en dehors de toute tension s'avère généralement très utile.*
- *Aider l'enfant à prendre conscience de ce qui se passe dans son corps lorsqu'il perd son calme. Parce que la colère est une réaction physique (il se produit une décharge d'adrénaline, le rythme cardiaque et la respiration s'accélèrent, les vaisseaux sanguins se dilatent etc.) la plupart des gens ressentent la colère physiquement. Chacun peut apprendre à déceler ses propres signes avant coureur (des réactions fréquentes sont : serrer les poings ou les dents, avoir le cœur qui bat plus fort,*

ou la sensation d'avoir l'estomac noué) et trouver des moyens de se calmer avant que la colère ne devienne incontrôlable.

- *Etre modèle de la façon dont on souhaiterait que son enfant gère ses émotions.*

Diane n'était pas une experte en psychologie mais son bon sens et son amour pour son fils lui soufflèrent qu'elle devait l'aider à apprivoiser ces émotions parfois très intenses. « *Alex* » lui dit-elle « *tu sais que tu ne peux pas me frapper quand tu es en colère à cause de toutes ces choses que tu vis. On ne se traite pas comme ça. Maintenant je comprends ce que tu ressens, et je crois qu'il faut qu'on trouve un moyen pour que tu puisses être en colère sans que tu blesses quelqu'un d'autre.* »

Diane et son fils réfléchirent ensemble à tous les moyens qui pourraient aider Alex à retrouver son calme et l'idée d'un sac de frappe les séduisit tous les deux. Diane expliqua au jeune garçon que lorsqu'il se sentirait en colère ou blessé il pourrait donner des coups dans le sac. Enfin, elle installa le sac dans la cuisine. Une façon astucieuse de suivre les états d'âme de son fils et de juger de la nécessité ou pas de l'aider à trouver le chemin des mots.

Alex et sa mère furent surpris de voir avec quelle violence il s'en prenait au sac, mais petit à petit, les parties de boxe devinrent une source d'apaisement pour tous les deux. Parfois Alex et Diane frappaient le sac en se l'envoyant l'un à l'autre. « *Est ce que tu es en colère aussi contre papa ?* » demanda un jour Alex. « *tu peux faire semblant que c'est papa si tu veux !* ». Souvent les parties de boxes se terminaient par des éclats de rire et des moments complices.

Alex épuisa trois sacs de frappe avant que le quatrième n'agonise au rythme d'une petite fuite dans le coin de la cuisine. Il apprit que même s'il était difficile de composer avec ses émotions, elles étaient légitimes et elles lui appartenaient, et qu'avec un peu de compréhension et d'aide elles étaient gérables. Il comprit aussi qu'il était possible d'être en colère contre son père et de continuer à l'aimer énormément. Cette meilleure connaissance de soi permit de poser les bases de relations solides et saines entre Alex et ses deux parents. Diane accueillit les émotions d'Alex, sans essayer de le convaincre de les abandonner. Elle ne sombra ni dans la dépression, ni dans le désespoir ou la culpabilisation. Elle choisit plutôt d'aider Alex à trouver un moyen de comprendre et de composer avec ses émotions. Le sac de frappe fut un moyen pour Alex d'exprimer sa colère jusqu'à ce qu'elle devienne gérable, et il put ensuite se concentrer sur autre chose.

C'est un bénéfice pour tous lorsque le parent prend le temps d'explorer les émotions de ses enfants en pénétrant dans leur monde et en envisageant les choses selon leur point de vue. Les enfants vivant dans un foyer monoparental peuvent traverser un large spectre d'émotions, en particulier s'ils ont eu à affronter un décès ou le divorce de leurs parents ou simplement le fait de se sentir différent de leurs camarades.

4. Décrypter les émotions des enfants pour les aider à gérer leurs problèmes

– *Mes enfants se sont mis à faire des cauchemars et à avoir des difficultés à dormir après que leur père a déménagé* » raconte une des mamans. « *Je pensais qu'ils étaient juste en train de tester mes limites sur l'heure du coucher, mais en réalité ils se sentaient en danger, avaient par exemple peur des voleurs, maintenant qu'il n'y avait plus d'homme dans la maison. Une telle hypothèse ne m'avait pas traversé l'esprit.* ».

Très souvent les tensions et les conflits du quotidien que nous traversons avec nos enfants sont l'illustration de ce qu'ils ressentent. Le simple fait d'apprehender une situation à partir du point de vue de l'enfant au lieu de s'en tenir uniquement au nôtre – peut aider à résoudre un problème au lieu de l'exacerber. Les enfants, comme les adultes, ont besoin de se sentir compris et acceptés – et une écoute attentive peut être la première étape d'une communication constructive.

Alice, 6 ans, devait passer dix jours chez son père pour les vacances de fin d'année. Bien qu'Alice aille chez son père un weekend sur deux, cette fois-ci serait différente. Sa grand-mère et sa tante étaient invitées. C'était programmé depuis des mois, et Alice était très excitée à l'idée de les voir, mais elle n'avait pas l'habitude de « partager » les moments qu'elle passait avec son papa. Lorsqu'ils étaient tous les deux, ils faisaient toutes sortes de choses comme du roller, se promener et bavarder ou jouer à des jeux. Ces temps dédiés avec son papa étaient précieux pour Alice.

Le deuxième jour des vacances, Alice appela sa mère Laurence à la maison, en larmes parce que son père lui avait dit de mettre une jolie robe pour aller voir un spectacle.

– *Je veux pas mettre de robe !* » Alice pleurnicha : « *je veux mettre le sweatshirt que tu m'as donné* ».

Laurence était pressée au moment ou elle reçut le coup de fil.

– *Porte donc la robe qu'a choisie papa* » répondit-elle un peu brusquement. « *Et puis, le Père Noël sera sans doute au spectacle lui aussi, et si tu n'es pas sage il le saura* ».

Quand Laurence raccrocha, elle réalisa que de manipuler Alice avec le Père Noël n'était ni juste ni aidant pour résoudre le problème. La honte et la culpabilité ne sont jamais de bonnes sources de motivation, elles ne mettent pas l'enfant en capacité pour faire de meilleurs choix quant à son comportement. Laurence attendit avec impatience une prochaine occasion de se montrer bienveillante et plus respectueuse avec Alice. L'opportunité se présenta dès le lendemain lorsqu'Alice rappela :

– *Papa m'a fait sortir de la cuisine, il a dit que j'étais dans ses jambes* », renifla-t-elle.

Laurence essaya cette fois-ci d'entrer dans le monde d'Alice, et de comprendre les émotions qui se cachaient derrière le comportement de sa fille.

– *J'ai l'impression que tu te sens rejetée. Est ce que c'est difficile de partager ton papa avec ta grand-mère et ta tante ?* »

Alice marmonna un « *ouais* » maussade. Elle avait l'habitude d'avoir son papa pour elle toute seule, et là il ne passait pas un seul moment en tête à tête avec elle.

– *Il n'a pas du tout joué avec moi depuis que je suis là, et je m'amuse pas du tout* » dit Alice tristement.

Laurence demanda à Alice si elle avait pensé partager avec son père ce qu'elle ressentait.

Alice ne dit rien pendant un moment.

– *Je vais peut être essayer* » dit-elle.

Lorsque le téléphone de Laurence sonna le lendemain, c'est une enfant bien plus joyeuse qui était à l'autre bout du fil.

– *J'ai dit à papa ce dont on avait discuté ensemble maman* » dit-elle « *et il a dit qu'il jouerait avec moi au moins une fois par jour. Et ce matin on a fait une promenade rien que tous les deux.* »

Alice bavarda quelques minutes de plus avec sa mère, puis raccrocha, laissant Laurence toute souriante.

Lorsqu'Alice se sentit comprise, elle se montra capable de regarder son problème avec une autre perspective. Laurence quant à elle avait reussi à laisser de côté son envie de résoudre le problème à la place de sa fille ou de prendre partie en se perdant dans les reproches. Elle avait aidé Alice à prendre en charge ses émotions, à les exprimer de façon respectueuse à son père et à trouver une solution à son problème.

5. L'écoute active : une clé de la communication

Question de parent : Ma fille de 14 ans a pris l'habitude de se précipiter dans sa chambre, de claquer la porte et de s'y enfermer à clés chaque fois qu'elle est contrariée. Son père est complètement absent de nos vies. Je fais ce que je peux, je cumule les heures de travail et j'ai du mal à boucler les fins de mois. Le comportement de ma fille s'est accentué dernièrement et le vase déborde. Je me retrouve plantée devant sa porte, à crier pour qu'elle m'ouvre. La dernière fois que c'est arrivé je me suis surprise à taper sur la porte et à secouer la poignée, ce qui n'a fait que déchainer ses hurlements à mon encontre.

Ma voisine m'a même suggéré de dégonder la porte pour qu'elle ne puisse plus m'échapper. Que dois-je faire ?

Réponse des auteurs : Votre épuisement et votre découragement se reflètent dans votre question. Elever un enfant seule avec des moyens limités est une tâche astreignante, et le comportement de certains enfants la rend encore plus ardue. Votre fille est en pleine adolescence, ce qui veut dire qu'elle essaye probablement de trouver un équilibre entre son envie de prendre de la distance par rapport à vous et son besoin de préserver un lien dont elle ne cerne pas encore la teneur. Malheureusement certains ados choisissent la dispute comme moyen de rester connectés à leurs parents. La colère peut d'ailleurs être ressentie comme un lien puissant pour certains. Après tout, il y a un tel échange d'énergie entre vous deux !

Y répondre par des punitions ou par des tentatives de contrôler votre fille (comme de la forcer à ouvrir la porte ou de retirer complètement cette dernière) risquent de ne faire qu'empirer la situation. Une façon plus constructive de débuter serait de reconnaître l'intensité des émotions que vous ressentez toutes les deux. Essayez de lui accorder un moment pour se défouler seule dans sa chambre, et de votre côté prenez quelques bonnes respirations ou faites ce qui vous aide à vous apaiser.

Lorsque le calme est revenu, placez vous devant sa porte et, d'une voix calme (qui ne sera entendue que si elle aussi a retrouvé son calme) connectez avec ce qu'elle ressent. Vous pourriez par exemple lui dire que vous voyez à quel point elle doit être en colère, blessée ou combien elle doit avoir peur (votre propre sagesse vous guidera pour deviner quels sont ses sentiments). Dites lui que vous comprenez son besoin d'avoir un moment à elle, et que si elle le souhaite, vous êtes disponible. L'idée est aussi que la connexion est préalable à la discussion. Le rétablissement de ce lien peut prendre des formes aussi variées que de préparer un thé ensemble, échanger un geste affectueux, faire une chose anodine ensemble sans forcement parler, etc.

Soyez patiente, les enfants sont souvent lents à faire confiance aux changements mis en place par les adultes. Mais si vous faites preuve de sincérité et que vous êtes réellement prête à écouter ce qu'elle ressent (il est essentiel de se souvenir qu'écouter ne veut pas forcément dire approuver), et si vous arrivez à résister à l'envie pressante de lui faire faire ce que vous voulez (ouvrir la porte), elle finira sans doute par décider de vous parler face à face plutôt que de crier à travers une porte fermée. La pratique de l'écoute active sans tenter de contrôler la situation permet au jeune de comprendre que ce qu'il ressent a de l'importance aux yeux de l'adulte, et que la discussion est possible.

L'écoute active est l'art d'écouter les émotions d'un enfant, de les accueillir et de les exprimer à son tour. Cela offre à l'enfant la possibilité de se sentir vu et de progresser dans l'identification et la compréhension de ce qu'il peut ressentir et qui le perturbe. Cela permet aussi au parent de comprendre les émotions qui se cachent derrière un comportement donné. L'écoute active ne veut pas forcément dire que le parent est d'accord avec l'enfant, mais elle donne la certitude d'être entendu – ce dont nous avons tous besoin de temps en temps. Enfin, cette qualité d'écoute donne à chacun la possibilité de clarifier ses propres sentiments et ouvre la porte à la résolution de problèmes.

Le fils de Marc, âgé de 10 ans, rentra à la maison, visage renfrogné, après une visite chez sa mère.

– *Bonjour mon Victor !* » le salua Marc. « *Ça va ? Tu m'as manqué ! Dès que tu auras rangé un peu ta chambre on pourra sortir jouer au ballon comme on avait dit.* »

Victor en fait n'avait pas passé un bon weekend. Le nouveau compagnon de sa mère était en visite, avec ses deux jeunes enfants, et Victor avait dû partager sa chambre et ses affaires avec les deux garçons. Il ne s'était pas senti à sa place et était en colère ; alors l'idée de nettoyer sa chambre chez son père était la contrainte de trop.

– *Je m'en fiche de jouer au ballon* » répondit-il à son père un peu surpris, « *et je ne vais pas ranger ma chambre !* »

Et il partit à grands enjambées dans le jardin de derrière, laissant Marc perplexe.

Plusieurs options se présentaient à Marc. Il pouvait insister pour que Victor range sa chambre. Ou il pouvait demander à Victor sur un ton agressif :

– *C'était quoi ça ? Tu ne me parles pas sur ce ton !* » (ça ne vous rappelle pas quelque chose ? Les parents dictent souvent aux enfants comment se comporter au lieu de simplement les écouter et accueillir ce qu'ils expriment.)

L'option choisie par Marc fut de laisser un peu de temps à Victor pour se calmer. Puis Marc valida les émotions de Victor.

– *Ça ne va pas fort toi ! Tu m'as l'air très en colère* » dit-il doucement quand Victor finit par rentrer.

Ce dernier grogna de façon évasive.

– *Et tu as aussi l'air un peu triste, non ?* » continua son père « *est ce que tu me dirais ce qui ne va pas ?* »

Cela prit un moment mais Victor finit par raconter son week-end en détails et ce qui l'avait perturbé. Une fois que Victor réalisa que son père comprenait ce qu'il ressentait et l'acceptait, ils purent revenir sur l'attitude de Victor, son refus de ranger sa chambre et trouver une solution qui permette à la fois le rangement et le jeu.

Comprendre et accueillir les émotions de l'enfant sont les premières clés d'une relation ouverte basée sur la confiance. A partir de là, apprendre à « écouter » les messages non verbaux, à s'exprimer avec respect et précision, et à chercher ensemble à résoudre les problèmes seront le reflet d'une attitude parentale efficace et aimante.

BOÎTE À OUTILS

- Apprendre à reconnaître les émotions (celles des enfants et les nôtres), et les regarder comme un indicateur de ce qu'il se passe.
- Faire une distinction claire pour l'enfant entre les émotions (ni bonnes ni mauvaise, toujours légitimes) et les actions qui en découlent (on peut tout ressentir, on ne peut pas tout faire).
- Demander à l'enfant de dessiner ce qu'il ressent. Explorer avec lui en lui demandant si cette émotion a une couleur, un son ?
- Aider l'enfant à dire ce qu'il ou elle ressent plutôt que de laisser l'émotion guider l'action.
- Poser des questions simples, sur un ton calme, en proposant des hypothèses pour les aider à mettre en mots ce qu'ils ressentent : « j'ai l'impression que tu te sens blessé et que *peut être tu voudrais te venger ?* »
- Valider les émotions par une observation : « on dirait que tu es très en colère là tout de suite » ou par un commentaire factuel.
- Rediriger le comportement vers une façon de s'exprimer plus adéquate : crier dans un oreiller, courir dans le jardin, jouer avec de l'eau, de la peinture ou de la pâte à modeler, ou beaucoup d'autres idées pour favoriser le défoulement et le retour au calme.

- Proposer à son enfant de prendre un temps de pause pour se calmer plutôt que d'agir sous le coup de l'émotion : anticiper et identifier avec l'enfant ce à quoi pourrait ressembler le temps de pause de chacun en dehors de toute tension s'avère généralement très utile.

- Aider l'enfant à prendre conscience de ce qui se passe dans son corps lorsqu'il perd son calme. Parce que la colère est une réaction physique (il se produit une décharge d'adrénaline, le rythme cardiaque et la respiration s'accélèrent, les vaisseaux sanguins se dilatent etc.) la plupart des gens *ressentent* la colère physiquement. Chacun peut apprendre à déceler ses propres signes avant coureur (serrer les poings ou les dents, avoir le cœur qui bat plus fort, ou la sensation d'avoir l'estomac noué sont des réactions fréquentes) et trouver des moyens de se calmer avant que la colère ne devienne incontrôlable.

- Montrer par son propre comportement la façon dont on souhaiterait que son enfant gère ses émotions.

4 COMMUNIQUER AU DELÀ DES MOTS : ÊTRE ATTENTIF AUX ÉMOTIONS ET AUX ÉNERGIES DE CHACUN

La communication se décline sous de nombreuses formes. Les adultes sont à l'aise avec les mots, et en utilisent beaucoup (ce qui ne nous empêche pas de nous demander parfois pourquoi les enfants décrochent !). Pourtant, une grande partie de ce que nous échangeons ne passe pas par les mots. Le message est aussi transmis de façon non verbale à travers notre langage corporel et notre énergie.

Nos émotions nous entourent d'une énergie particulière. Etes vous déjà entrée dans une pièce où des personnes avaient eu une dispute ? Parfois, l'athmosphère est electrique, la colère palpable et pourtant le silence règne dans la pièce. La communication non verbale (les expressions du visage, le ton de la voix, la posture) prend généralement le pas sur ce qui est dit.

Les enfants sont particulièrement sensibles aux messages non-verbaux transmis par les adultes. Ils peuvent « lire » les énergies bien avant de savoir lire les mots ! Lorsque les messages (verbaux / non verbaux) envoyés sont dissonants, les enfants font instinctivement confiance à la partie non-verbale. Par exemple, Laure raconte à sa mère les moments fantastiques qu'elle a passés avec son père et sa nouvelle petite-amie. Elle s'interrompt tout d'un coup alors qu'elle est en train de parler de la nouvelle poupée que papa et Stéphanie lui ont offerte,

– *Est-ce que tu es fâchée ?* »

– *Non, Laure, bien sûr que non* » lui répond sa mère (avec juste une trace d'impatience dans la voix). « *Pourquoi ?* »

– *Ben* », répond Laure « *tu n'arrêtes pas de faire ce truc où tu soupires et tes sourcils sont tout froncés* ».

La maman de Laure pourrait saisir cette opportunité pour lui faire comprendre que parfois elle se sent blessée ou seule – mais qu'elle n'est pas fâchée contre sa fille ; au contraire elle est contente que Laure passe de bons moments avec son père.

De la même façon, il est souvent très utile d'être attentif aux signaux non verbaux envoyés par les enfants eux mêmes. Un jeune habituellement joyeux qui rentre de l'école pour filer directement dans sa chambre sans un mot nous envoie probablement un signal comme quoi il a besoin de parler. Une porte claquée, un menton qui tremblote, ou un mauvais sommeil peuvent être le signe que l'enfant a besoin de notre aide pour mettre de l'ordre dans ses émotions.

Lorsque nous parvenons à accueillir avec empathie les messages verbaux et non-verbaux de nos enfants, ils peuvent plus facilement repenser à ce qui s'est passé et sonder leurs véritables émotions. A l'inverse, lorsque nous tentons de leur prouver le contraire de ce qu'ils avancent (ou si nous les sermonons, leur donnons les solutions avant qu'ils ne soient prêts), nous prenons le risque qu'ils s'ancrent sur leurs positions ou se murent dans le silence. Nous passons alors à côté d'opportunités de les faire avancer sur le chemin de la guerison, de leur montrer notre amour et de construire une relation de confiance.

1. Comment pratiquer l'écoute active

Un enfant peut dire quelque chose comme : « *Personne ne veut jouer avec moi* ». Une façon inefficace de lui répondre, en tant que parent, serait de lui dire « *Oh, allons, tu as plein de copains !* » Même si nous avons probablement raison, notre remarque ne prend pas en compte ce que ressent l'enfant à l'instant présent, et met fin de fait à tout échange sincère sur ce qui se passe.

Des exemples d'écoute active

Imaginez que ces phrases sont prononcées par un enfant. Comment y répondriez-vous ?

- Je ne suis jamais invité(e).
- Ça me fait mal quand je vais chez le dentiste.
- Je ne supporte pas ce prof.
- C'est pas juste !

L'écoute active propose des réponses de ce type :

- Tu as l'air de te sentir déçu et rejeté. Est ce que tu veux en parler ?
- Parfois le dentiste peut faire mal, je n'aime pas y aller non plus !
- Tu as l'air frustré par ce prof. Tu peux m'en dire plus ?
- J'ai l'impression que tu penses que je me suis trompée. Est ce que tu peux me dire ce qui te donne ce sentiment d'injustice ?

Ces réponses invitent l'enfant à se sentir entendu et à comprendre que toutes ses émotions sont légitimes. Valider les émotions d'un enfant de façon aimante et compréhensive est une façon merveilleuse d'ouvrir la porte à une vraie communication et de construire une relation de confiance.

Une réponse bienveillante serait par exemple : « *Tu as l'air de penser que tu n'as pas d'amis. Je vois bien que ça te rend triste* ». Une fois que l'enfant a eu une possibilité de répondre, le parent peut ajouter : « *Est-ce qu'il y a autre chose ?* » Cette question met souvent à jour des émotions plus profondément enfouies. Et c'est important de la poser avec une curiosité sincère et sans jugement (après tout personne n'apprécie de subir un interrogatoire !) Parfois, tout ce dont les enfants ont réellement besoin, c'est d'avoir quelqu'un qui les écoute et qui les comprend. L'écoute active et bienveillante encourage l'empathie chez l'adulte comme chez l'enfant, et donne aux parents de belles clés de compréhension pour s'occuper de ce qui est vraiment important.

2. Faire son deuil : le miracle du temps et de la patience

Une des choses les plus difficiles à accepter pour un parent est qu'on ne peut ni changer les émotions de ses enfants ni les protéger de celles qui sont lourdes à porter. Les enfants ressentent le chagrin et la perte aussi intensément que les adultes. Il peut être tentant d'essayer de les convaincre qu'ils ne souffrent pas, non par manque de compréhension, mais parce que nous ne voulons pas qu'ils souffrent. Ce dont l'enfant a véritablement besoin, c'est d'être accompagné dans le travail de deuil par un parent aidant, à l'écoute, patient face au processus engagé et capable d'accueillir simplement les émotions de son enfant.

Tania avait toujours pris soin de s'organiser afin que ses enfants sachent réagir en cas d'urgence. Ils connaissaient les numéros de téléphones utiles et savaient qui appeler et quoi faire si leur mère était en retard pour aller les chercher à l'école.

Donc lorsqu'une réunion prolongée et une circulation chargée vinrent perturber la routine habituelle de fin de journée, Tania ne s'inquiéta pas plus que ça de son quart d'heure de retard. Charles, âgé de 7 ans, savait qu'il pouvait aller voir la secrétaire de l'école s'il s'inquiétait, et qu'il devait attendre sa maman devant l'école.

Tania fut à la fois surprise et subitement inquiète lorsqu'elle se gara devant l'école pour trouver la directrice de l'établissement assise sur le muret à côté de son fils en pleine crise.

– *Que se passe-t-il ?!* » lança-t-elle, manquant de trébucher dans sa précipitation à sortir de la voiture.

Elle s'agenouilla près de Charles, contemplant anxieusement son visage baigné de larmes.

– *Qu'est ce qui s'est passé mon bonhomme ?* »

La Directrice lui sourit gentiment et dit simplement :

– *Votre fils avait peur que vous n'arriviez pas* » dit-elle, « *Il a un peu paniqué* ».

Les sanglots de Charles se transformèrent en quelques reniflements qui s'espacèrent sur le chemin du retour.

– *Charles* » commença sa mère « *Je vois bien que tu es bouleversé, mais je ne comprends pas pourquoi. D'habitude tu ne paniques pas facilement. On a déjà parlé ensemble de ce que tu pouvais faire si j'étais en retard. Pourquoi n'as-tu pas juste attendu que j'arrive ?* »

Il y eu un long silence, et Charles répondit presque en chuchotant :

– *J'ai pensé qu'il t'était peut-être arrivé quelque chose, maman* » dit-il « *J'ai pensé que tu ne viendrais pas.* »

– *Mais mon coeur* » répondit Tania, « *tu sais que jamais je ne te laisserais...* »

Et soudain, Tania eut l'intuition de ce que Charles était en train de ressentir. Son père était mort de façon très soudaine il n'y avait que quelques mois à peine, et la vie devait sembler bien fragile à son petit garçon. Qu'est ce qui lui arriverait si sa maman devait disparaître elle aussi ?

Tania gara la voiture sur le bas côté de la route et pris Charles dans ses bras.

– *Ton papa me manque à moi aussi, et parfois j'ai aussi peur que toi. Je pense que je ne peux pas tout contrôler, mais je ne choisirai jamais de te laisser Charles. Ta sœur et toi êtes les personnes les plus importantes de ma vie, et je ferai toujours tout ce que je peux pour être là pour vous.* »

Recevoir la souffrance et la peur de son fils était à la limite de ce que Tania pouvait supporter. Réaliser qu'elle ne pouvait pas apaiser les émotions de Charles, comme elle soignait ses bobos quand il était petit, était vraiment douloureux. Lorsque les enfants sont assez grands et qu'ils sont confrontés précocement au deuil (que ce soit celui d'un parent, d'un animal de compagnie, d'un rêve), les étapes de leur deuil ressemblent à celles des adultes, même s'ils ne l'expriment pas de la même façon que leurs ainés. L'espoir auquel s'attachent les parents, pour eux-mêmes comme pour leur enfant, est que le temps puisse faire son œuvre.

Il est normal pour les enfants ayant subi la perte d'un parent, quelle qu'en soit la raison, de s'accrocher au parent qui reste, de pleurer lorsque ce parent s'éloigne, et de s'inquiéter lorsqu'il est un tout petit peu en retard. Même si cette dépendance passagère s'accompagne de certaines frustrations, poursuivre simplement une vie ordinaire ainsi qu'une routine régulière sont souvent des facteurs d'apaisement. Cela peut aussi être très réconfortant de discuter de notre emploi du temps avec nos enfants, de s'accorder sur des plans d'urgence en cas d'imprévu, et de les rassurer sur le fait que nous ferons toujours de notre mieux pour être à l'heure lorsqu'ils nous attendront (et que nous les préviendrons si les plans devaient changer).

L'écoute active peut aussi leur donner l'assurance que nous comprenons leurs émotions et nous aider à trouver le moyen de traverser le processus de guérison ensemble, d'avancer ensemble dans ce travail de deuil.

Lorsque les enfants sont assez grands et qu'ils sont confrontés précocement au deuil (que ce soit celui d'un parent, d'un animal de compagnie, d'un rêve), les étapes de leur deuil ressemblent à celles des adultes, même s'ils ne l'expriment pas de la même façon que leurs ainés. L'espoir auquel s'attachent les parents, pour eux-mêmes comme pour leur enfant, est que le temps puisse faire son œuvre.

Les experts disent que le deuil d'une personne aimée peut prendre entre deux à trois ans. Quelles que soient les raisons qui viennent endeuiller les enfants, nous ne pouvons pas porter leur chagrin à leur place. Seul le temps et la compréhension les aideront à panser leurs blessures. Notre rôle est d'écouter, de comprendre, et, lorsque c'est approprié, de partager nos sentiments avec eux. On ne peut que s'armer de patience et se souvenir que, même si cela semble impossible à première vue, les choses finiront par s'arranger.

Et mes propres émotions dans tout cela ?

Les émotions, joyeuses et tristes, font partie intégrante de la condition humaine. Elles ne risquent pas de disparaître de sitôt. Les parents se débattent souvent avec leurs propres émotions mélangées : sentiment de rejet, inquiétudes, stress. Et tout comme ce qui se passe pour nos enfants, les émotions influencent notre comportement. Les parents ne font pas de leur mieux lorsqu'ils sont fatigués, blessés ou tout simplement débordés, et ce sont parfois les enfants qui en font les frais, sans forcément comprendre pourquoi.

Peut-être pensons nous : « *mais je suis tellement en colère contre mon ex-femme !* » Ou : « *je me sens tellement vulnérable et paniquée que je n'arrive pas à fonctionner normalement*». On peut même se surprendre à dire ou à penser des choses comme: «*je n'en peux plus de ces gosses, ils m'horripilent*».

Ainsi la question se pose de savoir ce qu'il est bon ou pas de partager avec ses enfants? Est ce raisonnable de laisser transparaitre sa colère? sa tristesse? son exaspération? ses peurs?

Cacher ses émotions ou être dans le déni ne sont généralement pas des solutions. Bien souvent, ceux qui nous connaissent les perçoivent. Et de fait, lorsqu'il s'agit de détecter les humeurs et les émotions, les enfants possèdent des antennes incroyablement sensibles. Faute de meilleure explication, les enfants peuvent alors en conclure que ce sont *eux* la cause de l'humeur de leurs parents, quelle qu'elle soit. Un scenario encore pire est de commencer par nier nos émotions avant de les décharger sur nos enfants en hurlant, par exemple, à propos d'une cuisine en désordre au lieu de dire «*je me sens débordée en ce moment. J'ai besoin d'un moment à moi, pour me sentir mieux*».

Aussi épineux que ce la puisse être parfois, il est souvent plus judicieux de parler avec franchise de ce que l'on ressent, en particulier lorsque sa famille traverse des périodes marquées par le changement et le stress. Non seulement l'honnêteté émotionnelle d'un parent va aider les enfants à comprendre ce qu'il se passe réellement, mais cela va aussi les encourager à exprimer à leur tour leurs propres émotions avec franchise. Un ressenti peut se partager avec simplicité («*en ce moment je suis vraiment fâché contre ton père*») sans rentrer dans les détails ni inclure des accusations dont l'enfant n'a pas besoin.

Les parents peuvent aussi partager leur mécontentement vis à vis du comportement de leurs enfants en restant dans l'observation et sans porter de jugement. Trop souvent nos « critiques constructives» sont assénées en pointant du doigt sur un ton désagréable.

Le «message en *je*» est un outil tout simple pour faire part de ce que l'on ressent tout en faisant preuve de discernement entre ce qu'il est utile de partager et le reste. Par exemple, on peut arriver à dire calmement « *lorsque que tu ne respectes pas l'heure du couvre feu décidée ensemble, je me fais du soucis et je m'inquiète parce que je t'aime et que j'ai peur qu'il te soit arrivé quelque chose. J'apprécierais que tu me préviennes quand tu vas être en retard* ».

Ou bien : « *je suis très énervée parce que la machine à laver ne fonctionne pas et que nous avons tous besoin de vêtements propres. Ca m'aiderait à me concentrer sur la réparation si tu allais te préparer et te coucher tout seul maintenant* ». Lorsque les émotions sont partagées avec respect et sincérité, il devient plus facile pour tous de mieux comprendre la réalité de l'autre et de garder son calme.

Anne, une maman solo, vient de rentrer à la maison après une longue journée de travail. Elle est en retard dans la préparation du dîner, se sent épuisée, sans compter qu'elle a une réunion tôt le lendemain matin et a besoin d'un moment de calme pour la préparer. Elle aspire au calme mais c'est justement le moment que ses deux filles choisissent pour se disputer la salle de bain. Au fur et à mesure que le conflit s'envenime, elles élèvent le ton pour réclamer à leur mère de trancher.

Anne sent sa propre tension s'aggraver. Finalement elle ne supporte plus la dispute des filles et se met à vociférer à son tour, leur réclamant de faire un effort pour mieux s'entendre. Lorsqu'elle s'arrête pour reprendre son souffle, elle se rend compte que ce qui est en train de se passer est en train de devenir son problème et plus celui de ses enfants : elle est trop fatiguée pour gérer leur conflit de façon rationnelle.

Anne prend alors une profonde inspiration et se tourne vers ses filles. Elle leur dit plus calmement :

– *Les filles, je suis trop fatiguée ce soir pour avoir la patience de résoudre votre dispute* ».

Elle leur explique que sa journée a été longue, et que celle de demain le sera tout autant, et qu'elle a besoin de prendre du temps pour elle. Elle leur demande si ce soir elles pourraient résoudre leur problème entre elles, avant d'aller se coucher. Anne leur souhaite alors bonne nuit, leur donne à chacune un baiser, puis se retire dans sa chambre.

Probablement parce qu'Anne ne fait pas souvent ce genre de demande, et parce qu'elle a su partager ses émotions avec sincérité sans céder à la tentation de sermoner ou de résoudre à la place de ses enfants, ses filles se sont montrées capable de lui accorder ce moment pour elle, et de trouver une solution pour l'usage de la salle de bain.

Les parents réagissent parfois de façon excessive et irrationnelle, poussés à bout par la frustration ou la déconvenue. Et si nous apprenions à décrypter les signaux d'une tension trop vive pour prendre soin de nous, pour partager nos ressentis en aidant nos enfants à comprendre ce qui se passe ? Ce serait aussi une opportunité de leur enseigner ce à quoi ressemble une attitude aidante.

Les enfants ne devraient jamais avoir à porter les émotions qui ne leur appartiennent pas, des fardeaux trop lourds pour leurs épaules ni d'être appelés à remplacer un adulte absent. Toutefois, c'est encourageant de penser que le simple fait de partager ses ressentis, d'expliquer la situation clairement et de façon appropriée à l'âge des enfants contribue à développer une atmosphère familiale aimante et basée sur la coopération.

3. Lorsque les choses vont beaucoup trop loin : que se passera t-il si je perds complètement le contrôle ?

Les émotions gérées avec sincérité et de façon constructive ne sont pas seulement un facteur d'apaisement de l'ambiance familiale. Elles peuvent aussi nous éviter de blesser ceux que l'on aime. Aucun parent n'a l'intention de faire du mal à son enfant, mais le stress, la frustration et la colère nous poussent parfois à ne pas nous comporter comme le parent que nous aimerions être.

Le meilleur moment de la journée d'Emmanuel était d'aller chercher ses fils, Antoine et Tom à la garderie. Ce père solo avait des journées bien chargées dans lesquelles s'accumulaient travail et fatigue mais il adorait retrouver ses enfants, les prendre dans ses bras, admirer leurs œuvres d'art et les entendre raconter leur journée.

Ce jour là, lorsque le trio arrive à la maison, Emmanuel est particulièrement irrité. Il s'est disputé avec la mère des garçon à propos des droits de visite, sa voiture est en panne et il a une pile de factures à régler. Il se sert un verre en préparant le diner, puis deux, puis trois dans l'espoir de se détendre un peu. Même ses fils l'agacent et lorsque Tom fait tomber une casserole, c'est la goutte d'eau qui fait déborder le vase. Emmanuel rentre dans une colère noire, hurle sur son fils et finit par le trainer dans la chambre que celui-ci partage avec son frère en lui intimant de se coucher immédiatement après une telle bétise.

– *J'ai besoin de prendre l'air* » pense-t-il.

Il propose à Eric de jouer à la play station pendant qu'il sort quelques minutes pour achever de se calmer et boire un dernier verre.

Quelques heures plus tard, Emmanuel est au commisariat. Il a été arrêté pour conduite en état d'ivresse, et l'agent de police l'interroge pour savoir qui est avec les enfants à la maison.

Emmanuel aime ses enfants, cela ne fait aucun doute. Cependant, en pensant que l'alcool allait l'aider à endurer sa situation, ce soir là, il a dépassé les limites, mettant en péril ce qu'il avait de plus cher.

L'alcool et les drogues ne sont jamais des solutions à nos difficultés.

Dans une autre mesure, certains comportements comme le recours au châtiment corporel, ou la maltraitance émotionnelle et verbale envers les enfants peuvent s'avérer tout aussi préjudiciables que l'abus d'alcool ou la consommation de drogues.

Qu'est ce qui peut nous aider, lorsqu'on est à bout, lorsqu'on est seul à bord à faire face à des circonstances difficiles sans pour autant dépasser les limites ?

Deux pistes d'action essentielles

- S'entourer d'amis sur lesquels on peut compter et qui nous prête une oreille attentive. (voir chapitre 6)
- Apprendre à reconnaître les signes annonciateurs de l'explosion de violence que ce soit une mâchoire serrée, des poings tendus, un cœur battant ou un ton qui monte et y être attentif.

4. Reconnaître nos émotions et les gérer avec discernement

Il peut être tentant de laisser nos émotions prendre le dessus ou de les utiliser comme excuses pour justifier les comportements dont nous ne sommes pas très fiers. Lorsque nous prenons conscience de nos véritables émotions, lorsque nous les écoutons, les acceptons, et en tirons les leçons, nous sommes alors capable d'agir avec empathie, et de prendre les meilleurs décisions possibles, même dans les situations difficiles.

Andrea avait participé à un week-end de formation à la parentalité et elle avait hâte d'aller chercher Eva, sa fille de

8 ans, chez son père. Tout en conduisant, Andréa chantonnait et pensait à sa fille qui n'aimait pas être séparée de sa mère trop longtemps. Elle était impatiente de la serrer dans ses bras et de l'emmener manger une pizza au restaurant en bas de chez elle. Mère et fille se retrouvèrent avec plaisir et profitèrent l'une de l'autre jusqu'à l'heure du coucher.

Andrea était assise à la table de la cuisine en train de trier le courrier du weekend, quand elle aperçut sa fille dans l'entrée qui avançait vers elle, hésitante.

– *Qu'est ce qui se passe mon cœur ?* » demanda-t-elle, « *Tu n'arrives pas à dormir ?* »

– *Je vais appeler papa* » répondit Eva.

Andrea attendit en silence tandis que sa fille parlait à son père, en essayant de ne pas jeter de coup d'œil impatient à l'horloge. La conversation fut courte, Andrea devinait que Bruno, son ex-mari, était occupé à autre chose. Eva raccrocha doucement, et quand elle se retourna vers sa mère, les larmes ruisselaient sur ses joues.

Andrea tendit les bras à sa fille.

– *Tu as l'air très triste ma puce* », dit-elle « *est ce que tu veux me dire ce qui ne va pas ?* »

Eva hésita un moment puis finit par se lancer :

– *Je ne peux pas dormir parce que papa me manque, maman. On a passé un weekend tellement bien, et là je voudrais juste être avec lui.* »

Andrea reçut la remarque de sa fille comme un coup à l'estomac. Cela faisait plus de trois ans qu'elle et Bruno étaient divorcés, et la période d'adaptation avait été particulièrement difficile. Andrea, déterminée à faire ce qui serait le mieux pour sa fille, avait tout fait pour maintenir la relation entre Eva et son père. Ces derniers mois le traumatisme de la séparation et les émotions si vives au début s'étaient apaisés. Andrea commençait à se sentir moins vulnérable et plus optimiste à la fois par rapport à sa propre vie et à celle de sa fille. Le temps avait fait son œuvre. Bruno allait se remarier bientôt et Eva était surexcitée par les préparatifs de la fête. Andrea avait progressivement intégré ces changements, mais subitement ce soir, elle voyait bien qu'Eva était à nouveau prise entre deux feux.

– *Bon, qu'est ce que tu veux faire Eva ? Qu'est ce qui t'aiderait à te sentir mieux ?* » demanda Andrea.

Eva répondit immédiatement : « *Je veux retourner chez papa. Je veux dormir chez lui et puis il pourra m'emmener à l'école demain matin ?* »

Le visage d'Andrea devait refléter ses émotions quant elle dit :

– *Mais ma puce, je viens de rentrer, tu n'as pas envie de rester avec moi ?* »

Elle observa sa fille se débattre intérieurement, réalisant qu'Eva était prise entre son envie de retourner chez son père et le désir de ne pas faire de peine à sa mère. L'envie de faire plaisir à sa mère l'emporta.

– *Bon tant pis maman* », dit Eva brusquement, « *ça ira, je vais juste me recoucher* ». Elle se dirigea vers sa chambre, le menton tremblotant.

Andrea respira un bon coup.

– *Eva* », dit-elle « *Je ne suis pas certaine de la réponse de ton père, mais nous pouvons l'appeler et lui demander s'il peut venir te chercher ? Est ce que c'est vraiment ce que tu veux ?* »

– *Oh oui !* » s'exclama Eva en se précipitant vers le téléphone. Cette fois-ci la conversation fut plus longue et quand elle raccrocha, elle souriait. « *Il va passer tout de suite maman* » dit-elle en se précipitant pour préparer des vêtements pour le lendemain.

Lorsque Bruno arriva, il salua Andrea d'un sourire dans lequel se lisait sa compréhension de la situation.

– *Est ce que tu es certaine d'être d'accord ?* » demanda-t-il. « *Je ne veux pas interférer sur ton temps avec Eva* ».

Au moment où leur fille descendait dans l'entrée, Andrea répondit :

– *Oui, c'est ce dont elle semble avoir besoin en ce moment. C'est vrai, c'est un peu pénible, mais ça va aller* ».

Andrea parvint à sourire à sa fille et à la serrer dans ses bras, puis ferma la porte derrière elle.

– *Bon* » se dit-elle en se rasseyant à la table de la cuisine, « *ce n'est pas si grave que cela. Je suis contente qu'elle ait été capable de me dire ce dont elle avait besoin...* »

Andrea laissa ses pensées divaguer et tout d'un coup se surprit en train de pleurer.

Ça fait mal, pensa-t-elle, assise recroquevillée sur le canapé, et rattrapée par ses émotions. *Comment est ce possible que ça fasse encore aussi mal ?*

Eva appela le lendemain matin avant d'aller à l'école.

– *Je suis vraiment désolée maman* » *dit-elle doucement.* « *Je crois que de temps en temps j'ai envie d'être avec toi et avec papa et je ne sais pas quoi faire* ».

Andrea fut capable de répondre avec un sourire dans la voix.

– *Eva, il t'a fallu du courage pour me dire vraiment ce que tu ressentais. Je suis contente que tu l'aies fait* »

Elles bavardèrent quelques minutes avant qu'Eva ne raccroche pour partir en classe.

Plus tard ce jour là, Andrea raconta à sa meilleure amie :

– *Je me sens encore tellement*

vulnérable et je manque encore tellement de confiance en moi parfois. J'imagine que j'ai encore peur de la perdre. Je n'aime pas trop la partager avec quelqu'un d'autre, même s'il s'agit de son père. Je crois que j'ai bien fait, mais de voir Eva avoir envie d'être ailleurs qu'avec moi me serre le coeur. J'ai un nœud dans la gorge depuis hier soir».

Ce n'est pas chose facile et c'est même parfois douloureux de décider ce que l'on juge le mieux pour ses enfants. Nous avons pourtant les ressources nécessaires pour agir sans nous laisser contrôler par nos émotions.

Son amie lui sourit, compatissante.

– *Tu as fait ce que tu pensais le mieux pour Eva. Et de son côté elle apprend ainsi qu'elle peut te faire confiance en partageant avec toi ce qu'elle ressent, qu'elle peut aimer ses deux parents et profiter de chacun d'eux. Fais confiance à ta fille et à la qualité de votre relation. Vous allez très bien vous en sortir toutes les deux.* »

Bien sur, ce n'est pas forcément toujours indiqué (et sage) de céder à tout ce que veulent nos enfants. Le risque pourrait être d'encourager la manipulation si nous accédions à toutes leurs demandes, si nous prenions la responsabilité d'alléger toutes leurs frustrations. Mais dans ce cas précis, Andrea a fait confiance à son instinct qui lui laissait deviner qu'Eva avait un véritable conflit intérieur et l'envie de le résoudre par elle même. Malgré ses émotions douloureuses Andrea a pris le parti d'écouter et d'accueillir les émotions de sa fille, confiante dans le fait que cela finirait par les rapprocher. Si le comportement d'Eva devenait récurrent, Andrea devrait réfléchir à deux fois avant d'y céder, de telle façon qu'Eva puisse apprendre à faire confiance à sa mère tout en intégrant que les émotions, si sincères soient-elles, ne devraient pas servir à manipuler les autres.

Nous avons parfois l'illusion que les « bonnes » décisions devraient s'accompagner d'harmonie et de bien être. Ce n'est pas chose facile et c'est même parfois douloureux de décider ce que l'on juge le mieux pour ses enfants. Nous avons pourtant les ressources nécessaires pour agir sans nous laisser contrôler par nos émotions.

Lorsqu'Eva rentra à la maison le lendemain après-midi, elle serra bien fort sa mère dans ses bras avant de sortir jouer dehors. Plus tard dans la soirée, Andrea partagea avec sa fille ce qu'elle avait ressenti. Au bout du compte cet épisode douloureux fut une belle opportunité d'apprentissage : mère et fille purent faire l'expérience des bénéfices de l'honneteté émotionnelle et comprendre aussi que des situations difficiles, gérées sans colère et sans accusation peuvent être des occasions de construire une relation faite de proximité et de confiance.

5. Les émotions ne sont que des émotions.

Nous l'avons déjà évoqué dans les chapitres précédents, même les émotions les plus pénibles ne sont finalement que des émotions, et c'est la façon dont nous les gérons qui peut s'avérer constructive ou au contraire destructrice.

Le temps de pause est un outil qui permet de s'apaiser et de se sentir mieux avant de faire mieux. Le fait de retrouver ses esprits, de reconnecter avec sa capacité à gérer les émotions et donc avec sa rationalité de façon non punitive contribue grandement à gérer la situation de façon plus calme. On peut aussi trouver d'autres façons d'exprimer notre frustration, une idée aussi simple que celle de crier dans un coussin plutôt que sur une personne, par exemple, peut faire des miracles.

Les enfants comme les adultes peuvent apprendre à compter jusqu'à dix, à respirer profondément, et à discuter des problèmes calmement. Un père raconte que lorsqu'il sent que la colère monte et va le déborder, il sort les poubelles. Le temps de rentrer jusqu'à chez lui agit comme une respiration, un temps de pause qui lui permet de se sentir de nouveau en contrôle de ses émotions, prêt à trouver des solutions constructives au problème en question.

Cela demande du temps et de l'énergie de modifier la façon dont nous gérons nos émotions les plus fortes, et ça ne marche pas à chaque fois. Mais enseigner à nos enfants – et à nous même – à gérer les émotions de façon positive nous permet non seulement d'être fidèles à nous-mêmes mais aussi de préserver toute cette énergie pour l'investir de façon constructive plutôt que de la perdre dans des stratégies d'évitement. L'écoute active, la compréhension et l'accueil des émotions de nos enfants, et le partage de ce que l'on ressent en tant que parent sont des moyens extraordinaires et incroyablement concrets de construire des relations faites de confiance et de proximité. Ce sont ces liens tissés qui nous aideront à grandir, changer, et surmonter les difficultés au cours du temps.

BOÎTE À OUTILS

- Prendre le temps de décoder le langage non verbal de l'enfant. Ceci donne des clés précieuses pour connecter avec son enfant et avec ce qu'il vit.
- Etre attentif à son propre langage non verbal afin d'optimiser la cohérence entre ce que l'on dit et ce que notre corps exprime. Lorsque les messages (verbaux / non verbaux) envoyés sont dissonants, les enfants font instinctivement confiance à la partie non-verbale.
- Accueillir et valider les émotions de l'enfant de façon aimante et compréhensive. C'est une façon efficace de les aider à exprimer, identifier et sonder leurs émotions.
- Résister à la tentation de leur prouver le contraire de ce qu'ils avancent ou de leur donner des solutions alors qu'ils ne sont pas prêts.
- Une réponse bienveillante peut ressembler à *: « Tu as l'air de penser que tu n'as pas d'amis. Je vois bien que ça te rend triste »*. Une fois que l'enfant a eu la possibilité de répondre, le parent peut ajouter « E*st-ce qu'il y a autre chose ?»*.
- Faire preuve d'une écoute active et bienveillante aide l'enfant à grandir, changer, et surmonter les difficultés au cours du temps.
- Utiliser les messages en « je ».
- Partager ce que l'on ressent avec sincérité en tenant compte de la maturité de l'enfant. Non seulement l'honnêteté

émotionnelle d'un parent va aider les enfants à comprendre ce qu'il se passe réellement, mais cela va aussi les encourager à exprimer à leur tour leurs propres émotions avec franchise.

- Les étapes du deuil de l'enfant ressemblent à celles des adultes, même s'ils ne l'expriment pas de la même façon que leurs ainés.
- Poursuivre une routine et une vie ordinaire en se donnant du temps pour que la vie reprenne un cours plus tranquille.
- Eviter de résoudre ce qui ne nous appartient pas.
- S'entourer d'amis sur lesquels on peut compter et qui nous prêtent une oreille attentive. (voir chapitre 6)
- Apprendre à reconnaître les signes annonciateurs de l'explosion de violence que ce soit une mâchoire serrée, des poings tendus, un cœur battant ou un ton qui monte et y être attentif.
- Pour éviter de perdre le contrôle de ses émotions, prendre un temps de pause afin de reconnecter avec sa capacité à agir de façon rationnelle. *(quelques exemples : s'isoler, respirer, changer d'activité, prendre une douche, reporter la discussion à plus tard,* écouter de la musique, faire de la cuisine, etc..)

5 SAVOIR ÉQUILIBRER, JONGLER, ET AUTRES COMPÉTENCES DU PARENT SOLO

La journée de travail avait été frustrante, et Lynne se sentait fatiguée et à cran en s'affalant sur le canapé, réfléchissant à ce qu'elle pourrait bien faire dans la liste des tâches en suspend avant la fin de la soirée.

Une pile de factures attendait sur le bureau, le tapis était constellé de graviers tombés des chaussures des trois enfants qui semblaient s'être bien amusés dans la cour de l'école, et le sol de la cuisine était parsemé de tâches gluantes partout où le sirop versé avait raté sa cible. D'ailleurs, la salle de bain aussi avait surement besoin d'un nettoyage songeait Lynne. Et la voiture d'une vidange.

Lynne commençait à avoir la tête qui tournait. C'était presque l'heure du dîner. Est ce qu'il restait quelque chose dans le frigidaire ? Elle jeta un oeil las dans le jardin, mais ça ne fit que lui rappeler que le gazon avait besoin d'un arrosage, d'engrais, d'un coup de tondeuse et que les bordures devaient être taillées. Et c'est à ce instant précis que, les enfants de Lynne apparurent devant elle avec une pile de livres.

– *Tu nous lis des histoires maman ?* » demandèrent-ils.

Peu importe que vous soyez divorcé ou veuf, homme ou femme, parent qui a la garde des enfants ou non, être un parent solo peut se révéler l'un des exercice d'équilibriste les plus périlleux qui soit.

Lynne eut alors une révélation. La vague d'émotions qui la submergeait se calma, la poussière de l'agitation retomba, le brouillard se leva et un rayon de soleil mis en lumière la phrase inscrite sur le mur « *Bienvenue au pays des parents solos. Soyez prudent* ».

Comment peut faire un parent solo afin de trouver l'équilibre pour faire face à toutes les sollicitations qui l'assaillent au long de sa journée chargée, élever ses enfants de façon efficace et réussir à trouver encore du temps pour apprendre, évoluer, profiter de la vie ?

Il y a trop de choses à faire, et bien trop souvent trop peu de temps pour le faire.

Dans un foyer « traditionnel », un couple peut se partager les différentes tâches inhérentes à la gestion d'une maison et relatives aux enfants. Dans un foyer monoparental, les tâches à effectuer sont les mêmes, mais il n'y a qu'une paire de bras d'adulte pour s'y atteler, et la perspective peut sembler accablante.

Les parents solos témoignent souvent que ce sont les petites choses qui font déborder le vase. Il n'y a personne pour surveiller les enfants quelques minutes tandis que vous prenez une douche rapide ou courrez au supermarché ; personne d'autre que vous pour aller chercher la souris estropiée mais encore vivante que le chat a rapportée dans la maison ; personne d'autre pour raccommoder un vêtement déchiré, pour vous expliquer pourquoi la voiture ne démarre pas, pour faire la lessive, tondre la pelouse ou changer une ampoule.

Pire encore, il n'y personne avec qui bavarder à la fin de la journée quand les enfants dorment, personne avec qui partager les inquiétudes et les petites victoires. Le partenaire habituel dans l'éducation des enfants, l'autre parent, peut être totalement hors-jeux ou complétement indifférent. Les parents solos se plaignent souvent de se sentir isolés et ce n'est pas étonnant ! Il n'y a jamais assez de temps pour s'occuper de tout ce qu'il y a à faire. Ceci aboutit à un méli-mélo de frustration, culpabilité, soucis, et épuisement – pas exactement l'atmosphère adéquate qui encourage le genre de relations que nous voudrions construire avec nos enfants.

Comment faire face alors ? Lorsque la période de deuil est passée, quand on s'est adaptés aux nouveaux critères, et que le quotidien commence à ressembler de nouveau à une vie normale – bien que stressante – que faire ?

Nous allons vous démontrer que *c'est* possible, mais que pour y parvenir vous aurez besoin d'une planification réfléchie, de patience, et d'un peu d'huile de coude.

1. Déterminer les priorités : Qu'est-ce qui est vraiment important ?

Les familles monoparentales peuvent être tout aussi fonctionnelles et efficaces que les familles nucléaires de deux parents (et s'amuser tout autant). Elles peuvent élever et encourager les enfants à devenir des adultes équilibrés et compétents. Il est essentiel cependant de savoir où et comment dépenser notre temps et notre énergie, tous deux si limités.

Le temps, comme on le dit souvent, c'est de l'argent. Pourtant si l'on prévoit son budget financier avec attention, on dépense notre temps sans y penser ou sans prévoir, pour se demander à la fin d'une journée frénétique comment nous avons réussi à faire si peu de choses. Déterminer ses priorités avec minutie est sans doute une des mesures les plus efficaces pour n'importe quel parent – mais surtout pour le parent solo.

On ne peut échapper à certaines obligations dans la vie, comme le travail ou l'école, mais nous donnons de l'importance aux autres aspects de notre vie à la hauteur du temps disponible que nous leur accordons. Certains de ces choix peuvent être difficiles : doit-on se concentrer sur sa carrière et son travail, ou faire des moments passés avec les enfants une priorité ? Doit-on sauter sur une opportunité d'accélérer sa carrière, en espérant une promotion et les avantages qu'elle pourrait apporter à sa famille ? Ou doit-on consacrer moins de temps au travail, s'accommoder de contreparties financières moins élevées mais être plus impliqué dans le quotidien des enfants ? Quelle est la portée à long terme de chacune de ces décisions pour nous et pour nos enfants ?

Déterminer ses priorités avec minutie est sans doute une des mesures les plus efficaces pour n'importe quel parent – mais surtout le parent solo.

Les réponses à ce type de questions fondamentales diffèrent pour chaque parent, et requièrent d'amples réflexions. Cependant, décider de son emploi du temps au jour le jour peut être un peu plus simple à mettre en place.

Tentez l'expérience suivante : faites une liste de ce qui a le plus d'importance à vos yeux, puis classez les par ordre de valeur. Vos enfants arriveront sans doute en tête de liste. Puis notez pendant environ une semaine le nombre d'heures exactes que vous consacrez à chacune de ces activités. Les résultats sont souvent surprenants. Lorsque l'on découvre comment l'on dépense effectivement son temps, il est assez simple de considérer le temps disponible chaque semaine et de décider de ce qui a *réellement* de l'importance. Dans l'idéal la façon dont nous occupons notre temps libre reflète ce qui a de la valeur à nos yeux, et ce que nous considérons le plus important dans la construction d'un foyer et d'une famille. Beaucoup de parents sont surpris de découvrir qu'ils consacrent la majorité de leur temps à des activités qui se situent en bas de leur liste des priorités (comme de regarder la télévision), et qu'ils ne dévouent que peu de temps et d'énergie aux personnes ou aux activités qui sont en tête de liste. Cela peut aider à élaborer chaque semaine un « budget » du temps que l'on consacre aux activités en famille. (Si l'on ne les planifie pas, parfois elles disparaissent tout simplement). Considérer la façon dont nous envisageons les corvées inévitables peut aussi nous aider : un peu d'organisation anticipée peut nous faire passer d'une visite quotidienne à l'épicerie du coin à une simple expédition hebdomadaire.

Il existe de nombreuses façons créatives d'ajuster ses priorités et ses responsabilités de telle sorte qu'elles s'adaptent mieux à un temps limité.

Voici quelques suggestions simples pour rationaliser et simplifier notre vie

- *Se débarrasser des attentes irréalistes*
- *Essayer de faire des listes*
- *Planifier ses repas*
- *Partager les corvées de ménage*
- *Prendre du temps pour les apprentissages*
- *Dégager du temps pour jouer*

a. Se débarrasser des attentes irréalistes

Il se peut que votre mère ait entretenu ses sols de façon impeccable, repassé ses taies d'oreiller, et cuisiné des dîners élégants et faits-maison chaque soir sur la table de la salle à manger à 20 h précise, mais ça ne veut pas dire que vous devez faire de même. On peut prendre le temps d'analyser ce qui est de l'ordre du possible et se fixer des objectifs réalistes.

Dans l'idéal, la façon dont nous occupons notre temps libre reflète ce qui a de la valeur à nos yeux, et ce que nous considérons le plus important dans la construction d'un foyer et d'une famille.

Une option serait de faire une liste des « je dois » et « je devrais ». Il est souvent intéressant d'analyser ce qui est sur cette liste, et d'être attentif aux émotions qui y sont liées. Combien de temps consacrez-vous à des tâches qui n'ajoutent pas vraiment à la qualité de votre quotidien, et que vous pensez « devoir » faire, parce que vous « avez toujours fait comme ça », ou parce qu'à un certain moment de votre vie on vous a dit que vous « deviez » le faire ainsi ? Cela demandera du temps et un certain nombre d'essais, mais s'obliger à se contenter de ce que vous avez envie de faire, de ce qui selon vous vaut vraiment la peine et ce que vous pouvez accomplir de façon efficace est un exercice très effcace.

b. Essayer de faire des listes

Il s'agit ici de hiérarchiser les tâches de chaque jour en commençant par les plus importantes. Non seulement les listes nous aideront à avancer dans les choses à faire, mais pouvoir rayer les tâches accomplies peut s'avérer un des moments les plus satisfaisant de la journée ! Essayons de nous atteler aux tâches de petite envergure (comme de payer une facture ou de recoudre un bouton) au fur et à mesure qu'elles surviennent, plutôt que de les accumuler pour plus tard.

c. Planifier les repas

Préparer le dîner après une journée de travail peut devenir le cauchemar récurent de tout parent célibataire. Essayez de préparer des plats (quand vous avez le temps) qui serviront pour plusieurs repas, comme des plats en cocotte ou un rôti au four. Les ingrédients indispensables à conserver dans les placards ont aussi le pouvoir de transformer les restes en plats appétissants. Les livres de recettes pratiques et simples facilitent aussi la composition de repas nourrissants. Certains parents cuisinent des doubles portions durant le weekend et conservent les restes au congélateur pour un jour où ils se retrouvent débordés. Enfin, l'implication des enfants plus âgés dans la préparation et la planification des repas, s'avére un excellent apprentissage pour eux comme pour vous.

Une mère avait quant à elle mis au point une liste de dix menus que ses enfants aimaient. Des plats simples comme des crèpes, des spaghettis, un fricassé de nouilles et poisson, un feuilleté à la viande, de la soupe avec des toast au fromage, des hamburgers, des lasagnes. Puis elle mit au point une fiche correspondant à chacun des menus, avec leurs accompagnements (comme de la salade ou des légumes) et au verso la liste des courses correspondantes. Au cours de leur Temps d'Echange en Famille hebdomadaire, les enfants et leur maman tiraient chacun leur tour une carte d'un chapeau. Puis il installaient les menus sur le calendrier de la semaine et chaque enfant avait la responsabilité de vérifier dans les placards quels ingrédients nécessaires aux menus choisis étaient encore disponibles, puis d'ajouter ce qu'il manquait à la liste des courses hebdomadaire. (Les plus jeunes se faisaient aider par les aînés ou par leur mère pour écrire la liste). Une fois par semaine, ils allaient tous ensemble faire les courses. Chaque enfant aidait à trouver les ingrédients pour le menu qu'il avait pioché (et qu'il aiderait à préparer).

Cette mère de famille témoigne :

– *Cette organisation a éliminé tellement de stress pour moi ! C'était bien plus casse-pied de réfléchir à ce que l'on va cuisiner que de cuisiner en soi. Ce qui était une corvée est devenu une activité familiale amusante.* »

d. Partager les corvées de ménage

C'est une partie de la vie de famille qui semble échapper au contrôle de beaucoup de parents solos. Le nettoyage peut devenir plus amusant quand tout le monde participe en famille. C'est impressionnant de voir ce qu'on arrive à accomplir quand chacun contribue, que ce soit 10 minutes par jour ou deux heures par semaine. Essayez d'en faire un peu tous les jours, plutôt que tout d'un coup. Fournissez à tout le monde des paniers de linge sale. Même les plus jeunes peuvent apprendre à disposer le linge clair dans un panier et les couleurs foncées dans un autre. Astreignez vous à nettoyer une pièce par jour. Mettez vous d'accord sur des règles familiales à propos du ramassage des jouets et des vêtements, et faites honorer les accords pris (plus à ce sujet dans les pages suivantes).

Une fois de plus, la vie peut devenir plus agréable si les enfants y participent. Au cours d'un Temps d'Echange en Famille, les enfants peuvent contribuer à mettre au point une liste de ce qui doit être fait. On peut alors inventer une façon qui soit amusante à leurs yeux de choisir à quelle tâche s'atteler. Par exemple on peut fabriquer des cartes, chacune correspondant à une tâche, et chaque membre de la famille piochera une carte dans un chapeau. Certaines familles utilisent un disque (peut être un pour chaque chambre) avec une image dans chaque quartier illustrant la tâche à accomplir, et une aiguille à roulette attachée au milieu. Les enfants peuvent faire tourner l'aiguille pour décider de la tâche à faire durant les heures de ménage.

e. Prendre du temps pour les apprentissages

Bien que cela ne semble pas être le cas sur le moment, apprendre aux enfants comment aider aux tâches ménagères peut vous faire gagner du temps ultérieurement – tout en donnant aux enfants les compétences de base nécessaires à une vie indépendante et réussie. Quelques conseils pratiques : travaillez avec eux, montrez-leur comment accomplir une tâche au mieux. Puis surveillez de façon bienveillante lorsqu'ils s'y attèleront tout seuls. Bientôt ils seront capables d'exécuter les travaux de façon satisfaisante sans que vous ne vous en mêliez. Soyez simplement attentif à ne pas mettre la barre trop haut ! (Nous explorerons l'enseignement, l'encouragement, et l'estime de soi plus en profondeur dans les chapitres 8 et 13)

f. Dégager du temps pour jouer

Le ménage et les corvées semblent bien plus faciles à supporter quand un bon moment est planifié juste après. Vous pourriez décider de mettre toute la famille aux travaux de la maison ou du jardin le samedi matin, et consacrer le reste de la journée à une activité choisie ensemble. Le parent est souvent le gardien du temps à passer ensemble pour s'amuser en famille : ce sont ces moments qui donnent aussi le sentiment d'être une famille. C'est important de planifier des moments de jeux dans l'agenda, sinon ils sont trop souvent relégués au rang de bonnes intentions.

D'autres points ont peut-être besoin de redescendre dans la liste des priorités. Si l'on a le choix un soir entre câliner un enfant qui a besoin de parler ou nettoyer la salle de bain, il est peut être sage d'opter pour le câlin. La maison ne sera peut-être pas aussi impeccable que vous le souhaiteriez, mais si le ménage peut attendre, les moments perdus avec les enfants ne reviennent jamais.

2. Prendre du temps pour soi et remettre les choses en perspective

Garder le cap de ce qui a le plus d'importance peut aider à contrebalancer la frustration qui nait de devoir jongler avec ses priorités.

Lisa est une maman solo dont la fille de trois ans, Anais, rentre régulièrement de la garderie couverte de tâches, si sale que la corvée de lui donner un bain et lancer la lessive est devenue une source constante d'énervement pour Lisa.

– *C'est au-delà de ce que je peux gérer* » se plaint Lisa à un groupe de parents solos. « *Cette après-midi, quand je suis allée chercher Anais, elle était trempée d'avoir joué dans une fontaine qui était bouchée, et elle était couverte de boue* ».

Lisa poussa un soupir.

– *Mes journées sont bien assez pleines comme ça. Je suis en colère contre Anais et en colère contre la garderie aussi.* »

> *Il est plus facile de conserver son équilibre lorsqu'on a aussi des centres d'intérêt en dehors de ses enfants. Peu importe à quel point vous êtes occupé, une de vos priorités devrait commencer par vous.*

Le groupe comprit ce que Lisa voulait dire. Lorsqu'on met toute son énergie à ne pas perdre pied face à un quotidien très chargé, il reste peu de place pour gérer les imprévus avec patience et légèreté. Le groupe souligna toutefois que des enfants de trois ans en pleine activité vont forcément se salir. Ils lui conseillèrent de faire le point avec la garderie pour vérifier qu'il n'y avait pas de laxisme dans l'organisation et la surveillance des enfants. Un papa qui avait connu le même genre de situation suggéra que visiter la garderie et consacrer un peu de temps à observer son fonctionnement pourrait aider Lisa à décider si l'on pouvait envisager quelque chose, et quoi, pour améliorer la situation. Consacrer quelques heures à de l'observation pouvait sembler chronophage aujourd'hui, mais cela permettrait en fait de gagner sur le temps que Lisa passait régulièrement à s'inquiéter de la situation de sa fille. Cela aiderait Lisa à tranquilliser son esprit quant à la qualité des soins dont Anais était entourée. En réalisant que d'autres parents faisaient face aux mêmes problèmes, et en réfléchissant à certaines solutions possibles, Lisa put remettre les choses en perspective.

Et vous ? Si vous laissiez un peu vos enfants ?

Il est plus facile d'avoir une vie équilibrée lorsqu'on cultive des centres d'intérêts en dehors de ceux que l'on partage avec ses enfants. Peu importe la charge de votre quotidien, une de vos priorités devrait commencer par vous. Ça n'arrivera pas tout seul, même si prendre du temps pour soit est essentiel. C'est une véritable discipline. Malgré tous vos efforts, vous ne pouvez pas répondre à toutes les sollicitations sans prendre le risque de vous épuiser. La résolution de s'occuper de soi commence par identifier ses propres limites. Cela se traduit également par la capacité à dire non quand il le faut à des requêtes qui empiètent sur votre temps à vous.

Lire un livre, prendre un bain chaud, écouter de la musique, bricoler une machine, passer du temps avec des amis (et, oui, vos enfants peuvent survivre sans vous de temps en temps !) sont autant de moyens de prendre une vraie place dans les priorités de sa liste. Sans compter qu'en faisant preuve de bienveillance vis à vis de vous même, vous donnez à vos enfants la possibilité de voir ce à quoi peut ressembler l'estime de soi en action. Les enfants apprennent à respecter leurs besoins et ceux des autres en observant leur parent. Quant à vous, en posant ces temps « rien qu'à vous », vous serez un parent plus équilibré, plus calme, et une personne plus heureuse. (Nous reviendrons sur ce sujet dans le chapitre 13).

Pour beaucoup de parents solos, laisser ses enfants, que ce soit pour aller travailler ou prendre un peu de temps pour soi, est un problème. On rêve de s'échapper, mais une fois sorti, on se fait un sang d'encre. Il n'est pas facile et souvent onéreux de trouver une bonne solution de garde pour ses enfants. On peut être chanceux et avoir sous la main une personne de confiance, un système de garde partagée avec une voisine, un groupe de babysitting monté entre amis, ou un membre de sa famille qui se trouve disponible.

Laisser ses enfants seuls : une option qui mérite beaucoup de précautions.

Une autre façon d'avoir du temps pour soi lorsqu'on est débordé est de laisser ses enfant seuls à condition que cette solution fonctionne pour tous et en toute sécurité.

Laisser ses enfants seuls à la maison peut sembler pratique aux parents – et parfois c'est la seule solution possible – mais à certaines conditions.

Malheureusement, tous les enfants ne sont pas aussi ingénieux que le jeune héros de la série « Maman j'ai raté l'avion ! ». Est-t-il possible de laisser les enfants seuls ? Et si oui, dans quelles circonstances ?

Il est souvent difficile pour les parents d'évaluer le niveau de maturité, qui n'est pas nécessairement lié à l'âge. A chaque étape l'enfant gagne en autonomie ce qui lui permet progressivement de se débrouiller seul que ce soit pour quelques minutes, quelques heures ou un week-end.

Il ne faut jamais laisser un enfant en bas âge ou en âge d'aller en maternelle tout seul. C'est un âge ou l'enfant peut rester quelques minutes seul dans sa chambre tout en intégrant progressivement que l'adulte réapparait régulièrement. Sinon, avant de laisser son enfant seul, il est sage de prendre en compte avec attention non seulement son degré de maturité, mais également sa confiance en lui, son degré et sa capacité à faire preuve d'autonomie et de discernement. Le lieu de vie est aussi un critère pertinent à considérer : ce n'est pas la même chose d'habiter la campagne dans une maison isolée qu'en pleine ville en appartement.

De même la raison voudrait que si on laisse ses enfants seuls, on commence par des temps relativement courts. Au même titre que l'autonomie, la capacité à rester seul ne s'acquiert pas en un jour mais de façon progressive. Même si vous êtes convaincu que votre enfant est suffisamment mature pour comprendre la situation et les règles à suivre pour être en sécurité, quelques questions méritent d'être posées. Par exemple, l'enfant se sent-il à l'aise de rester seul ? Un bruit insolite ou un chat miaulant dehors peuvent être source d'angoisse pour un enfant tout seul dans une maison vide. Le nombre d'enfants fait aussi partie des paramètres à prendre en compte. A moins de pouvoir compter sur un adolescent ou un préadolescent raisonnable, c'est une lourde responsabilité pour un enfant que d'être en charge des plus jeunes de la fratrie.

Quelques étapes à respecter lorsqu'un enfant ou plusieurs sont laissés seuls à la maison alors qu'ils sont encore en apprentissage de cette compétence

- Explorer avec son enfant ce qui pourrait se passer durant votre absence et mettre en garde contre les dangers domestiques.
- Construire avec le ou les enfants le cadre dans lequel on les laisse. Cela peut être l'occasion de discuter avec vos enfants de ce qu'ils feraient si quelqu'un se présentait à la porte ou appelait au téléphone et demandait un des parents absents. Vous pourriez établir des règles sur qui peut venir ou non à la maison durant votre absence, et réfléchir avec les enfants à une liste de réponses possibles (par exemple une petite fille de 12 ans dit que sa maman est dans la salle de bain et qu'elle prend les messages).
- Les enfants n'ont pas forcément le reflexe ou suffisamment d'assurance pour « faire ce qu'ils savent qu'ils devraient faire », et il serait irresponsable de la part des parents de s'attendre à ce qu'ils le fassent.
- S'assurer que les détails matériels ne sont pas laissés au hasard, comme par exemple de leur confier une clé pour les portes qui pourraient être verrouillées.
- Avoir une fiche avec les numéros d'urgence, le numéro d'un ami ou d'un voisin joignable sont des ressources sécurisantes.
- Donner des instructions sur les activités autorisées et poser des limites : Par exemple, regarder la télévision et jouer aux jeux vidéos est permis, mais cuisiner ou se lancer dans les expériences du « petit chimiste » ne sont pas recommandés

sans la surveillance d'un adulte. Avec des adolescents, il est aussi important de cadrer votre absence ou le déroulé d'une soirée entre copains (nombre maximum de copains, organisé avec qui, heure de fin de soirée, qui raccompagne qui, etc.). Enfin, les instructions peuvent aussi inclure les jeux à l'extérieur ou les sorties du domicile familial.

- S'assurer que les règles sont non seulement clairement énoncées mais bien comprises par tous. Il ne faut pas hésiter à répéter les règles et à les illustrer par des exemples concrets. S'il est inutile d'en faire trop au risque de déclencher une peur qui n'aurait pas lieu d'être, certains parents se sentent plus tranquilles et leurs enfants aussi lorsque les règles sur lesquelles ils se sont mis d'accord sont écrites, voire même affichées dans un endroit visible. C'est aussi l'expérience réussie d'une fois sur l'autre qui va montrer au parent que son enfant a progressivement intégré la conduite attendue.
- Enfin, on peut être seul à la maison sans pour autant être livré à soi même : le petit coup de fil pour s'assurer que tout va bien, l'emploi du temps structuré, la voisine qui passe quelques minutes permettent à l'enfant de prendre de l'autonomie tout en se sentant accompagné et en sécurité.

3. Trouver un équilibre entre le travail et la famille

Question d'un parent : – *Je suis une maman solo de trois jeunes enfants. J'ai de la chance car leur père contribue à la pension alimentaire et passe effectivement du temps avec eux. Malgré tout, la pension est insuffisante pour subvenir à nos besoins à tous et je dois travailler. J'entends tellement de choses à la radio ou à la télévision comme quoi les bons parents restent à la maison avec leurs enfants. Je n'ai pas le choix, je dois travailler, mais* *je m'inquiète tout le temps de faire du mal à mes enfants en ne passant pas plus de temps avec eux. Dans ma situation, est ce préjudiciable pour les enfants si les deux parents travaillent ?»*

Réponse des auteures : Des experts débattent sur ce sujet depuis des années et continueront probablement de le faire. Nous pensons que ni le fait de rester à la maison avec ses enfants, ni le fait de les mettre à la garderie *garantisse* des enfants équilibrés. Le secret de l'équilibre passe par la prévenance, l'énergie, un dialogue ouvert et constructif comme dans l'exercice de toute parentalité. Peu importe votre situation – que vous deviez travailler ou que vous choisissiez de rester à la maison – c'est votre attitude qui sera l'élément important de la bonne santé de votre enfant. Si vous êtes convaincus de faire de votre mieux et êtes certains de vos choix, alors vos enfants se sentiront bien. Si vous vous sentez peu sûr de vous et ressentez de la culpabilité quant à vos choix, vos enfants percevront votre ressenti et leur attitude le reflètera. Tout ce que les parents solos peuvent faire – comme n'importe quel autre parent – c'est de prendre les meilleures décisions possibles, développer les compétences qui leurs sont nécessaires, et accepter le fait qu'ils feront des erreurs. Comme nous le démontrons fréquemment au cours de cet ouvrage, les erreurs sont d'excellentes opportunités d'apprentissage. Les compétences parentales mises en œuvres en Discipline Positive, la pratique de l'encouragement et de l'écoute active, le fait d'être certain de vos choix, tout cela aidera vos enfants (et vous-même) à vous en sortir tout à fait bien.

Aux yeux de la vaste majorité des parents solos, le travail n'est tout simplement pas un choix, c'est une nécessité. Toutefois, trouver un équilibre entre les exigences professionnelles et celles de l'exercice de la parentalité peut être une tâche ardue. De nombreux parents solos disent que leur travail les empêche d'assister aux réunions de l'école, aux spectacles de musique, aux matchs de foot, ou à tout autre activité, et que de devoir choisir entre aller travailler ou rester à la maison auprès d'un enfant malade est un dilemme douloureux. Certains employeurs proposent des crèches d'entreprise, des horaires flexibles, et des congés parentaux, d'autres ne le font pas. Les parents solos considèrent souvent qu'ils ne sont pas satisfaits de leur vie professionnelle ni de leur vie de famille : il n'y a tout simplement pas assez de temps (ou d'énergie) pour se consacrer à l'une et à l'autre comme ils le souhaiteraient.

Les parents solos considèrent souvent qu'ils ne sont pas satisfaits de leur vie professionnelle ni de leur vie de famille : il n'y a tout simplement pas assez de temps (ou d'énergie) pour se consacrer à l'une et à l'autre comme ils le souhaiteraient.

Malheureusement, il n'existe pas de réponse simple à ce dilemme, trouver un équilibre à sa vie en étant un parent solo qui doit gagner sa vie : chaque adulte – et chaque famille – est différent. Néanmoins, voici quelques idées que vous pourriez envisager pour vous aider à alléger ce fardeau :

Voici quelques pistes utiles

- Identifier ses « besoins ».
- Se renseigner sur les ressources proposées par sa communauté
- Explorer toutes ses possibilités professionnelles
- Synchroniser son emploi du temps avec celui des autres membres de la famille
- Garder le contact
- Faire de son mieux et se détendre !

Quels sont vos besoins ? Fixer vos priorités peut vous aider à décider de l'intensité des efforts à investir dans votre travail et votre carrière. Ensuite, comme nous le verrons au cours du chapitre 6, une gestion sage des ressources financières peut aider à soulager la pression budgétaire qui pousse de si nombreux parents solos à travailler de longues heures supplémentaires. Prenez le temps de pondérer les avantages de votre emploi (le salaire, l'assurance maladie, etc.) et de les comparer à ce qu'il vous en coûte en heures passées loin de vos enfants. Vous pourriez opter pour un emploi moins exigeant mais à même d'offrir une meilleure qualité de vie de famille.

Quelles sont les ressources proposées par votre environement ? Aujourd'hui les familles monoparentales sont nombreuses, et de plus en plus de communautés réalisent que les parents solos ont besoin d'un coup de main occasionnel. Certaines mairies, maisons de la famille, associations, proposent des services qui aident les parents à se rendre à leur travail sans se faire trop de souci inutile. Les frais peuvent varier, mais on peut considérer que la tranquillité d'esprit ainsi acquise vaut l'argent dépensé.

a. Quels sont vos choix professionnels possibles ?

Certains parents solos découvrent qu'être leur propre chef d'entreprise leur permet plus de flexibilité dans la gestion de leurs horaires avec leurs enfants, comme de bénéficier d'une garde d'enfant à domicile ou d'autres services leur permettant de travailler depuis la maison. Encore une fois il s'agit ici d'explorer toutes les options possibles en fonction de sa situation personnelle.

b. Synchroniser son emploi du temps avec celui des autres membres de sa famille

Les enfants adorent voir leurs parents assister aux évènements qui ont de l'importance pour eux, et avec un travail à temps plein, ça n'est pas toujours possible. Plutôt que d'espérer assister à toutes les compétitions sportives ou tous les spectacles de danse (et à vous le reprocher lorsque vous devrez renoncer), invitez d'autres membres de la famille et votre réseau d'amis à venir partager ces moments importants.

Si l'autre parent de votre enfant est impliqué et disponible, assurez-vous qu'il ou elle soit au courant des activités et projets de vos enfants. Vous pourrez assister aux évènements ensemble (et vous asseoir à des places séparées si vous asseoir ensemble est inenvisageable), ou vous pourrez organiser un planning pour qu'au moins l'un de vous deux soit présent à chacun des évènements importants pour votre enfant. Les amis proches et les membres de la famille peuvent aussi partager cette responsabilité avec vous, ce qui soulagera votre culpabilité et vous donnera la certitude que votre enfant est bien entouré.

c. Garder le contact

Les parents solos se retrouvent souvent à courir frénétiquement du bureau au match de foot, puis de la garderie aux réunions de parents d'élève et de nouveau au bureau. Nous ne sommes pas les seuls aujourd'hui à être occupés, nos enfants sont pris dans un tourbillon d'activités et d'obligations, alors assurons nous de rester en lien et d'être joignable lorsque les agendas ne coincident pas. Les téléphones portables nous sauvent ! Il est utile de s'accorder avec les enfants sur les horaires, les moyens de transport et toute autre organisation. Beaucoup de familles trouvent pratique par exemple d'afficher un grand calendrier recensant les activités de chacun et les horaires et trajets correspondants.

d. Faire de son mieux, et se détendre

Les soucis, les reproches et la culpabilité ne font de bien à personne. Quand vous savez que vous avez fait de votre mieux et choisi les meilleures options possibles pour subvenir aux besoins de vos enfants, détendez-vous. On fait tellement mieux lorsqu'on se sent mieux. La routine, la régularité, les encouragements, une bonne communication sont indispensables pour construire une relation de proximité avec ses enfants, et ce même si la vie professionnelle prend une large place dans les emplois du temps. Les enfants ne vont pas seulement survivre aux difficultés du quotidien, ils en tireront des bénéfices comme ceux d'apprendre à coopérer, à devenir autonomes et responsables tout en contribuant pleinement à la vie de famille.

e. Choisir un système de garde de qualité

Tout comme le travail fait partie de la vie de la majorité des parents séparés, la crèche fait partie de la vie de leurs enfants. La majorité des recherches effectuées sur la façon dont les enfants gardés en journée réagissent sont rassurantes : les enfants s'en sortent très bien dans un système de garde de *qualité*. De nombreuses études ont mis en lumière le fait que l'« environnement familial » (c'est à dire les aptitudes parentales et la réceptivité des parents) a un impact plus important sur le bien-être des enfants que le fait qu'ils soient ou non gardés, en supposant, bien sûr, que l'on choisisse un mode de garde de qualité.

Au moment de choisir le mode de garde pour vos enfants, ne vous précipitez pas, les facteurs à prendre en compte sont nombreux. Les conseils et recommandations d'amis ou ceux des professionnels sont souvent précieux. Si vous optez pour une nounou ou une baby-sitter, interviewez-les scrupuleusement, vérifiez leurs références et donnez suffisamment de temps à l'enfant et à la personne qui le gardera pour qu'ils se sentent à l'aise l'un avec l'autre. Si vous recherchez une garderie, visitez-en plusieurs et prenez des notes sur ce que vous y verrez. Est-ce que les enfants ont l'air occupés et joyeux ? Est ce qu'ils se déplacent dans le centre avec assurance ? Est-ce que les installations sont propres ? Est-ce que les employés donnent l'impression d'être épuisés et énervés ? Est ce qu'on y encourage les enfants dans leurs apprentissages à être actifs, à explorer ? Ou au contraire à s'asseoir et à « être sages » ?

Choisir une bonne crèche peut être déroutant, mais y parvenir procure une plus grande tranquillité d'esprit et permet de s'éloigner sans crainte. Si vous avez des questions, posez-les. Si une garderie semble réticente face à vos questions ou ne vous accorde pas la possibilité de venir observer leur fonctionnement, il est probablement plus sage de se diriger ailleurs.

Choisir votre système de garde fait partie des décisions importantes que vous prendrez en tant que parent solo. Oui, une bonne garderie peut être chère, mais le bien-être de votre enfant et votre tranquillité d'esprit valent bien l'investissement. Certaines communes disposent de fond destinés à offrir à des familles dont les parents travaillent l'accès à des services de garde subventionnés. Un appel auprès de votre mairie ou caisse d'allocations familiales pourra vous renseigner.

Une liste de questions à garder à l'esprit pour choisir une garderie

- Y a t-il une liste d'attente ? Quelles références ?
- Quelles sont les qualifications des membres du personnel ?
- Quel est le ratio personnel-enfant pour les différents âges ?
- L'environnement est-il propice aux apprentissages ?
- Quelle approche de la discipline ?
- Quelles sont les normes de sécurité mises en place ?
- Comment sont gérés les difficultés et conflits entre enfants ?
- Quelle alimentation ?
- En quoi consiste une journée type à la garderie ?
- Quelles relations et communication avec les parents ?
- Les normes d'hygiène et les normes légales sont-elles respectées ?

Toutes ces questions ajoutées à celles qui vous paraissent importantes peuvent éclairer le choix qui sera le vôtre.

Etre parent demande de savoir s'adapter. Les priorités, les exigences des emplois du temps, et la vie elle-même sont appelées à changer régulièrement, et il se peut que ce qui a fonctionné un mois nécessite d'être modifié le mois suivant. Une façon de réduire le niveau de stress et d'alléger les frustrations consiste bien souvent à prendre le temps de la réflexion et de l'analyse. L'enfant lui aussi en tirera des bénéfices, il se sentira mieux et le foyer sera plus apaisé.

BOÎTE À OUTILS

- Prendre le temps de déterminer ses priorités :
- Vérifier que ses attentes de parent sont réalistes
- Faire des listes et commencer par les tâches les plus importantes
- Essayer de mener les petites tâches au fil de l'eau plutôt que de les accumuler (par exemple pour le ménage, nettoyer une pièce par jour)
- Planifier les repas : faire une liste de courses et préférer une visite hebdomadaire au supermarché à plusieurs allers-retours quotidien à la superette, cuisiner pour plusieurs jours et congeler, proposer des menus types en impliquant les enfants dans la vérification des courses nécessaires, dans la préparation du menu
- Partager les tâches d'entretien de la maison avec les enfants : se mettre d'accord lors d'un temps d'échange en famille sur la liste de ce qui doit être fait et le qui fait quoi
- Prendre le temps de leur enseigner comment mener à bien ces tâches pour qu'ils gagnent en autonomie de façon sécurisée
- Prendre du temps pour soi pour éviter le trop plein
- Faire appel aux proches pour garder les enfants, le temps de développer des centres d'intérêt pour soi
- Si les enfants doivent rester tout seuls, prendre toutes les précautions nécessaires

- Trouver un équilibre entre travail et famille
- Identifier ses besoins
- Prendre le temps d'évaluer les avantages que procure le travail et les inconvénients qu'il impose à la vie de famille pour s'assurer que l'équilibre global a du sens
- Se renseigner autour de soi sur les ressources proposées par l'environement (mairies, associations, centres de loisirs, etc.)
- Ouvrir sa réfléxion professionnelle à des options diverses pour évaluer ce qui serait le plus bénéfique (comme par exemple créer sa propre structure)
- Synchroniser son emploi du temps sur celui de ses enfants (voir ensemble l'emploi du temps de la semaine pour chacun, avertir bien à l'avance si on rentre tard, organiser les conduites et trajets des enfants, etc.)
- Trouver des moyens de garder le contact quand on est au travail : communiquer avec les portables, avertir le secrétariat de toujours passer les appels des enfants, apprendre aux enfants à discerner quand il est nécessaire de déranger et quand ils peuvent laisser un message. L'important est qu'ils sachent que l'on est toujours joignable
- Choisir un système de garde de qualité : visiter, rencontrer, poser des questions, observer pour prendre le temps de choisir un mode de garde qui garantira la sérénité d'esprit

6 ADOUCIR LA PRESSION D'ÊTRE PARENT SOLO

Il arrive toujours un moment dans la vie des parents solos où l'on semble devoir faire face à trop de choses. On se surprend à rêver d'une île déserte, de l'extrême sud du Chili ou de n'importe quel endroit loin de tout où personne ne pourrait nous retrouver. Les parents solos peuvent se sentir seuls et submergés, sur la corde raide et sans filet de secours.

Pourtant le filet *devrait* bien être là. Une des priorités essentielles du parent solo est de tisser ce filet, de développer un réseau de soutien qui lui assurera les ressources nécessaires lorsque les angoisses et la pression de la vie se feront trop présentes. La bonne nouvelle est que les pistes d'action ne manquent pas pour apprendre à faire face aux multi-sollicitations avec davantage de tranquillité d'esprit.

1. Gérer le stress financier

a. Se construire un filet pour limiter la pression

Bien souvent, et en particulier les premiers mois qui suivent une séparation ou un deuil, les parents solos font face au stress financier et ressentent insécurité et angoisse. Si pour beaucoup concilier la vie professionnelle et personnelle est une difficulté majeure rencontrée par ceux qui élèvent leurs enfants seuls, le manque de moyens et d'aides financières est identifié comme un obstacle certain par la majorité des familles mono parentales.

Selon un sondage effectué par le CSA en avril 2011, 50 % des parents solos dénoncent le manque d'aide financière de l'état et la difficulté rencontrée par beaucoup à toucher la pension alimentaire fixée par le tribunal.

Ainsi de nombreuses études, en France comme aux Etats-Unis, soulignent qu'un des facteurs de risque principal encouru par les parents solos et leurs enfants est l'insuffisance de revenu.

Chaque parent solo est habité par des questionnements et des inquiétudes qui lui reviennent régulièrement à l'esprit : « *je ne gagne pas assez* », « *je ne sais rien faire d'autre que de m'occuper de la maison* », « *mon ex ne paye aucune pension alimentaire à mes enfants, comment vais-je m'en sortir ?* », « *ma famille m'héberge, mais ils n'ont pas beaucoup de moyens et le fait de nous prendre en charge mes enfants et moi leur coûte cher financièrement, et émotionnellement aussi ! Et je ne parle pas des disputes à propos de la façon dont nous élevons les enfants !* », « *est ce que je peux reprendre des études ? Décrocher un meilleur travail ?* » « *Comment vais-je faire pour payer leurs études ?* ».

Une des tâches les plus importantes du parent solo : se tisser un filet et développer un système de soutien qui lui offrira les ressources nécessaires lorsque les angoisses et la pression de la vie se feront trop présentes.

Comment ne pas céder à la panique face aux questions d'argent même si l'on sait pertinemment que la panique et la peur court-circuitent fréquemment notre aptitude à résoudre les problèmes de façon constructive ? Si les soucis financiers sont écrasants, on peut commencer à les résoudre par petites étapes que l'on parvient à maitriser. Et être attentif à notre attitude et à la perception que l'on a de sa propre situation. C'est souvent en changeant d'attitude que l'on entame les premiers pas d'une nouvelle vie.

Sans honte, l'art consiste aussi à savoir demander de l'aide quand on en a besoin. Si c'est nécessaire, on peut chercher de l'aide auprès des services publics (aides au logement, aides à la formation professionnelle, associations d'aide pour les denrées alimentaires, pour les vêtements, etc..), Et si l'orgueil nous freine, on peut simplement se dire que peut être un jour, on sera dans la position d'aider quelqu'un d'autre qui en a besoin.

b. Se rapprocher d'autres parents solos qui sont dans la même situation

C'est le moment de faire appel à toute sa créativité et de penser « en dehors de la boîte ». Pourquoi pas une colocation et un système de garde avec un autre parent solo ? Si cette idée est une option, les Temps d'Echange en Famille (voir TEC chapitre 9), seront un outil très utile pour mettre en place des routines, résoudre les problèmes qui ont pu se poser, et en éviter de nouveaux en anticipant avec des solutions efficaces.

Un système de garde partagée avec d'autres parents solos pourrait aussi être imaginé. Par exemple, quatre parents solos peuvent s'organiser pour se partager la garde de tous leurs enfants une journée par week-end, ce qui leur laisserait à chacun trois week-ends sur quatre avec une journée libre. Le temps de garde partagée peut s'organiser astucieusement, en proposant aux enfants, en fonction de leur âge bien sûr, des activités artistiques, du bricolage, des jeux, des histoires, de simples recettes de cuisine à faire ensemble, etc. Et même si cette organisation ne concernait que 2 familles, chaque parent aurait une journée de weekend de libre, et une journée de week-end pour profiter pleinement de ses enfants avec un programme judicieusement pensé à l'avance. Cette idée pourrait se mettre en place de façon ponctuelle ou plus régulière. L'intention ici est de combiner aide et créativité pour se faciliter la vie.

2. S'ouvrir, se lancer, dans une logique de développement personnel

a. La victimisation et la colère sont mauvaises conseillères.

L'amertume empêche de s'extraire des pensées négatives et limite ainsi les démarches constructives. Cela peut prendre un certain temps, mais il est libérateur de travailler sur soi afin de sortir petit à petit du rôle de victime et de transformer son sentiment de colère. L'énergie peut alors être investie à trouver des solutions aidantes et à prendre soin de soi.

Les livres sur la motivation ou les témoignages d'autres personnes ayant vécu des situations similaires avec succès sont parfois des sources d'inspiration pour s'ouvrir à de nouvelles expériences et accueillir de nouvelles perceptions.

b. Reprendre les études ?

Si l'on n'a pas suivi d'études, c'est peut être le moment de s'y mettre ! On peut démarrer par une formation professionnelle ou un cursus universitaire à temps partiel, proche de chez soi, avec quelques matières seulement par trimestre. Il existe des formations gratuites, ou même des bourses pour financer certains cursus. Un des auteurs de ce livre a pris onze ans (en élevant cinq enfants) pour obtenir un diplôme d'art. C'est le conseil d'un proche qui l'a motivée à se lancer : il lui avait dit à l'époque de ne présenter qu'une seule matière (UV) à la fois. Reprendre des études, à son rythme, permettra non seulement à terme d'alléger le fardeau financier avec une meilleure formation, de développer ses centres d'intérêt mais cela donnera aussi un exemple d'ouverture, de courage et de détermination aux enfants. Et l'estime de soi s'en trouvera naturellement renforcée.

Les enfants de Marcia avaient six et neuf ans lorsqu'elle décida de faire le grand saut et de retourner à l'université pour obtenir un diplôme. Cela lui semblait une bonne idée, mais elle ne pouvait s'empêcher de se demander dans quelle mesure cela impacterait ses relations avec ses enfants, et son propre niveau de stress. Elle parla de son projet avec ses fils durant un Temps d'Echange en Famille.

– *Les garçons, je dois vous parler de quelque chose auquel j'aimerais que l'on réfléchisse ensemble*», dit Marcia «*Je pense retourner étudier à mi-temps pour obtenir un diplôme universitaire. Cela pourrait m'aider à décrocher un meilleur travail, et on pourrait ainsi déménager dans un appartement un peu plus grand. Mais cela impliquerait aussi que je sois un peu moins présente et que je consacre du temps à étudier à la maison les soirs et le week-end. Si je mène ce projet, je vais vraiment avoir besoin de votre aide*».

Les garçons restèrent silencieux. Arnaud fut le premier à parler.

– *Est ce qu'on devra rester à l'étude plus longtemps le soir? Je n'ai pas envie!*».

– *Oui, c'est possible que tu doives rester plus longtemps*» dit Marcia. «*Vous savez quoi: chacun va dire tout ce qui lui vient à l'esprit sur le sujet. Puis nous pourrons trouver des solutions*».

Ensemble Marcia et ses fils explorèrent les conséquences que pourrait avoir la reprise des études de leur mère. Kevin et Arnaud mentionnèrent leurs inquiétudes: rester plus longtemps à l'étude, passer trop de temps avec leur père, ne pas voir suffisamment leur mère… Ils se faisaient également du souci pour elle et sa capacité à tout mener de front. Ils se creusèrent la tête en famille pour trouver des solutions aux problèmes qui pourraient être les plus pressants, laissant les autres de côté pour une prochaine fois. Mais à la fin du Temps d'Echange en

Famille, le trio était d'accord sur le fait que c'était une bonne idée, et qu'ils travailleraient tous ensemble pour y arriver.

– *Eh maman* » demanda Kevin alors que Marcia se levait pour aller sortir la quiche du four, « *est ce que tu as droit à des réductions pour les matchs de foot quand tu es étudiante ?* » Lorsque Marcia sourit et dit que c'était peut-être possible, les deux garçons poussèrent des cris de joie.

Reprendre les études est un engagement conséquent, mais de nombreux adultes considèrent que cela en vaut vraiment la peine. C'est certainement une des raisons pour laquelle tant d'universités et d'écoles supérieures observent une augmentation du nombre d'étudiants « seniors ».

Lorsqu'on souhaite mener à bien un projet d'études, il est précieux d'y associer ses enfants, tant dans l'organisation pratique que dans la vision de ce que cet effort représentera pour toute la famille. Et souvenons-nous : cela demande du courage, et parfois il faut juste oser se lancer, faire le saut et se laisser pousser des ailes !

3. Mettre la casquette d'un bon gestionnaire

a. Apprendre à gérer son argent.

Nous vivons une époque d'abondance et de matérialisme. Certains soucis financiers sont moins liés au fait d'être un parent solo qu'au fait de se retrouver entrainé dans une société de consommation sans avoir nécessairement les qualités de gestionnaire requises pour ne pas vivre au dessus de ses moyens.

Les enfants apprennent de nombreuses compétences (bien plus importante que la consommation matérielle) en observant la façon dont l'adulte gère les finances de la famille. Par exemple, à chaque fois que l'on résiste à la pression du « tout, tout de suite », on développe sa capacité à différer la satisfaction d'un besoin. Quel bénéfice à long terme !

La réalité impose souvent au parent solo de réduire son train de vie pendant une certaine période ou de ne pas céder aux tentations dans l'immédiat : moins de sorties au restaurant, au cinéma, un budget vacances mûrement réfléchi, pas de grosse dépense ou d'investissement immobilier.

Trop de parents solos s'imaginent que leurs enfants seront brimés s'ils doivent se passer de certains luxes, et peuvent parfois être tentés de leur offrir des biens matériels pour compenser la perte d'une famille nucléaire de deux parents. Or, quel message cette attitude renvoit-elle aux enfants sur la valeur des *choses* ? L'attitude positive du parent face à son budget et son aptitude à enseigner la capacité à attendre, permettent aux enfants d'acquérir des aptitudes de vie. Même si, sur le moment, les frustrations ne sont pas faciles à gérer, les enfants développent souvent bien plus de compétences à « faire sans » qu'à vivre dans l'abondance.

b. Une autre occasion d'impliquer respectueusement vos enfants

Apprendre à ses enfants ce que veut dire « tenir un budget » en les impliquant dans le processus est très utile. Au cours d'un Temps d'Echange en Famille, on peut aborder la question du budget hebdomadaire disponible pour la famille. En fonction de l'âge des enfants, on peut leur expliquer d'où vient l'argent et quelles factures il faut payer, parler de la nécessité de mettre de l'argent de côté pour les dépenses imprévues, leur apprendre à gérer leur argent de poche s'ils en ont. Les enfants peuvent être sollicités pour trouver des idées qui permettront de s'amuser à moindre prix, comme des soirées jeux de société en famille, des sorties au parc, des billets à tarif réduit au cinéma, etc.. Ils peuvent aussi apprendre à faire les courses en faisant attention aux prix, réaliser des menus abordables et sains, en prenant la responsabilité d'un repas par semaine par exemple.

c. Avoir un train de vie réaliste, en phase avec son budget

Tout ça semble facile, mais dans la vraie vie il en est souvent tout autrement. Jennifer est une maman solo qui travaille en tant qu'assistante juridique. Jennifer a deux enfants, âgés de huit et onze ans. Leur père ne lui a envoyé aucune pension alimentaire depuis plus de six mois, et le salaire modeste qu'elle touche chaque semaine ne suffit pas à régler les factures. La crainte de ne pas boucler les fins de mois est, pour elle, un souci quotidien. Jennifer a déjà fait un certain nombre de démarches.

Il y a quelques mois, elle est allée voir le juge pour toucher ses pensions en retard, mais il n'y a aucune garantie qu'elle puisse les recouvrer. Ne sachant plus vers qui se tourner, elle a demandé un rendez-vous à son patron pour lui faire savoir qu'elle était très déçue que son salaire ne lui permette même pas de payer ses factures. Or le salaire de Jennifer était conforme à sa qualification et son supérieur n'avait aucunement l'intention de l'augmenter. Et plus Jennifer se plaignait, plus son patron pensait à embaucher quelqu'un d'autre.

L'attitude de Jennifer faillit lui coûter son travail. Se retrouver au chômage aurait sans aucun doute été bien plus angoissant que d'avoir un salaire qui ne suffisait pas tout à fait à payer les factures.

Quelles étaient ses options ? Si Jennifer avait commencé par analyser son budget de façon détaillée, elle se serait sans doute aperçue que certaines de ses dépenses étaient superflues et que ses attentes étaient décalées par rapport à sa réalité du moment.

La croyance que nous n'avons pas assez d'argent pour satisfaire nos besoins peut générer un sentiment de manque qui nous pousse à compenser par des dépenses non prioritaires. Modifier sa perception de manque est une chose compliquée, mais *reconnaître* que l'on adopte parfois une attitude irréfléchie est la première étape du changement.

Il y a plusieurs semaines déjà, Jennifer a décidé de revoir son mode de gestion. Elle a fait l'effort de planifier son budget en hiérarchisant les priorités (logement, vêtements de base, activités des enfants, transports, etc..). Elle s'est assise avec ses enfants pour prévoir les menus du soir avec eux, et ils ont décidé ensemble de ne manger dehors que deux fois par mois au lieu de deux fois par semaine.

Poussée par ce vent de changement qu'elle n'avait pourtant pas choisi, elle a aussi décidé d'approfondir ses compétences d'assistante juridique. Elle s'est inscrite à l'université proche de chez elle pour suivre une matière par semestre.

Les statistiques indiquent que la majorité des parents solos ayant la garde de leurs enfants sont des femmes, et que le manque de moyens financiers associé à un manque de compétence dans la gestion financière sont une des difficultés majeures à dépasser.

Lorsqu'on est endetté ou que l'on ne parvient pas à gérer l'argent dont on dispose de façon efficace, on peut demander de l'aide à un proche que l'on sait compétent dans le domaine ou à l'extérieur de ses cercles habituels. La plupart des centres administratifs proposent l'aide de conseillers financiers qui peuvent aider à concevoir un budget, à consolider la dette et à planifier une vie financière saine.

Il existe un certain nombre d'autres sujets que les parents solos devraient prendre le temps d'analyser mais qu'ils négligent souvent. Parmi eux, la rédaction d'un testament, les économies pour financer l'université, l'acquisition d'une assurance correcte, la réalisation d'investissements judicieux, et la préparation de sa retraite. Si ces idées font tourner la tête, on peut prendre un sujet après l'autre. La plupart des communes proposent l'aide d'avocats, des consultations légales à faible coût, et des conseillers financiers qui peuvent guider efficacement dans le labyrinthe des problèmes légaux et financiers lorsqu'on est seul(e) et sans ressource de proximité.

Pistes d'action à explorer pour se mettre à l'abri

- Apprendre à planifier son budget judicieusement
- Utiliser les cartes de crédit avec prudence
- Considérer les options d'investissement, de retraite, et de projets financiers avec un conseiller de confiance.
- Penser à mettre ses enfants à l'abri en établissant un testament par exemple.
- Prendre conseil et ne pas hésiter à demander de l'aide.

d. Porter un regard de gratitude sur ce que l'on possède

Avez-vous jamais remarqué ces rares personnes qui semblent posséder très peu de choses mais qui pourtant vivent leur vie dans la joie et la gratitude ? Tandis qu'il en existe d'autres qui en veulent toujours plus, peu importe combien ils possèdent ? En réalité, le bonheur naît bien plus du comportement que l'on adopte face aux circonstances que des circonstances de notre vie en elles-mêmes. Travailler le regard que l'on porte sur ce que l'on possède déjà et prendre le temps d'en ressentir de la gratitude fait du bien. Les Temps d'Echange en Famille ou les repas pris ensemble sont une bonne occasion de proposer à chaque membre de la famille de partager avec les autres au moins une chose pour laquelle il se sent reconnaissant – on trouve *toujours* quelque chose ! Non seulement on se sent plus heureux, mais on crée autour de soi une énergie positive pour soi et pour les autres.

Il n'est pas facile de changer son regard sur les évènements et de voir dans les difficultés des opportunités et dans les problèmes des défis à relever. Mais les enfants nous observent et suivent nos traces Si notre attitude reflète le sentiment de privation, rythmé par des « *oh, pauvre de moi* », il est probable que nos enfants adopteront cette perspective. Tandis que si nous nous efforçons de conserver une attitude positive, en étant ouverts aux opportunités d'apprentissage, nos enfants développent le même état d'esprit.

Bien entendu, notre bonne volonté sera mise à l'épreuve. Les tentations sont tellement nombreuses et les messages publicitaires proposent constamment des produits que nous n'avons pas encore. Nos enfants seront inévitablement attirés par les marques que portent leurs copains. Ce sera aussi pour nous une opportunité de les aider à développer leur référentiel interne, à penser par eux mêmes plutôt que de se limiter à adopter les valeurs des autres.

Ainsi par petites touches, le parent solo a l'opportunité d'apprendre à gérer le stress financier lié à sa situation : tenir un budget intelligemment, et satisfaire les exigences de son emploi tout en restant attentif aux évolutions de carrière possibles.

Développer un réseau de soutien et accroître activement ses compétences parentales contribuera également à faire baisser la pression.

4. Apprendre à s'appuyer sur les autres : construire un réseau de soutien

a. Partager sa réalité avec d'autres parents solos

Elever ses enfants seul s'accompagne souvent de l'impression de devoir tout gérer sans avoir les ressources suffisantes ou les bonnes personnes sur lesquelles s'appuyer.

Carla, une femme talentueuse à la carrière en plein essor, est maman solo pratiquement depuis la naissance de sa petite fille de six ans. Noémie est une enfant merveilleuse, brillante, sociable et toujours occupée. Et pourtant, parfois, elle peut se montrer *si* difficile ! Aussi lorsque Carla retrouva son amie Alice dans sa cuisine une après-midi, les larmes coulèrent d'elles-mêmes.

– *J'aime ma fille plus que tout au monde* », s'expliqua Carla après s'être un peu calmée, « *mais parfois je déteste être un parent. Je me sens piégée. Je n'arrive pas à être une bonne mère et à tout de même avoir une vie à moi* ».

– *Tu as l'air découragée* » lui dit Alice gentiment, « *qu'est ce qui se passe ?* »

Carla soupira.

– *J'ai l'impression de ne pas avoir de temps pour moi ou pour ce que je dois faire. Je passe mon temps à aller chercher Noémie à l'école ou à la conduire quelque part. Trouver un système de garde est tellement compliqué, et en plus j'ai l'impression que personne ne s'occupera de ma fille comme je le fais, et je m'inquiète de ne pas passer assez de temps avec elle. Et plus je me sens frustrée, plus j'essaie de contrôler Noémie et plus je me montre impatiente avec elle. J'ai envie de me recroqueviller sous ma couette, et d'ailleurs c'est ce que je vais faire. J'ai honte de t'embêter avec tout ça. J'ai tellement envie d'être une bonne mère, et si souvent je n'y arrive pas !* »

Alice sourit à son amie et dit d'une voix pleine de douceur :

– *Je suis sure que tu n'es pas la seule maman solo à te sentir submergée comme ça ! J'ai une amie qui a suivi un atelier dédié aux familles monoparentales, ça vaut peut-être la peine d'aller voir ?* »

Carla se montra sceptique, mais elle se dit que tout valait toujours la peine d'être essayé. Ainsi elle se retrouva un soir assise dans une pièce remplie d'autres parents solos, qui parlaient comme elle l'avait fait, ou qui exprimaient ce qu'elle avait pensé ou ressenti. « *Je ne suis pas seule – et je ne suis* pas *un horrible parent*, réalisa-t-elle un peu soulagée. *Peut-être qu'il existe des moyens de traverser tout ce que je ressens.* »

Parce qu'il faut deux personnes pour faire naître un enfant, on pense qu'être parent ne peut se concevoir que comme un partenariat. Et parfois lorsque ce partenariat n'est plus possible, certains parents solos s'imaginent qu'ils doivent endosser à la fois le rôle de père et de mère auprès de leurs enfants. Et donc au stress de gérer la maison, de gagner de quoi vivre, et de prendre soin des enfants, les parents solos déjà dépassés par les évènements se retrouvent à essayer de tenir un double rôle : jouer au basket et aux Barbies, au foot et aux jeux de société, cuisiner, coudre, être un coach de tennis ou de danse, donner un coup de main aux projets de bricolage, être un copain et un parent et un enseignant. Si vous parvenez à accomplir tout cela sans broncher, toutes nos félicitations. Mais est-ce vraiment nécessaire ?

Il y a des moments où deux têtes valent mieux qu'une seule, et où on a besoin d'un filet de sécurité pour se rattraper. Et il existe des façons de construire un système de soutien pour se sentir aidé.

Les hommes d'affaire connaissent depuis longtemps la valeur du réseaue. Les médecins recherchent fréquemment un deuxième avis. Et les parents solos ont particulièrement besoin d'un réseau, de personnes qui peuvent leur proposer des conseils, de l'aide, des compétences, une autre perspective. C'est une sensation bien agréable que de réaliser que l'on n'a pas à tout savoir, mais seulement besoin de savoir à qui demander. Mais comment savoir vers qui se tourner ? Comment un parent solo peut-il construire un tel réseau ? Voici quelques suggestions en ce sens :

Quelques pistes pour davantage de soutien

- Regarder ce qui existe en matière d'ateliers de parents solos
- Demander de l'aide lorsqu'on en a besoin.
- Conserver des liens solides avec la famille élargie.
- Dégager du temps pour ses amis
- Rechercher des organismes ou des groupes de soutien
- Rester en lien avec l'autre parent de vos enfants (co-parentalité saine et centrée sur l'enfant)

b. Des ateliers d'aide à la parentalité ? Regarder ce qui existe

Ce sont non seulement des endroits propices pour acquérir de nouvelles compétences parentales, mais aussi un moyen de rencontrer d'autres parents. Certains d'entre eux peuvent vivre des situations similaires à la nôtre, d'autres auront déjà rencontré les problématiques auxquelles nous faisons face et pourront nous faire profiter des solutions déjà expérimentées. Réaliser tout simplement que l'on n'est pas seul peut parfois faire toute la différence.

c. Demander de l'aide lorsqu'on en a besoin.

Dans nos cultures, on valorise traditionnellement la figure du « héros solitaire » capable de réussir sans l'aide de personne. Les parents solos n'échappent pas à cette tendance du « sois fort, sois parfait » qui peut s'avérer dangereuse pour bon nombre d'entre eux Il est plus sage de garder ses yeux et ses oreilles ouverts pour savoir comment et à qui on peut demander de l'aide. Un voisin sera peut-être heureux de donner un coup de main pour les conduites au foot ou à l'école, une personne de notre entourage sera peut-être enchantée d'apprendre aux enfants à cuisiner, **à coudre** ou à bricoler. Un collègue avec des enfants du même âge que les n**ôtres p**ourra avoir de bonnes idées sur l'éducation, les solutions de garde ou l'organisation des conduites. Et certains de nos amis se révéleront peut être experts dans des domaines qui nous sont étrangers : l'informatique, le bricolage, la pratique d'un sport et bien d'autres choses. Il suffit de demander de l'aide autour de soi pour s'apercevoir avec surprise qu'il y en a !

d. Conserver des liens solides avec votre famille élargie.

Même si l'on n'est plus indirectement lié à eux par les liens du mariage, les grands-parents, les oncles et les tantes et les autres membres de la famille peuvent continuer à être une source incroyable de conseils et de soutien. Les enfants, eux aussi, bénéficieront de relations saines entretenues avec les autres membres de la famille. C'est ce qui va souvent leur procurer un sens de stabilité, leur permettre de garder leurs racines dans ces périodes de transition. Et les enfants apprécient en général de savoir qu'ils restent partie intégrante de leur famille au sens large et ce quoiqu'il arrive. Lorsque c'est impossible de maintenir ces liens, on peut construire une nouvelle « famille élargie » faite d'amis et de groupes de soutien.

e. Dégager du temps pour vos amis

Les amis ne sont pas seulement des personnes capables d'**écouter** avec bienveillance, ils peuvent aussi vous apporter leur sagesse et des suggestions aidantes pour résoudre les problèmes. N'ayons pas peur d'aborder avec les personnes qui nous aiment ce que nous traversons et ce que nous ressentons.

Rechercher des organismes ou des groupes de soutien. Il existe des structures, organisations, associations dédiés aux parents solos. Il est utile de les identifier selon les différentes régions. S'il n'y a aucune structure dans votre région, peut-être serait-ce l'occasion d'en créer une ? Il suffit d'un autre parent solo qui soit volontaire, et le nombre d'inscrits pourrait augmenter à vue d'œil, dès que les parents solos auront mesuré les bénéfices de faire partie d'une structure qui les rassemble. Les services administratifs relatifs à la famille seront sans doute à même de vous fournir des informations pratiques.

Le monde informatique a également ouvert aux parents solos de nouvelles opportunités chaque jour plus nombreuses. C'est désormais possible d'apprendre de nouvelles compétences parentales, de partager ses expériences, et tout simplement d'échanger avec d'autres parents solos à travers des forums virtuels. On trouve des sites internet dédiés aux mères célibataires, aux pères célibataires, aux parents ayant la garde de leurs enfants et à ceux qui ne l'ont pas, aux parents qui choisissent d'être solos... La liste est presque infinie, et pas besoin de faire garder les enfants ! On peut rechercher des centres d'intérêts spécifiques liés à sa situation monoparentale à travers n'importe quel moteur de recherche : Yahoo, Safari ou Google sont tous des bons choix pour débuter. De même, les sites d'aide à la parentalité sont aujourd'hui nombreux à proposer leurs services sur le net.

Comme toujours, lorsqu'on navigue sur internet il faut être prudent et savoir choisir des ressources fiables sur lesquelles s'appuyer (que ce soit pour soi-même ou pour ses enfants). Avec ces précautions en tête, on se trouve parfois à un clic de la ressource dont on rêve.

f. Inclure l'autre parent

Une autre solution peut être d'accepter de laisser l'autre parent, s'il ou elle est disponible, jouer son rôle dans la vie des enfant.

Bien sûr, cela peut être émotionnellement difficile à faire (voir chapitres 15 et 16), mais c'est sans doute la meilleure décision à prendre pour votre enfant sur le long terme. Sans compter que cela viendra très probablement faciliter l'organisation quotidienne.

Et dans les situations ou l'autre parent n'est pas présent, il suffit d'être simplement soi-même, un parent qui essaie de faire de son mieux.

La relation que l'on entretient avec l'autre parent peut être compliquée et sensible, mais parfois c'est lui (ou elle) qui percevra un aspect de la situation qui nous a échappé, ou qui connaitra une façon plus efficace de gérer un problème que celles que nous avons déjà essayée.

Apprendre à écouter (et apprendre qu'il est possible de ne pas toujours avoir raison) est un exercice d'humilité, mais c'est aussi libérateur.

– *Maman!*», cria Nicolas, sept ans, en passant la porte après un weekend avec son père. « *Viens voir, j'ai une surprise pour toi!* »

En suivant son fils surexcité dans le garage, Jeanne se demandait ce qui avait bien pu se passer. Elle fut sidérée de voir Nicolas grimper sur son vélo, hésiter juste quelques instants puis s'élancer fièrement vers la route, avec un sourire si éblouissant qu'il aurait pu se voir dans la nuit noire.

La bicyclette était devenue un sujet difficile pour Jeanne et Nicolas. Tous ses petits voisins étaient capables d'en faire depuis des mois, mais Nicolas semblait ne pas y arriver. Jeanne avait essayé tout ce qu'elle pouvait pour l'aider, mais quelques mauvaises chutes avaient ébranlé la confiance en lui de Nicolas. Chaque fois qu'il réalisait qu'il pédalait tout seul, il se mettait à chanceler et basculait. Rien ne marchait : ni l'entraînement, ni courir à côté de lui, ni les encouragements, ni même ignorer le problème. La bicyclette était devenue un sujet tabou.

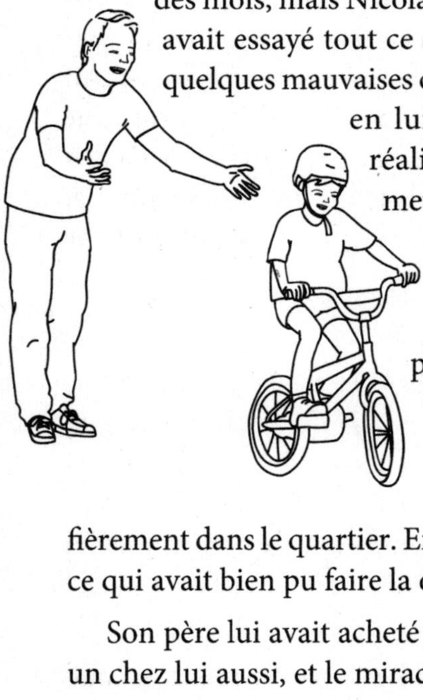

Et là, après un weekend avec son père, voilà que Nicolas filait fièrement dans le quartier. En l'observant, Jeanne se demandait ce qui avait bien pu faire la différence.

Son père lui avait acheté un vélo pour qu'il puisse en avoir un chez lui aussi, et le miracle s'était produit lorsqu'ils étaient sortis l'essayer. « *Qu'est-ce que papa a su faire que je n'ai pas fait?*» demanda Jeanne à son fils. Nicolas réfléchit quelques minutes. «*Alors*» dit-il «*il ne m'a pas prévenu quand il m'a lâché, et il m'a appris comment tomber*». Jeanne était soufflée. Elle n'aurait jamais pensé à ça, mais c'est ce qui avait fait toute la différence. Nicolas avait en lui depuis le début les compétences nécessaires pour faire du vélo tout seul, et ce qui lui manquait c'était d'avoir confiance en lui. Découvrir qu'il pouvait survivre à ses chutes lui avait donné le courage nécessaire pour essayer à nouveau. Jeanne ressentit un mélange étrange de joie pour son fils et de déception de ne pas avoir été capable de l'aider. Mais en le voyant faire des boucles à vélo avec ses amis, elle accepta de faire place à la gratitude pour ce qu'avait fait le père de Nicolas.

Jeanne et Nicolas apprirent tous les deux quelque chose d'important: apprendre à bien tomber fait partie de la vie, et c'est même un apprentissage fondamental. Etre un parent solo peut faire peur. On se sent responsable de ses enfants, de leur bien-être, de leur bonheur. On pense parfois qu'on devrait toujours savoir quoi faire, mais c'est bien loin d'être le cas. Une force que l'on peut développer, c'est d'avoir le courage de risquer une chute, d'apprendre que l'on peut échouer ou abandonner ses rêves et survivre tout de même. Parfois on est plus fort que les expériences que l'on traverse.

La perfection n'est pas requise. Cela aide de savoir que nos imperfections et nos échecs en tant que parents ne sont pas gravés dans le marbre. Quels que soient leurs efforts, les parents ne sont pas parfaits; mais les enfants n'ont pas besoin de parents parfaits. Ils ont seulement besoin de parents qui les aiment et les acceptent comme ils sont, de parents qui ont soif d'apprendre et qui font du mieux qu'ils peuvent.

Etre un parent solo peut générer beaucoup de pression. Mais c'est aussi une chance formidable de pouvoir construire une relation particulière avec ses enfants, d'apprendre à gérer son temps, son argent et à demander de l'aide quand on en a besoin pour un quotidien plus fluide et plus joyeux.

BOÎTE À OUTILS

- Prendre le temps d'identifier qui pourrait faire partie de son réseau de soutien (personnes, organismes, associations, services municipaux, etc..);
- Se renseigner sur les aides financières possibles (logement, garde, activités sportives, stages de vacances, etc..);
- Trouver d'autres parents solos pour partager nos difficultés;
- S'éloigner du sentiment d'être victime ou de la colère qui est mauvaise conseillère;
- Reprendre des études, même à temps très partiel;
- Rechercher des témoignages de parents solos qui racontent leur expérience réussie;
- Apprendre à gérer son argent en distinguant l'indispensable du reste et en apprenant aux enfants à attendre pour satisfaire leurs désirs (on est parfois tenté de compenser matériellement une situation familiale nouvelle qui génère des émotions difficiles);
- Impliquer ses enfants au cours d'un Temps d'Echange en Famille (T.EF.) dans l'utilisation d'un budget (ressources à dispositions, dépenses obligatoires, budget loisirs possible, idées créatives pour dépenser moins, etc..);
- Rapprocher ses dépenses du budget disponible pour garder un train de vie réaliste;

- Porter un regard de gratitude sur ce que l'on possède déjà : s'entrainer en famille à exprimer de la reconnaissance (T.EF.);
- Compter sur un réseau de soutien et échanger avec d'autres parents solos (associations, forums, etc..);
- Regarder ce qui existe en matière d'ateliers de parentalité;
- Demander de l'aide quand on en a besoin;
- Conserver de bonnes relations avec la famille élargie;
- Dégager du temps pour ses amis;
- Inclure l'autre parent lorsque c'est possible dans une démarche de co-parentalité.

7 PARENT SOLO : LA QUALITÉ DU LIEN AVEC SES ENFANTS

Matthieu a 9 ans. Parfois, on l'entend dire :

– *Il y a un truc que je déteste depuis que papa est parti, c'est que je suis le seul garçon à la maison. Ma maman et mes sœurs sont toujours ensemble, et je crois qu'elles ne comprennent pas que de temps en temps, je ne me sens pas comme elles. En plus, elles ne veulent jamais jouer à ce qui me plait, comme le foot ou le basket. Et ça me manque vraiment de ne plus avoir papa à la maison.* »

– *Ma mère ne parle jamais de mon père* », dit Laura, 13 ans. « *Il est parti quand j'étais un bébé. Ma grand-mère me dit qu'il était drogué et que je n'ai pas besoin d'en savoir plus sur lui. Mais c'est vraiment dur. La plupart de mes amis ont un père, même s'il ne vit pas avec eux, et je ne connais même pas le mien. Ma mère est plutôt sympa et j'aime bien vivre avec elle. Mais je me demande où est mon père, je me demande si ça lui arrive de penser à moi.* »

– *Ma mère me manque tellement que parfois je n'arrive pas à faire mes devoirs* » dit Théo, 7 ans. « *Elle est morte il y a deux ans et ce qui me rend vraiment triste, c'est que ça devient difficile de me souvenir de son visage. Papa a une nouvelle copine et elle est vraiment gentille – mais ce n'est pas ma maman. Papa me dit que maman est au ciel, mais ça me rend plutôt furieux que Dieu me l'aie prise. Quand je vois d'autres enfants avec leurs mères ça me met en colère contre eux aussi. En fait je suis triste ou en colère la plupart du temps. Mais je ne ne le dis pas à papa, je ne veux pas lui faire de peine*».

Daniel, 10 ans, a une histoire différente. «*Je suis content que ma mère et mon père aient divorcés*» affirme-t-il. «*Ils étaient tous les deux énervés tout le temps. Maman pleurait beaucoup. Mon frère et moi on restait presque toujours dans nos chambres, et on ne faisait jamais rien tous ensemble. Maintenant qu'ils ont divorcés ça va mieux. On passe du temps avec l'un et l'autre, et comme personne ne s'énerve, on arrive à faire plus de choses amusantes. Je sais que certains enfants sont tristes quand leurs parents se séparent, mais pour moi c'est mieux comme ça.*»

Carina a 16 ans. «*Tout ce que je sais c'est que mon père et ma mère se disputent tout le temps. Ils se disputaient quand ils étaient ensemble et ils se disputent maintenant qu'ils sont divorcés. Ils se crient dessus au téléphone, ils se crient dessus à mon école, et maman a demandé une ordonnance restrictive pour interdire à papa l'accès à notre maison. Chaque fois que je suis avec l'un des deux tout ce que je fais c'est baby-sitter mes petits frères. Il n'y a jamais assez d'argent pour que je puisse faire des trucs avec mes amis: maman dit que c'est parce que papa ne paye pas la pension alimentaire, et papa dit que c'est parce que maman lui a pris tout ce qu'il avait. Parfois je les déteste tous les deux. Je ne me marierai jamais!*»

1. Entrer dans le monde de son enfant: reconnaître et accompagner ses émotions parfois contradictoires

Les parents solos sont nombreux à s'interroger sur les conséquences que leurs choix ont ou auront sur leurs enfants. Car tout comme pour eux, la situation que vivent leurs enfants génère toutes sortes d'émotions qui vont colorer leurs comportements. La qualité de la relation entre les enfants et chacun de leur parent sera déterminante dans la façon dont les événements sont vécus. En effet, les enfants sont jeunes et ressentent souvent à la fois de l'impuissance à changer la situation et un devoir d'être loyal et de protéger leurs parents. Dans une famille monoparentale, chaque enfant réagira à sa manière et ne partagera pas nécessairement son univers émotionnel spontanément.

Dans les premières années de la vie, les enfants sont naturellement auto-centrés et peuvent parfois interpréter les évènements qui se déroulent autour d'eux comme des conséquences de leur propre comportement.

Un enfant peut imaginer qu'un de ses parents est absent parce que lui, l'enfant, s'est mal comporté ou parce qu'il n'était pas digne d'amour. Il peut se convaincre que le divorce de ses parents est en quelque sorte de sa faute. Beaucoup d'adultes cherchent à se justifier ou à désigner un coupable. Un enfant, lui, a tendance à se reconnaître une responsabilité dans une situation qui lui échappe. Et s'il est un point sur lequel les enfants sont tous d'accord, c'est qu'ils ne veulent pas se retrouver pris au milieu d'une guerre entre deux adultes en colère.

Les émotions qui habitent les enfants dont la situation familiale change et qui se retrouvent avec un seul de leur parents à la maison sont parfois fortes et contradictoires, nous laissant désemparés.

La mère de Jeremy partage la situation suivante :

– Le père de mon fils a quitté la maison il y a environ 6 mois. Jeremy a 5 ans. Il semblait aller bien au début, mais dernièrement il est très provocateur vis à vis de moi. Son père dit qu'il est joyeux et tendre chez lui, mais avec moi, Jeremy a un comportement instable. Il devient soudainement agressif et fait irruption

dans la pièce sans prévenir pour tenter de me frapper. Puis, cinq minutes plus tard il me serre dans ses bras et me dit qu'il m'aime. J'ai tenté d'ignorer son comportement, de le punir, je l'ai menacé de rester tout seul dans le garage s'il n'arrivait pas à mieux se comporter, mais je sais que tout cela n'aide pas. Je me sens juste tellement perdue et inquiète. Que devrais-je faire ? »

Il existe de nombreuses raisons qui peuvent pousser un enfant de cinq ans à se comporter différemment avec sa mère et avec son père.

Les enfants extériorisent souvent les émotions pénibles en présence du parent avec lequel ils se sentent le plus en « sécurité ». Le père de Jéremy est « le parent qui est parti », et ceci pourrait expliquer le fait que Jeremy ne laisse pas libre court à ses émotions changeantes lorsqu'il est avec son père. D'une certaine façon, Jeremy cherche peut être à ressentir auprès de sa mère l'assurance qu'elle ne l'abandonnera pas, même s'il a un comportement difficile. Le rôle de la mère de Jeremy est de faire de son mieux et de poser des limites avec à la fois beaucoup d'amour pour son fils et une certaine fermeté qui le sécurise. Par exemple, elle peut utiliser l'écoute active pour valider les émotions de Jeremy et l'aider à mettre en mots les choses qui le bouleversent. Parallèlement, elle peut poser des limites fermes et claires aux comportements irrespectueux et blessants. Les punitions et exclusions ne fonctionneront pas et risquent de provoquer une surenchère. Lorsque les émotions sont à vif, il n'est pas facile mais important de ne pas prendre les comportements comme des attaques personnelles. Parfois, les enfants se jugent responsables de la situation, et parfois, ils accusent leurs parents. Souvenons-nous que lorsqu'ils accusent, ils ne font que parler de leurs propres émotions, de leur impuissance et de leur colère. Ecouter sans juger, offrir son soutien, construire une relation de confiance, et donner du temps au temps, c'est ce qui les aidera le mieux à traverser les moments difficiles.

2. Se sentir aimé : l'importance du sentiment d'appartenance

Il est très courant d'entendre que ce qui importe le plus lorsqu'on élève des enfants, c'est l'amour. Bien sûr, il n'est pas question de nier les miracles que l'amour peut accomplir au sein d'une famille. Cependant, il peut parfois nous arriver d'agir « au nom de l'amour » et d'adopter à ce titre des comportements qui en fait n'aident pas les enfants à développer leurs compétences. Par exemple, les gâter à outrance, les pousser sans arrêt à de nouvelles performances, les punir..Pour nous guider, la question importante à se poser est la suivante : « *Qu'est ce qui fait qu'un enfant se sent aimé* ? ».

Nous avons tous un besoin essentiel de sentir que nous « faisons partie », que nous sommes intégrés, à notre place dans le monde, et que notre présence, telle que nous sommes, peut apporter à ceux qui nous entourent. Ces perceptions subjectives sont désignées comme les sentiments d'appartenance et d'importance. Lorsque notre sentiment d'appartenance ou d'importance est menacé, on peut être inconsciemment tenté de chercher à le restaurer par des comportements inappropriés. Les moyens

Sentiments d'appartenance et d'importance : sentiments de « faire partie », d'être intégré, et de compter pour son environnement par ce que nous sommes et par la contribution que l'on peut apporter.

pour y parvenir (que l'on nommera « objectifs mirage ») seront développés plus loin).

Le sentiment d'appartenance prend sa source dans la famille.

Il est parfois plus difficile à développer lorsqu'on grandit dans une famille monoparentale (et ce pour de multiples raisons). Le défi est alors pour l'enfant d'arriver à construire un lien de confiance et d'intimité avec ses parents.

Exercice pour évaluer le sentiment d'appartenance de son enfant :

Prenez un moment pour vous glisser dans la peau de votre enfant. Observez le monde à travers ses yeux. Quels sont les changements qu'il a dû affronter ces derniers temps ? De quelles pertes a-t-il pu souffrir ? Quelles forces ou compétences cela lui a-t-il donné ? Est-ce qu'il se voit semblable à ceux qui l'entourent ? Ou différent ? A-t-il des opportunités de contribuer au bon fonctionnement de la vie de famille ? Des opportunités de contribuer dans les autres sphères de sa vie quotidienne (école, club de foot, spectacles, projets avec d'autres copains, etc.) ? A-t-il le sentiment d'avoir des qualités et des compétences bien à lui ? Se sent-il aimé ?

Nous pouvons aider les enfants à développer leur sentiment d'appartenance de multiples façons. On peut passer du temps de qualité avec eux, individuellement ou avec toute la fratrie, les écouter ou accueillir leurs idées. On peut également les laisser nous aider car aider les autres et offrir sa contribution (même modeste) à son environnement sont des manières très efficaces de renforcer le sentiment que notre présence a du sens.

Les parents peuvent aussi être attentifs à accorder de l'importance aux dons et aux qualités uniques de chaque enfant, à les accepter comme ils sont plutôt que de voir en eux ce qu'ils aimeraient qu'ils soient.

Il est important de garder à l'esprit que derrière certains comportements inappropriés, il y a parfois chez les enfants une recherche malhabile de restaurer un sentiment d'appartenance fragilisé. Or, les choix que font les adultes (même s'ils sont nécessaires et justifiés) peuvent entrainer une fragilisation du sentiment d'appartenance des enfants, et alors même qu'ils aimeraient se sentir proches, leur comportement inapproprié peut mettre de la distance dans la relation. Garder à l'esprit l'importance de ce sentiment d'appartenance permettra aux parents solos de changer de regard sur les comportements inappropriés récurrents de leurs enfants, d'entrer dans leur monde et d'agir plus efficacement pour les aider à le restaurer ou à le développer.

Voici quelques pistes pour aller en ce sens

- Ecouter, écouter, écouter
- Etre disponible et ouvert aux questions
- S'assurer de la nature et de l'intensité des émotions de son enfant (ne pas présumer et penser que l'on sait)
- Passer du temps ensemble
- Etre attaché au respect mutuel.

3. Nourrir la relation

Les enfants sont extrêmement sensibles aux différences qu'ils perçoivent entre leur propre famille et celles des autres. Et être différent dans le monde qui est le nôtre peut être une expérience douloureuse. Avec de la patience et du temps, le parent solo peut grandement aider les enfants à retrouver une solide confiance dans leurs relations familiales.

a. Ecouter, écouter, écouter

Au cours d'un atelier de parents, un père confia un jour que la compétence la plus importante qu'il avait acquise était celle de l'écoute active, parce que cela permettait à ses enfants de partager avec lui leurs véritables sentiments. « *Je n'aime pas toujours ce que j'entends* » dit-il avec une grimace chagrine, « *Mais je comprends désormais bien mieux ce qui se passe de leur point de vue. Ils se sentent autorisés à me raconter ce qu'ils ressentent et ce qu'ils pensent ; et même si cela me met parfois mal à l'aise, le plus souvent, je sais beaucoup mieux qu'avant comment réagir. Ils me font plus confiance qu'avant et nous pouvons résoudre les problèmes ensemble.* »

On ne souligne jamais assez l'importance d'écouter nos enfants. Or les écouter pleinement, c'est se donner la chance d'entrer dans leur univers et de mieux comprendre l'expérience qui est la leur. Il est alors plus aisé d'utiliser notre sagesse et l'amour que nous leur portons pour nous aider à prendre les décisions nécessaires et à gérer leur comportement.

b. Etre disponible et ouvert aux questions

Les enfants n'ont certainement pas besoin de connaître tous les détails de la vie privée de leurs parents. Mais lorsque les adultes transforment des sujets sensibles en sujets tabous dont on ne peut pas parler parce qu'eux même sont mal à l'aise, les enfants peuvent inconsciemment décider que leurs parents sont trop difficile d'accès et qu'il est trop difficile de leur parler. C'est alors leur imagination qui viendra nourrir leurs croyances sur les événements qu'ils ont observés et vécus, sur leurs causes et leurs conséquences.

Charles pensait qu'il protégeait sa fillette de 4 ans, Myriam, en ne lui parlant pas de sa mère. Patricia, son ex compagne et mère de Myriam, n'avait pas voulu élever sa petite fille et avait déménagé peu après la naissance. Cela n'avait pas été facile pour Charles de s'adapter à sa nouvelle situation de papa solo d'un nouveau-né. Mais il s'en était sorti, et aujourd'hui Myriam était la lumière de sa vie. Il n'avait plus eu aucune nouvelle de Patricia, et il s'était progressivement laissé aller à penser qu'elle ne reviendrait jamais. Quand Myriam finit par poser des questions sur sa mère absente, Charles hésita, en proie à de la confusion. Puis il lui dit que sa maman souffrait dans sa tête et avait dû partir. Après cette conversation, et chaque fois que Myriam abordait la question, Charles changeait de sujet.

Myriam cessa de poser des questions à propos de sa mère. Son comportement se mit toutefois à changer. Elle eut des cauchemars fréquents et refusa de s'endormir sans son vieux « doudou ». Elle évitait les autres enfants de sa classe et s'asseyait toute seule durant les heures de cantine ou de récréation. La maitresse de Myriam décida alors de passer un peu de temps avec l'enfant devenue solitaire. Un soir, elle aborda Charles :

– *Est ce que Myriam est souffrante ?* » demanda-t-elle.

– *Pas que je sache* » répondit Charles, perplexe. « *Pourquoi ?* »

– *Eh bien en fait, dernièrement, elle reste toujours toute seule, Elle s'était toujours montrée une petite fille si sociable que nous nous sommes fait du soucis. Lorsque je lui ai demandé pourquoi elle ne jouait plus avec les autres enfants, elle m'a répondu qu'elle souffrait dans sa tête et ne devait approcher personne.* »

Charles soupira. Il sut que le moment était venu de mettre les choses au point. Il parla avec un conseiller familial, puis, un soir, une fois la vaisselle faite et Myriam en pyjama, il la prit sur ses genoux et se mit à lui raconter avec des mots simples l'histoire de sa mère.

Ce fut une longue conversation. Lorsque Myriam comprit qu'elle pouvait enfin poser des questions, elle s'en donna à cœur joie. Charles lui expliqua que sa maman était une jeune femme adorable, mais que tout simplement, lorsque Myriam était arrivée, elle n'était pas prête à prendre soin d'un tout petit bébé. Il lui montra une photo de sa maman et lui redit à quel point il adorait être son papa. Plus important encore, il expliqua à Myriam qu'il avait eu peur de lui dire la vérité et qu'il le regrettait. La maman de Myriam n'était pas malade, et elle non plus ne l'était pas. Et non, il ne savait pas si sa maman reviendrait un jour, mais peut-être que plus tard, lorsque Myriam serait plus grande, ils pourraient essayer de se renseigner pour savoir où elle était. Charles ajouta que jamais, il ne déciderait de quitter Myriam.

– *Tu es la personne la plus importante de ma vie, mon ange* » dit- il, la gorge serrée. « A partir de maintenant, tu peux me demander tout ce que tu auras besoin de savoir. Je n'aurai peut-être pas toutes les réponses, et je me tromperai parfois, mais je ferai de mon mieux ».

Myriam conserva la photo de sa mère, et pendant quelques temps, elle posa des questions sans fin à son sujet. Charles se sentait parfois frustré et découragé, mais il fit de son mieux pour écouter les questions et les émotions de Myriam, et pour lui apporter des réponses calmes et honnêtes. Cela prit du temps mais la vie reprit son cours, tranquillement, et Charles réalisa qu'il se sentait plus proche que jamais de sa fille.

Cela peut être difficile de décider jusqu'où il nous faut partager notre histoire et la leur. Toutefois, l'honnêteté émotionnelle face aux questions est une aide précieuse pour construire une relation de confiance. Si l'on n'est pas sûr de ce qu'il est utile et nécessaire de partager avec ses enfants, on peut demander conseil à un conseiller familial ou à un psychologue.

c. *S'assurer de la nature et de l'intensité des émotions de son enfant, sans présumer que l'on sait.*

On a parfois la croyance que les enfants sont résilients et peuvent s'adapter à toutes les situations. En apparence, cela semble souvent être le cas.

Cependant ce serait une erreur d'imaginer que si vos enfants ne se plaignent pas ou se comportent correctement, c'est qu'ils vont bien. Certains enfants font des efforts immenses pour faire plaisir à leurs parents ou pour les protéger, tandis que leurs propres besoins ou leurs propres peurs sont passés sous silence.

Parfois les parents ont peur de demander à leurs enfants comment ils vont. Mais bien souvent si la question est posée avec une curiosité et un intérêt sincères, les enfants y répondront avec honnêteté et confiance, ouvrant ainsi la porte de leur univers.

Les enfants répliquent souvent aux questions par :

– *Je ne sais pas.* »

Il y a au moins trois raisons possibles à cela : tout d'abord, ils cherchent peut-être à échapper à ce qu'ils perçoivent comme une « inquisition » ou une invasion de leur espace privé. Ensuite, il est possible qu'ils ne croient pas l'adulte sincèrement intéressé par ce qu'ils pensent, mais plutôt à la recherche d'une réponse attendue. Et enfin, peut-être qu'ils ne savent vraiment pas – tout du moins pas consciemment. Ils peuvent alors avoir besoin de votre aide pour reconnaître et verbaliser leurs émotions, et cela leur apportera du soulagement.

Une des façons de débuter une conversation avec son enfant est d'utiliser les questions qui commencent par les locutions « Qu'est-ce que » et « comment », avec nulle autre intention que celle d'entendre la réponse et de la comprendre. On peut aussi commencer par « J'ai remarqué que... », et procéder ainsi à de simples observations sans jugement. Par exemple, une mère pourrait dire avec bienveillance à son fils : « *J'ai remarqué que tu étais très silencieux aujourd'hui* ». Et laisser ensuite le temps à l'enfant de répondre. S'il explique que son silence traduit des soucis, alors peut-être que sa mère pourra lui poser une question comme : « *Qu'est ce qui pourrait t'aider à te sentir mieux ?* » Si l'enfant ne sait vraiment pas analyser ses propres émotions, on peut essayer de pratiquer l'écoute active, et de faire des propositions qu'il puisse corriger ou confirmer. Par exemple, on pourrait dire : « *Tu sembles avoir peur* », (ou triste, en colère, joyeux, ou tout ce que l'intuition du parent suggère). Si l'on fait vraiment preuve de curiosité, l'enfant devrait donner des signes que l'on a visé juste ou au contraire manqué la cible. On peut ensuite inviter l'enfant à en « dire plus ». Faire preuve d'un intérêt sincère est souvent pour les enfants une invitation à s'ouvrir davantage pour une relation plus proche.

d. Passez du temps ensemble.

Si l'on ne planifie pas de temps ensemble, des moments simples pour s'assoir et discuter, le rythme quotidien déjà bien chargé ne nous laisse pas toujours la chance d'en trouver. Parvenir à mettre dix minutes de côté chaque jour à passer en tête à tête avec chacun de nos enfants peut faire une énorme différence sur la qualité des relations. On peut aller se promener ou lire un livre ensemble ; on peut cuisiner ou faire du sport. Peu importe l'activité que l'on choisit ensemble, celle-ci peut devenir partie intégrante de la routine du soir, et peut aussi permettre de partager ensemble les moments heureux et les moments difficiles de nos journées respectives.

Une maman solo et son fils avaient décidé qu'ils iraient dîner ensemble tous les jeudis soir. Ils choisissaient chacun à leur tour un restaurant aux prix abordables, et s'étaient mis d'accord pour ne pas critiquer le choix de l'autre. Alexandre choisissait toujours la pizzeria tandis que sa mère lui ouvrait d'autres horizons en choisissant un restaurant chinois, mexicain ou italien. Tous les deux trouvaient que ces sorties – juste tous les deux – leur offraient un moment hors du temps pour bavarder sans interruption, d'en savoir plus l'un sur l'autre, et tout simplement d'être ensemble.

e. Ancrer la relation dans le respect mutuel.

Le respect mutuel est un élément fondateur d'une relation saine. Trop souvent nous sommes plus prompts à exiger le respect qu'à l'offrir, en particulier avec les enfants. Les enfants ne sont pas égaux en droits avec les adultes : de par leur jeune âge, ils n'ont pas les mêmes devoirs ni les mêmes responsabilités que les adultes. Cependant, ils ont la même valeur en tant qu'êtres humains et ils méritent d'être traités dignement.

Il est intéressant de prendre un moment lors d'un Temps d'Echange en Famille (chapitre 9) pour proposer aux enfants d'expliquer ce que veut dire le respect pour eux. On peut ensuite réfléchir ensemble aux façons concrètes d'exprimer du respect vis-à-vis de chacun et entre les différents membres de la famille. Par exemple, le respect peut s'exprimer dans la façon dont on s'adresse la parole, dans la façon dont on traite les affaires de l'autre, dont on entre dans son espace. Développer le respect mutuel au sein de la famille aidera chacun (adultes et enfants) à se sentir considéré et à renforcer son sentiment d'appartenance.

4. Lorsque la relation devient fusionnelle

Parce-que la situation familiale a changé et qu'il faut que chacun puisse s'y adapter émotionnellement et matériellement, les familles monoparentales ont particulièrement besoin de prendre soin de leurs relations. Toutefois, il peut arriver qu'avec l'envie de nourir des relations proches, on laisse s'installer des relations fusionnelles.

Nadia, une mère solo, était restée célibataire pendant pratiquement trois ans, et Stéphanie, sa fille de 5 ans, était le centre de sa vie. De fait, depuis que le père de Stéphanie était parti, Nadia n'avait pas passé une seule nuit loin de sa fille. Nadia avait un handicap et ne travaillait pas. Sa fille allait à la maternelle le matin. A partir de l'heure de déjeuner, l'emploi du temps de Nadia était calé sur celui de sa fille : pique-niques, sorties au parc, goûters et autres activités à partager à deux.

Mais un changement se profilait à l'horizon. Stéphanie était prête à rentrer en grande section de maternelle et irait donc à l'école à temps plein. La perspective de passer des journées entières sans sa fille semblait insupportable à Nadia. D'autant plus qu'elle n'avait pas de mal à imaginer que sa fille allait se faire de nouveaux amis et développer de nouveaux centre d'intérêt. Au fond d'elle, elle craignait de perdre de l'importance dans le cœur de sa fille.

– *Peut-être*, se dit-elle, *que je pourrais faire l'école à la maison pour Stéphanie* ».

Plus elle y réfléchissait, plus elle aimait l'idée de garder Stéphanie en se convainquant qu'elle pourrait ainsi la protéger des difficultés et des influences du monde extérieur.

Nadia était une personne suffisamment intelligente cependant pour avoir conscience qu'elle ne pouvait pas prendre une décision aussi importante sans demander conseil à un professionnel. Elle se rapprocha donc d'un conseiller familial, et bien qu'il lui fut difficile de laisser Stéphanie, même pour une heure ou deux, elle prit rendez-vous. Le conseiller familial identifia facilement le dilemme dans lequel Nadia se trouvait prise. Les parents solos consacrent souvent une grande part de leur temps et de leur énergie à leurs enfants. La perspective de voir grandir leurs enfants dans un foyer monoparental peut les inquiéter. Simultanément, ils gèrent leur propre situation, passant du statut de vie à deux à celui de célibataire. Tout cela peut faire naître un sentiment de solitude, de crainte. Et parce qu'ils aiment leurs enfants, ils se retrouvent parfois sur-impliqués dans la vie de leurs enfants, gommant la frontière entre leurs vies respectives, jusqu'à une sorte de fusion.

Lorsque cela s'installe, il devient difficile pour un parent solo de laisser son enfant grandir et développer des relations en dehors de la famille – ou pour le parent lui-même de développer sa vie privée. Les enfants finissent par se sentir coincés ou envahis, et s'ils tentent de s'échapper, les parents se sentent blessés et trahis.

Le conseiller familial de Nadia avait bien compris le lien profond et l'amour immense qui liait mère et fille. Il suggéra toutefois à Nadia de laisser petit à petit un peu plus d'espace à Stéphanie. Cette décision serait pleine d'amour et de bon sens car Stéphanie avait besoin de se faire des amis de son âge, d'apprendre comment se comporter dans le monde, et de vivre toutes les aventures que l'école mettrait sur son chemin. Nadia pourrait y participer sans avoir besoin de la limiter.

Le conseiller familial ajouta qu'il était tout aussi important pour Nadia de développer sa vie personnelle. Rejoindre un groupe de parole pour parents solos pourrait être un début, suivre des cours, sortir diner ou aller au cinéma avec des amis seraient aussi des activités enrichissantes.

La mission des parents, quelle que soit leur situation familiale, consiste à élever un futur adulte épanoui et capable de prendre sa vie en main. Pour cela, les parents aident chaque jour l'enfant à déployer ses ailes, à se lancer hors du nid, puis à prendre son envol.

Nadia savait au fond d'elle même que le conseiller familial lui avait fait des suggestions pleines de bon sens. Elle avait conscience qu'en apprenant à se séparer un peu, Stéphanie et elle se sentiraient mieux et pourraient construire ensemble des vies partagées mais différentes. Ce qui surprit Nadia, c'est la difficulté qu'eut Stéphanie à se détacher un peu d'elle. La première fois que Nadia demanda une baby-sitter pour pouvoir aller au cinéma avec un ami, Stéphanie pleura et s'accrocha à sa mère pour qu'elle ne puisse pas sortir de la maison. Nadia fut tentée de céder et de rester à la maison, mais elle resta ferme, prit sa fille dans les bras et lui dit avec bienveillance :

– *Ma chérie, je serai de retour dans trois heures* ».

Puis elle la confia aux soins de la baby-sitter et sortit.

Une fois au cinéma, Nadia eut du mal à se concentrer et à profiter du film. Mais lorsqu'elle rentra chez elle, Stéphanie semblait ravie et jouait avec la baby-sitter.

– *Elle a cessé de pleurer à l'instant où vous avez démarré la voiture*, lui raconta la baby-sitter, *et nous avons passé une super soirée* ! »

Nadia comprit que la prochaine sortie serait sûrement plus facile, autant pour elle que pour sa fille. Il leur fallut du temps à chacune pour être capable d'affronter la peur de se perdre et trouver le courage de prendre de l'indépendance. Peu à peu, elles firent l'expérience d'un lien à la fois fort et souple : fort pour l'amour unique qui existait entre elles, et souple pour l'espace qu'elles s'offraient à chacune pour s'épanouir dans leurs vies respectives.

5. La question du genre dans les familles monoparentales

Un père qui a quitté le foyer raconte :

– *Je m'inquiète de ce que mon ex-femme raconte à notre fils à propos des hommes. Je comprends qu'elle m'en veuille personnellement, c'est moi qui suis parti pour quelqu'un d'autre. Mais elle répète tout le temps à notre fils Jason, qui a huit ans, que les hommes sont "des crétins" (et pire que ça) et qu'il a intérêt à faire attention sinon il deviendra exactement comme moi en grandissant. Comment mon fils peut-il développer de l'estime pour lui-même s'il est persuadé que tous les hommes sont mauvais ?»*

La colère et la souffrance peuvent parfois pousser les parents à dire ou faire des choses qu'ils devraient éviter. Ce père a raison : son fils serait plus heureux et se sentirait mieux si ses deux parents s'abstenaient de s'accrocher autour de la question du genre. Grandir avec la croyance que l'un des deux sexes « est mauvais » complique un développement sain de l'estime de soi. On peut exprimer ses émotions de façon simple et non accusatoire, consulter un médiateur ou un thérapeute, lire des ouvrages comme celui-ci, pour mettre en mots ses émotions sans généraliser et perturber les enfants. La société transmet parfois aux enfants des clichés sur la façon dont les hommes et les femmes expriment leurs émotions, les encourageant ainsi à se construire des croyances sur le genre.

Au cours des dernières années, chercheurs et auteurs ont consacré beaucoup de temps et d'énergie à la question du genre : les enfants qui grandissent dans une famille monoparentale sont-ils mieux avec leur mère ? Avec leur père ? Les garçons devraient-ils grandir avec leur père et les filles avec leur mère pour que le parent avec qui ils vivent ait une meilleure compréhension des phases de vie qu'ils traversent ? Les enfants devraient-ils partager leur temps entre leur père et leur mère pour bénéficier de deux modèles différents ? Les conclusions des chercheurs sur ces questions varient, mais on peut être sûr de quelques points. Des auteurs réputés, comme William Pollack[1] ou Mary Pipher[2]

1. William Pollack, *Real boys : rescuing our sons from the myths of boyhood*, (sauver nos fils des mythes de la masculinité – non traduit) éditeurs Random House, 1998

2. Mary Pipher, *Reviving Ophelia : saving the selves of adolescent girls* (ranimer Ophélie : sauver l'âme des jeunes filles adolescentes – non traduit) éditeur Ballantine, 1994.

sont convaincus que les émotions s'expriment différemment selon les genres et que les stéréotypes relayés par la société causent des dégâts et favorisent la mise en place de croyances limitantes. Concernant les filles, on observe souvent une sensibilité à l'apparence renforcée par la publicité et la mode, en particulier au cours de l'adolescence : être mince, avoir des vêtements « tendance », avoir l'air plus âgée que son âge. Il n'est pas nécessairement « cool » d'être proche de ses parents. Les filles expriment souvent leurs émotions plus facilement que les garçons.

De leur côté, les garçons peuvent être élevés dans l'idée qu'être un homme signifie avoir l'air fort, et se comporter comme ayant un ascendant sur les femmes. On a le droit d'être heureux et le droit d'être en colère (après tout la colère est une émotion « forte ») mais les émotions comme la peur, l'inquiétude, la solitude trahissent une faiblesse. Des études ont montré que les garçons répriment souvent ce type d'émotions, préférant endosser, selon les termes de William Pollack, un « masque » et se retirer dans l'isolement et la dépression.

Il n'y a pas que le garçon qui peut avoir tendance à réprimer ses émotions. Les hommes sont concernés aussi.

Nombreux sont les pères qui se sentent en « déconnexion émotionnelle » avec leurs enfants et ne parviennent pas à communiquer et aborder des sujets sensibles. Lorsqu'ils ne voient que rarement leurs enfants, le phénomène peut s'amplifier et les décourager jusqu'à cesser les visites ou le paiement de la pension. A l'inverse, certains pères compenseront leur incapacité à partager des émotions avec leurs enfants par des cadeaux ou des distractions séduisantes. C'est le syndrôme du « papa Dysneyland ». Les mères aussi font face à des défis : tandis que la société valorise l'implication des pères, elle accuse les mères trop impliquées d'être étouffantes ou celles plus en retrait d'être distantes. Aimer sa propre mère n'est pas valorisé et traduit, dans l'esprit de certains, une forme de passivité et de dépendance, tandis que la quitter représente une force de caractère pour dépasser un stade de développement nécessaire. En réalité, une relation saine est avant tout une relation équilibrée, ni étouffante ni distante. Chaque être humain a besoin de son espace pour exister en tant qu'individu et pour explorer le monde et ses possibles, tout en étant certain de pouvoir compter sur l'affection, la confiance et l'amour de ses proches. Les enfants peuvent-ils se construire dans une relation équilibrée avec un seul parent ? Oui. Tireront-il un bénéfice de relations équilibrées avec des représentants des deux sexes ? Oui.

Que l'on soit père ou mère, les outils de la Discipline Positive aideront à mieux comprendre son enfant, à l'aider à exprimer ce qu'il ressent, pour construire ensemble une relation saine et équilibrée.

Les parents peuvent éduquer le regard de leurs enfants sur les stéréotypes attachés aux genres. C'est au travers de discussions ouvertes sur le sujet que les enfants peuvent se construire une image plus nuancée et plus juste de chacun des deux sexes.

En ce sens, les parents peuvent faire des suggestions aux enseignants qui suivent leurs enfants et solliciter leur aide dans le développement des images que les enfants se font des genres. En effet, la question des idées reçues sur les genres prend aussi largement sa part à l'école. De nombreuses études montrent que les stéréotypes implicites en matière de genre existent encore à l'école. Par exemple, les performances et les comportements attendus ne sont pas les mêmes d'un sexe à l'autre, le temps de parole accordé aux garçons est plus long que celui accordé aux filles, les garçons reçoivent plus souvent une attention différenciée de la part de l'enseignant, etc.

Voici quelques suggestions pratiques pour accompagner les élèves qui grandissent dans une famille monoparentale

- *Faire attention aux projets artistiques ou de bricolages (fête des mères, fête des pères, arbres généalogiques, Noël etc.). Accorder un peu de souplesse aux enfants, les entendre dans leurs différences, les laisser choisir, par exemple, de consacrer leur projet à l'un ou l'autre de ses parents.*
- *Etre attentif à sa propre attitude vis à vis des filles et des garçons, et vis à vis des enfants qui vivent avec un seul de leurs parents. Certaines études ont montré que les enseignants s'adressent plus volontiers aux garçons et leurs laissent un temps de parole plus important qu'aux filles, tout comme ils s'attendent à ce que les enfants de parents séparés se comportent moins bien que les autres. Les élèves « copieront » ces attitudes, tant vis à vis de leurs pairs que d'eux-mêmes.*
- *Etre attentif à ne pas comparer les filles aux garçons et vice versa.*
- *Trouver un équilibre entre : ne pas prendre personnellement des emportements ou une mauvaise conduite occasionnels et ne pas excuser l'élève pour son comportement inapproprié parce qu'il est issu d'une famille monoparentale. Tout l'art de conjuguer fermeté (respect de l'adulte et de la situation) et bienveillance (respect du monde de l'enfant, connexion)*
- *Se renseigner sur les conditions de vie de l'enfant, et proposer – lorsque c'est approprié – deux invitations aux spectacles de musiques ou de théâtre.*

Ce n'est pas tant le fait de grandir avec son père ou avec sa mère qui va influencer la perception des genres de l'enfant mais davantage les croyances que l'enfant développera avec l'aide de son parent et des adultes autour de lui.

La qualité du lien que l'on tisse avec nos enfants conditionne l'ambiance familiale et le plaisir de vivre sous le même toit. Elle est aussi l'emprunte qui marquera les relations que nos enfants développeront dans leur vie d'adulte. Notre quotidien est rempli de ces petits moments dont il est urgent de savoir profiter.

Voilà pourquoi il est si important de prendre le temps d'identifier ce qui contribue à une relation de qualité et ce que l'on souhaite transmettre à nos enfants pour qu'ils puissent prendre leur envol.

BOÎTE À OUTILS

- Accueillir les émotions contradictoires des enfants qui vivent une séparation et l'expriment parfois différemment avec leur père et avec leur mère. Face à l'agressivité ou à des humeurs changeantes, on peut :
- Pratiquer l'écoute active
- Redire son amour
- Poser des limites claires et fermes sur ce qu'il n'est pas permis de faire (insulter, frapper.)
- Laisser du temps au temps
- Créer un climat familial propice au développement des sentiments d'appartenance (faire partie, se sentir intégré) et d'importance (valeur) des enfants
- Prendre le temps de se glisser dans la peau de son enfant et essayer de voir la situation de sa perspective (voir exercice page 6 de ce chapitre)
- Passer avec eux du temps de qualité, individuellement ou avec la fratrie
- Accueillir leurs idées, leurs opinions, leurs suggestions
- Leur donner des opportunités d'aider, de contribuer à la bonne marche de la famille
- Reconnaître les talents uniques de chacun dans des détails concrets

- Regarder les comportements inappropriés récurrents comme des tentatives maladroites d'appartenir, et agir pour restaurer le sentiment d'appartenance plutôt que pour contrôler le comportement (cet aspect sera approfondi au chapitre 10).
- Nourrir la relation :
- Ecouter, écouter, écouter (les parents parlent souvent trop)
- Etre disponible et ouvert aux questions
- S'assurer de ce que l'enfant ressent (quelle émotion ? quelle intensité ?), sans présumer que l'on sait.
- Passer du temps ensemble
- S'appuyer sur le respect mutuel
- Apprendre à se séparer progressivement et dans la confiance pour éviter de développer une relation trop fusionnelle dans laquelle ni le parent ni l'enfant ne peuvent s'épanouir.
- Aider l'enfant, en dépit des messages parfois stéréotypés que la société lui envoie sur une gestion masculine et féminine des émotions, à se construire des croyances objectives et saines sur le genre.
- Discuter avec son enfant des messages dans les médias qui peuvent comporter des stéréotypes sur le genre.
- Accueillir les questions des enfants sans a prioris liés au genre.
- Si l'on ressent de la gêne (parent ou enfant) proposer l'aide d'un référent du sexe opposé (grand mère, oncle, tante, ami, etc.)
- Mettre en lumière des modèles qui questionnent ou contredisent les stéréoptypes (un homme qui pleure, une femme militaire, un garçon qui fait du ballet, etc..) afin d'équilibrer les perceptions.
- S'assurer de ne pas généraliser au genre les propos que l'on peut tenir sur son ex conjoint(e).
- Etre attentif à nos propres croyances et aux attitudes qu'elles déclenchent.

8 COOPÉRATION ET ENCOURAGEMENT AU CŒUR DU FONCTIONNEMENT FAMILIAL

Peut-être êtes-vous en train de vous dire :

– *Attendez un instant ! Quand allons-nous aborder le côté* discipline *dans ce livre ? Quand vais-je apprendre à gérer les comportements de mes enfants ?* »

Comme nous allons le découvrir, la meilleure des disciplines est préventive et consiste à construire une relation parent-enfants ancrée dans la coopération, le discernement et la confiance. Lorsque la relation est saine et solide, le comportement inapproprié se fait tout naturellement moins fréquent, sans nécessairement disparaître complètement (l'objectif encore une fois n'est pas la perfection, ni pour nous, ni pour nos enfants !)

Il existe de nombreuses façons pour les parents solos de mettre en pratique la Discipline Positive et de prévenir les problèmes avant qu'ils ne surgissent. Pour cela il est important de connaître son enfant et de comprendre son caractère, sa personnalité et les qualités qui sont les siennes[1]. La pratique quotidienne de l'encouragement, l'entrainement à la coopération, et les Temps d'Echange en Famille (T.E.F. chapitre 9) sont autant d'outils à mettre en place pour prévenir les comportements inappropriés.

1. Mettre la coopération au cœur du fonctionnement familial

a. Attirer les enfants à l'intérieur du cercle

Si l'on considère que les besoins essentiels de l'être humain sont d'avoir un sentiment d'appartenance et d'importance, de se sentir utile, avec une vraie valeur reconnue par l'autre, alors les parents solos ont de belles opportunités à portée de main. Ils peuvent aider leurs enfants à développer leur appartenance et leur perception de compter en les invitant à mettre la main à la pâte. Les parents solos ont rarement besoin d'inventer des tâches pour permettre à leurs enfants de contribuer à la bonne marche de la maison. Ils peuvent dire en toute honnêteté :

– *J'apprécie ton aide. Cela me simplifie vraiment la vie quand tu me donnes un coup de main. Merci !*»

Et l'enfant de se sentir important.

La tentation existe de donner aux enfants trop d'importance de façon prolongée ou de les placer systématiquement dans un rôle qui n'est pas le leur, celui de l'époux ou l'épouse manquant par exemple. Un fils devient « l'homme de la famille », une fille

1. Pour plus d'informations à propos de ces points importants, veuillez vous référer aux ouvrages de Nelsen, Erwin et Duffy, chez Prima Publishing, 1998 : *Positive Discipline : the first three years* (*La Discipline Positive : les trois premières années*), et *Positive Discipline for preschoolers, revised second edition (La Discipline Positive pour les enfants en âge préscolaire,* seconde édition révisée).

devient la meilleure amie et la confidente de sa mère, ou « la petite fée du logis de son papa ». Il est naturel qu'un parent solo ait besoin de quelqu'un sur qui se reposer, quelqu'un avec qui partager la responsabilité de faire tenir debout cette nouvelle famille. Mais les enfants ne sont que des enfants et le fait de les sur-responsabiliser (au risque d'aller jusqu'à la « parentification ») peut les pousser à faire face à des problèmes qui ne sont pas de leur âge, un poids trop lourd pour de jeunes épaules.

A l'occasion les parents peuvent au contraire pencher pour l'extrême inverse, assumant toutes les responsabilités, toutes les tâches de la maison, toutes les décisions, jusqu'à se sur-impliquer dans les devoirs. Leurs enfants, pensent-ils, ont assez souffert en perdant la contribution active de l'un des deux parents dans leur foyer. Hors de question de les accabler encore plus en leur confiant des responsabilités ou des choses à faire.

D'autres parents épuisés peuvent être convaincus qu'il est plus facile ou plus rapide de faire les choses *pour* leurs enfants que de trouver un moyen de faire les choses *avec* eux.

Ces deux extrêmes, être surinvesti ou sous-impliqué, ne fonctionnent ni l'un ni l'autre sur le long terme, que ce soit pour les adultes ou pour les enfants. Dans les deux cas, ce que les enfants pensent et ressentent, les décisions qu'ils vont prendre sur eux et sur les autres ne vont probablement pas les aider à se sentir épanouis et capables de prendre leur vie en main. Les parents *peuvent* amener leurs enfants à vivre des choses qui leur permettront de construire progressivement la confiance en soi, le sentiment d'être capable et l'envie de contribuer.

b. La valeur de la coopération

Une façon assez efficace d'envisager les choses est de reconnaître que la vie dans une famille monoparentale implique inévitablement un effort de coopération. «*Nous formons une équipe*», voilà ce qu'un parent solo pourrait dire à ses enfants, «*et cette équipe a besoin de chacun d'entre nous pour fonctionner correctement*». Les enfants ont envie de participer (même lorsqu'ils n'en sont pas conscients, et se montrent résistants); et les parents doivent surtout garder à l'esprit les bénéfices et apprentissages à long terme de ces contributions. Si chaque membre de la famille tient sa part de responsabilité alors c'est une équipe qui gagne.

c. Les tâches familiales: opportunité ou corvée?

Les tâches familiales: c'est tout ce qui doit être accompli pour qu'un foyer tourne sans heurt et paisiblement – on peut les accepter comme faisant partie de la vie de famille, ou les considérer comme une persécution récurrente. En Discipline Positive, les tâches familiales sont synonymes de coopération, il s'agit de contribuer à aider l'ensemble de la famille.

C'est peut-être difficile à croire, mais la majorité des enfants réagit avec enthousiasme lorsqu'on leur donne la possibilité d'être reconnu comme ayant apporté, par leur contribution, un vrai plus au fonctionnement familial. Les jeunes enfants en particulier apprennent en imitant les adultes et ont généralement très envie de faire tout ce que vous faites, que ce soit passer l'aspirateur sur le tapis, mélanger la farine et les œufs ou passer l'éponge sur la table. Combien de fois votre plus jeune s'est écrié «*c'est moi qui fait maman!*» Cela étant dit, la vérité est que bien souvent les envies de participer des enfants peuvent occasionner une surcharge de travail pour les parents (après tout ils font rarement les choses exactement comme nous avons l'habitude de les faire). Et il peut arriver qu'on leur dise d'aller «jouer ailleurs» pour que l'on puisse terminer le travail. Tout l'art consiste donc à trouver le bon créneau ou la patience qui leur donnent la possibilité de participer et d'apprendre les compétences nécessaires pour le faire. C'est une manière efficace d'encourager la coopération. Faire équipe en menant cette aventure avec amour, humour et respect, peut être une expérience incroyablement encourageante et valorisante pour le parent comme pour les enfants.

Chaque membre de la famille, du plus jeune au plus âgé, est capable de contribuer de façon significative. Un enfant de trois ans peut disposer les serviettes à la place de chacun sur la table, les plus âgés peuvent débarrasser et laver les assiettes, sortir les poubelles ou arroser les plantes. Quant aux adolescents, ils peuvent aider de diverses façons en faisant par exemple leurs machines, en nettoyant régulièrement leur chambre, ou en faisant une recherche sur internet pour la famille. Les idées ne manquent pas et peuvent se mettre en place en fonction des besoins de la famille. Trop souvent cependant, ce que les parents remarquent (et font remarquer), c'est ce qui *n'a pas* été fait. Ou alors ils en demandent trop et ne fournissent que trop peu - voire aucun - apprentissage sur la tâche en question. Ou encore, les parents échouent à faire participer leurs enfants et à les impliquer dans les tâches familiales parce qu'ils ne parviennent pas à décider de ce qui doit être fait ni à planifier les tâches en conséquences. Les tâches familiales deviennent alors une expérience décourageante pour les plus jeunes - et obtenir leur participation risque de devenir une corvée de plus. Lorsque les parents prennent le temps non seulement de remarquer ce qui *a* été accompli mais également d'apprendre, d'encourager, d'apprécier, et de faire des commentaires positifs sur ce qui a été fait, tout le processus peut en réalité devenir un moment agréable de la vie de famille[1].

1. Pour en savoir plus sur la façon d'entrainer vos enfants à coopérer aux tâches familiales, vous pouvez consulter *Chores without wars* (Les corvées sans se faire la guerre) de Lynn Lott et de Riki Intner, publié chez Prima Publishing, en 1998

d. Que faire si les enfants ne coopèrent pas ?

Une mère raconte :

– Mon fils aîné a quinze ans, et peu importe la façon dont je m'y prends, je n'arrive pas à obtenir qu'il m'aide dans la maison. Je dois le harceler et lui faire la leçon, et malgré cela, il ne fait que le strict minimum. Généralement j'abandonne et je fais tout moi-même, mais ensuite je lui crie dessus parce qu'il ne m'aide pas. Je déteste m'entendre hurler. J'ai essayé de lui retirer ses privilèges lorsqu'il ne tient pas ses responsabilités, et le weekend dernier je lui ai même dit qu'il devrait annuler le dîner avec son père parce qu'il n'avait absolument rien fait pour m'aider. J'ai vraiment l'impression de m'y prendre de travers. Que puis-je faire ?»

Il peut être utile de se rappeler que les enfants ont tendance à mettre en oeuvre ce qui leur permet d'atteindre le résultat qu'ils souhaitent. C'est exactement ce que fait cet adolescent. Il a compris que s'il résiste suffisamment longtemps, sa mère cèdera et fera son travail à sa place. C'est en prenant un peu de recul et en s'armant de patience que les choses peuvent changer.

Pourquoi ne pas commencer par de petites doses d'encouragement, pour valoriser les étapes intermédiaires ? Quelles sont les choses qu'il accompli correctement, à la maison et à l'école ? On veut qu'il entende autant parler de celles-ci que de ce qu'il ne fait pas. C'est encourageant de regarder le chemin parcouru en évitant de centrer toute l'attention sur ce qui reste à accomplir.

Il peut être aussi judicieux d'utiliser le Temps d'Echange en Famille (voir chapitre 9) pour faire le point et lui demander quelles tâches il serait le plus enclin à accomplir, sans oublier de poser une limite de temps dans laquelle la tâche doit être effectuée. Par exemple, de façon respectueuse, on pourrait lui proposer que ses tâches soient terminées avant qu'il ne sorte. Lui retirer du temps passé avec son père ne l'aidera pas à tenir ses engagements et à développer les compétences qui lui manquent pour respecter ses engagements. Il risque plutôt d'en vouloir à sa mère d'entraver une relation importante pour lui et qui n'a aucun lien avec les tâches familiales et la relation qui vous lie. Si l'on décide d'imposer des conséquences à ses actions, on s'assurera qu'il sache à l'avance à quoi s'attendre et l'on s'attachera à faire le suivi de l'engagement avec fermeté et bienveillance. Enfin, le dernier conseil serait de garder son calme et surtout de ne pas faire les tâches à sa place. Lorsqu'il verra que sa mère se tient à ce qu'elle a annoncé, son comportement pourra alors changer.

Quoi que l'on fasse, les outils que l'on choisit d'utiliser ne fonctionnent pas à chaque fois et pour toujours. Des enfants normaux ne seront pas toujours prêts à coopérer à chaque instant car leur processus d'individuation fait aussi partie de la donne. Pour les enfants, *s'individualiser* signifie aller à la découverte de ce qu'ils sont, devenir autonomes et détachés de leurs parents. Or comment un enfant peut-il découvrir qui il est en dehors du cocon familial s'il ne teste pas son propre pouvoir ? Les parents s'épargneront beaucoup de stress s'ils comprennent que ce processus est normal, et s'ils établissent fermement des limites et des routines bienveillantes au lieu de s'énerver sur le sujet.

Une autre raison qui fait que les enfants peuvent ne pas coopérer est que tout simplement ce *sont* des enfants et qu'ils ont d'autres priorités. Les tâches ménagères ne sont pas vraiment en haut de leur liste – en réalité elles ne sont généralement pas du tout sur leur liste. Sans être une excuse pour ne rien faire, cela signifie en revanche, encore une fois, que les parents éviteront beaucoup de frustration et de colère en acceptant cette réalité et en trouvant par la suite une façon d'impliquer leurs enfants dans la coopération. Rien ne remplace l'entrainement car quelles ques soient les compétences impliquées, l'apprentissage est un processus qui s'inscrit dans le temps. Les outils que nous suggérons doivent en général être répétés plusieurs fois.

Emilie se réjouissait de son dîner hebdomadaire avec ses deux meilleurs amies, mamans solos comme elle, mais ce soir-là elle s'écroula dans son fauteuil avec un profond soupire. « *Désolée d'être en retard* » dit-elle, « *mais j'ai dû – encore – nettoyer la cuisine. Je vous jure, je n'arrive pas du tout à faire participer Joanna ! Vous avez déjà commandé toutes les deux ?* »

Rien ne remplace l'entrainement car quelques soient les compétences impliquées, l'apprentissage est un processus qui s'inscrit dans le temps. Les outils de Discipline Positive sont efficaces autant qu'apaisants mais demandent de la répétition pour accompagner les apprentissages au mieux.

– *On vient à peine d'arriver nous aussi* », répondit Martha.

– *Qu'est ce qui se passe avec Joanna ? Tu sembles traverser une phase difficile avec elle. Elle a quel âge maintenant ?* »

– *Elle a onze ans* ».

Tandis que les trois femmes passaient leur commande, Emilie continuait à raconter son histoire.

– *En fait Joanna est une gamine fantastique* » dit-elle, « *elle a de bonnes notes, elle est douce et affectueuse. Simplement elle déteste les contraintes des tâches ménagères. Je lui demande de ranger la cuisine après l'école, mais quand je rentre tout est empilé dans l'évier et le plan de travail est recouvert de miettes. Je m'entends la sermonner et lui faire la leçon – et je déteste ça, parce qu'alors j'ai l'impression d'entendre ma mère – mais je ne sais pas quoi faire d'autre.* »

– *Tu sais*, lui dit Karen en souriant, *moi aussi j'ai connu ça avec Jérome. J'étais tout le temps sur son dos, mais rien n'était fait comme je l'aurais voulu. Un jour je lui ai demandé ce que cela signifiait selon lui de nettoyer la maison, et il m'a regardé et a répondu "j'sais pas". Et j'ai réalisé qu'il était honnête dans sa réponse et il ne savait pas. J'étais partie du principe que ce que je voulais qu'il fasse était de l'ordre de l'évidence, et il s'est découragé parce qu'il n'arrivait jamais au bon résultat. Je me demande si Joanna n'a pas le même problème ?* »

Emilie était pensive.

– *Tu sais, je n'ai jamais pensé à ça. Je crois que je dois m'asseoir et en discuter avec elle.* »

C'est une Emilie beaucoup plus détendue qui arriva au dîner de la semaine suivante.

– *Ça a l'air d'aller beaucoup mieux, toi !*, la taquina Martha, *tu dois avoir une cuisine propre !* ».

Emilie se mit à rire.

– *Oui, c'est moi qui l'ai rangée. Quand j'ai parlé à Joanna, il s'est avéré qu'elle pensait que d'empiler les assiettes suffisait – après tout, à ses yeux cela semblait déjà mieux rangé. Mais à partir du moment où j'ai cessé de la harceler et de la critiquer et où je l'ai simplement écoutée, j'ai compris qu'elle détestait faire la cuisine. Je lui ai dit que j'avais vraiment besoin de son aide, et lui ai demandé s'il y avait autre chose qu'elle préférerait faire. Elle m'a dit qu'elle pourrait s'occuper de la lessive, et j'ai pris le temps de lui montrer comment faire. Maintenant je nettoie la cuisine et elle gère la lessive, et on est toutes les deux beaucoup moins frustrées !* »

Les adultes partent souvent du principe que les enfants comprendront d'un coup de baguette magique ce que l'on souhaite qu'ils fassent, et qu'ils sauront exactement comment procéder. Mais cet a priori conduit souvent au découragement de part et d'autre : les adultes se découragent parce que les enfants ne les aident pas, et les enfants se découragent parce qu'ils n'arrivent pas à faire les choses correctement. Et le découragement conduit fréquemment aux malentendus, et aux comportements inappropriés.

2. Prenez le temps de leur apprendre

Une des significations de l'étymologie latine de *discipline* est « enseigner ». Saviez-vous qu'enseigner – communiquer à ceux autour de nous ce qui doit être fait et ce que cela implique – est une des formes de discipline les plus efficaces ? Peu de chose à voir avec faire la leçon ou critiquer. Enseigner est un acte plein d'encouragement et de bienveillance, qui fournit aux jeunes les compétences dont ils ont besoin pour développer une bonne estime de soi.

Il est probable qu'Emilie et Joanna auraient pu éviter bien des discussions à propos de la cuisine si Emilie avait reconnu et valorisé les efforts (si petits soient-ils) faits par Joanna, et si elle avait passé un peu de temps à lui enseigner comment s'y prendre. La plupart du temps, les bénéfices sont largement à la hauteur de l'énergie investie.

a. Distinguer l'enfant de son comportement

Nous sommes tous persuadés qu'il est essentiel d'avoir une solide estime de soi. La difficulté reste de savoir, concrètement, comment aider nos enfants à acquérir cet ancrage indispensable ? Est-ce plus difficile pour les enfants de parents séparés d'être convaincus de leur propre valeur et de leur importance ?

Absolument pas ! A chaque fois que le parent confie une tâche à son enfant et lui permet de relever le défi avec succès, c'est justement son estime de soi qui s'en trouve renforcée. C'est ce que nous désignons par « faire l'expérience de sa compétence ».

Les étapes de l'apprentissage d'une tâche

- **L'enfant observe le parent accomplir la tâche :** Par exemple, proposez-lui de vous regarder préparer le dîner, faire la lessive, faire le lit. Expliquez-lui en termes simples ce que vous êtes en train de faire et pourquoi.
- **L'adulte accomplit la tâche avec l'aide de l'enfant :** La prochaine fois que vous effectuerez cette tâche, encouragez votre enfant à vous aider. Expliquez à nouveau ce que vous êtes en train de faire, et ne manquez pas de lui dire que vous appréciez son aide.
- **L'enfant accomplit la tâche avec l'aide de l'adulte :** Maintenant il est temps que votre enfant s'essaye à la tâche par lui-même, avec une bonne dose d'encouragements et de soutien de votre part.
- **L'adulte observe l'enfant accomplir la tâche :** Désormais votre enfant devrait se sentir suffisamment sûr de lui pour se lancer tout seul.

Quelques incontournables à garder en mémoire

- Garder des attentes réalistes sans viser la perfection.
- Exprimer sa reconnaissance et valoriser les choses qui fonctionnent.
- Faire de l'expérience un moment agréable ou amusant contribue à rendre les corvées moins pénibles.

Avez-vous déjà remarqué que l'estime de soi n'est pas une donnée constante sur le long terme ? Il existe des variations importantes entre les périodes de stabilité. Parfois les enfants ont l'air d'être vraiment bien dans leur peau, puis il se passe quelque chose et rien ne va plus. A partir de ses expériences, des opportunités qu'il rencontre de développer ses compétences, l'enfant construit ses propres représentations de ce qu'il est et de ce qu'il devrait être. Plus les opportunités de se sentir capable et de résoudre des problèmes du quotidien sont nombreuses, plus l'estime de soi aura tendance à se stabiliser.

A chaque fois que le parent confie une tâche à son enfant et lui permet de relever le défi avec succès, c'est justement son estime de soi qui s'en trouve renforcée.

Un autre élément à valoriser est bien sur la personnalité et les capacités de chaque enfant. De toute évidence la perception qu'a l'enfant de ses aptitudes est forgée, entre autre, par ce que les parents et les autres en disent. Parfois les parents assimilent les enfants à leur comportement. En d'autres termes, un enfant découragé à qui l'on répète qu'il se comporte mal se juge « mauvais », tandis qu'un autre qui se comporte bien (ou qui satisfait correctement les adultes) se percevra comme « bon ». L'estime de soi permet à l'enfant d'apprendre de ses erreurs au lieu de penser qu'il ne vaut rien et que seule la perfection est attendue. Les parents peuvent y contribuer en apprenant à distinguer l'enfant de son comportement.

Les enfants ne sont jamais « mauvais ». En revanche il leur arrive de se comporter de façon inappropriée, et de provoquer les adultes qui les entourent, générant frustrations et énervement. La sagesse voudrait que l'enfant puisse intégrer le fait que chacun a une valeur en soi mais que parfois il fait des choix qui ne sont pas appropriés.

3. Encourager la singularité

La priorité des parents est de permettre à chaque enfant de développer tout son potentiel, ce qui, dans les turbulences du quotidien, n'est pas toujours chose aisée. Vous est-il déjà arrivé de vous approcher de la porte de la chambre d'un jeune enfant pour écouter ce qui se déroule à l'intérieur de sa chambre ?

– *On dirait que ton bonhomme il galope sur son cheval* » dit l'un.

– *Ouais et puis on dirait que le mien est dans le château* », dit l'autre.

– *Et maintenant y'a un tremblement de terre !* » crie le troisième, et la chambre de résonner du fracas des Legos qui s'écroulent et des rires d'enfant.

L'imagination et la créativité sont des dons merveilleux. Les enfants créatifs voient de nombreuses possibilités et sont capables de croire en eux ainsi que dans leur capacité à s'attaquer à un problème et à le résoudre. Mais les experts nous disent aussi que les enfants créatifs et réfléchis sont ceux qui posent toutes ces questions agaçantes en flot continu. Ils adorent inventer de nouvelles règles aux jeux et de nouvelles façons de faire les choses – ce qui devient parfois source d'exaspération pour leurs parents épuisés.

Malheureusement, ce sont souvent les enfants les plus créatifs que l'on étiquette « fauteurs de trouble », parce qu'ils posent trop de questions et parce qu'ils semblent incapables de rester tranquilles et de faire comme tout le monde. Peut-être que chaque enfant a le potentiel de devenir créatif, mais parce-que les enfants créatifs et pleins d'énergie peuvent rendre la vie des parents et des professeurs plus compliquée, on leur apprend souvent dès leur plus jeune âge à mettre de côté leur enthousiasme et à se conformer au reste du groupe. On ne saura sans doute jamais de façon certaine quels talents et combien d'idées ont été perdues de cette façon.

La vie pour un parent solo bien occupé peut laisser peu de temps pour des activités spéciales et hors de l'ordinaire. C'est déjà bien assez difficile d'écouter tout ce que disent nos enfants et de gérer les crises incessantes de la vie de tous les jours. Encourager la singularité de son enfant requiert du temps et de l'énergie que l'on pense souvent ne pas avoir.

Les enfants créatifs ne sont pas toujours ceux qui jouent du violon à 3 ans ou du piano à 5, ou qui lisent ou peignent ou étudient l'histoire ancienne dès leur plus jeune âge. Et l'enfant dont les dons sont moins évidents ? Celui qui est doué simplement dans la résolution de problèmes ? Ou celui qui a une imagination vivace et un don pour raconter les histoires ? Ou un intérêt sincère et profond pour les idées ?

Nous devons apprendre à la fois à reconnaître et à encourager ce qui rend nos enfants uniques. Cela peut aider d'éteindre la télévision et de lire ou de bavarder de ce qui les intéresse. Soyons patients avec leurs questions, leurs approches différentes. Laissons-les tenter de nouvelles choses à l'occasion ou expérimenter une nouvelle idée. Demandons-nous s'ils sont en train de remettre en question le statu quo simplement pour faire le contraire de ce qui est établi, ou parce qu'ils ont vraiment une meilleure idée.

Avant toute chose, un enfant se sent encouragé lorsqu'il sait que l'amour de ses parents ne dépend pas de ses réussites mais de qui il est, de ce qui le rend différent des autres, de ses singularités. La pression de se conformer à la majorité est déjà suffisamment écrasante telle qu'elle est, et bien que cela requiert patience et persévérance, enseigner à nos enfants à accorder de l'importance à ce qui les rend unique renforce leur estime de soi. Et il se peut que ce soit précisément cela qui les lance sur le chemin d'une vie fructueuse et créative.

4. La magie de l'encouragement

Le mot *encouragement* signifie « réjouir le cœur ». Encourager ne signifie pas dire à un enfant que tout ce qu'il fait est parfait. Mais de nombreux parents pleins de bonnes intentions conditionnent l'appartenance et l'approbation à la réussite d'une tâche et au fait, pour l'enfant, de bien se comporter. Pourtant chacun sait que, au même titre que les adultes, un enfant fait mieux lorsqu'il se sent mieux, lorsqu'il est convaincu de sa place et de sa valeur. L'encouragement ne veut pas dire accepter un comportement inapproprié, mais cela veut dire remarquer un effort, reconnaître une amélioration, et savoir exprimer une appréciation et sa gratitude.

Les enfants se sentent aussi encouragés lorsqu'ils savent que les erreurs sont des opportunités d'apprentissage et non pas la preuve qu'il y a quelque chose qui ne va pas chez eux. Il est très encourageant d'aider les enfants à apprendre de leur comportement inapproprié en les aidant à explorer ce qui s'est passé, ce qui fait que c'est arrivé, comment ils se sentent, ce qu'ils en ont appris, et ce qu'ils peuvent faire dans le futur pour résoudre le problème. C'est ainsi que nous pouvons les aider à devenir des « explorateurs de solutions », des optimistes.

5. Devenir des optimistes

Les personnes qui réussissent dans la vie sont généralement des optimistes actifs. C'est à dire qu'ils sont capables de dénicher le positif chez les autres et dans les situations qu'ils rencontrent, et ils sont doués pour centrer leur énergie sur ce qui fonctionne. Cette capacité à construire à partir du positif est un ingrédient clé, peut-être le plus important, pour la mise en place d'une ambiance familiale faite de confiance et d'optimisme. Malheureusement, beaucoup d'entre nous sommes bien plus entrainés à identifier le négatif que le positif. Comment devient-on un optimiste actif ? Et comment partager ce don merveilleux avec nos enfants ?

Voir le verre a moitié plein

- Concentrer son attention sur le positif
- Valoriser et partager ses appréciations
- Construire à partir des forces
- Enseigner que les erreurs sont de belles opportunités d'apprentissage

Denise raccrochait à peine le téléphone lorsque son supérieur passa la tête par l'embrasure de la porte.

– *Quand tu auras une minute Denise,* dit-il, *j'aimerais te voir dans mon bureau».*

L'estomac de Denis se noua instantanément. Qu'avait-elle fait de mal ? Avait-elle oublié quelque chose ? Fait une erreur ? En entrant dans le bureau de son chef, elle s'attendait déjà au pire.

Jean, son patron, lui indiqua une chaise vide de la main.

– *Assieds-toi Denise, et n'ai pas l'air si inquiète !»*

Il sourit largement.

– *En fait, cela fait un moment que je voulais te parler. J'ai remarqué ton efficacité sur les dossiers en cours. Je sais que dernièrement les choses sont difficiles dans ta vie personnelle, et pourtant ton attitude ici est restée très professionnelle. Nos clients t'adorent, et tu effectues un travail de très grande qualité. Sans compter ton sens de l'humour qui nous fait tous avancer parfois. Je voulais juste te dire que j'apprécie pleinement, et cet avis est largement partagé au sein de l'équipe, la façon dont tu contribues à la bonne marche du service. »*

Encourager c'est aussi : remarquer un effort, reconnaître une amélioration, offrir son appréciation ou partager sa gratitude.

Denise réalisa qu'elle était bouche-bée et que le sourire de Jean s'était élargi.

– *Nous ne faisons pas ce genre de chose assez souvent, nous autres les responsables n'est-ce-pas ?»*

Lorsque Denise ouvrit sa porte d'entrée ce soir-là, ce fut en posant un regard différent sur une scène pourtant familière. Elle voyait bien que certaines corvées n'avaient pas été faites, mais les enfants jouaient tranquillement ensemble, et il était évident

qu'ils avaient tous terminé leurs devoirs (les livres et les feuilles étaient soigneusement empilés pour qu'elle les vérifie).

– *Bonjour, mes loulous* » lança-t-elle.

Trois visages un peu inquiets se tournèrent vers elle, et elle fit, sans effort, le parallèle avec son appréhension lorsque son patron l'avait appelée dans son bureau quelques heures plus tôt. Un grand sourire illumina son visage :

– *Je voulais juste vous dire combien j'étais heureuse de rentrer à la maison. Vous avez l'air si bien là tous ensemble, et je vois que vous avez fait vos devoirs. J'apprécie que vous ayez suivi notre routine de fin de journée. Merci, c'est tellement plus reposant que de répéter 1 000 fois la même chose. Si on regardait ce film dont vous m'avez parlé ce week-end juste après le diner ? Qu'est-ce que vous en dites ?* »

Plus tard, pendant que Denise préparait le dîner, elle remarqua que son aîné était tranquillement en train de s'occuper de la tâche qu'il avait négligée de faire auparavant. L'atmosphère familiale était tranquille et chaleureuse.

Pour mener à bien cet exercice, inutile d'en faire trop, il suffit d'être sincère et de se donner le temps de l'entrainement. La capacité à trouver les forces et les points positifs chez l'autre se travaille comme un muscle.

Il est bien sûr possible d'impliquer les enfants dans cet exercice en leur demandant d'identifier ce qu'ils apprécient dans leur vie de famille, chez vous, chez leurs frères et sœurs. Il reste alors à les encourager à partager leurs appréciations.

Petit exercice pour s'entrainer

- Prenez le temps de faire les listes suivantes :
- Quelles sont les traits de caractère que vous appréciez le plus chez chacun de vos enfants ?
- Quelles sont les qualités, les petites bizarreries et les dons particuliers qui vous font sourire ?
- Mettez la liste dans un endroit facilement accessible (elle pourra être complétée au fur et à mesure)
- Au moins une fois par jour, appréciez chaque enfant pour un des traits que vous avez identifié.

Devenir un optimiste actif demande de la pratique (après tout, nous sommes tellement plus à l'aise dans le reproche que dans le compliment). Ça ne veut pas dire non plus qu'il faut ignorer le comportement inapproprié. Cet état d'esprit donnera à la démarche et aux outils de la Discipline Positive leur pleine efficacité.

- **Valoriser et partager ses appréciations**

Il existe un vieux proverbe qui dit que « l'orgueil blessé précède la chute ». Parfois nous craignons de faire des compliments à nos enfants de peur de les rendre arrogants ou vantards. Pourtant si l'on prend un peu de recul, qui parmi nous n'apprécie pas de voir ses compétences et ses efforts reconnus ?

Valoriser les contributions de chacun à la vie familiale et célébrer la progression contribue à développer les sentiments d'appartenance et d'importance chez chacun.

Les Temps d'échange en Famille sont un moment idéal pour partager des appréciations positives en famille (voir chapitre 9).

Valoriser les contributions de chacun à la vie familiale et célébrer la progression contribue à développer les sentiments d'appartenance et d'importance chez chacun. Bien sûr, les appréciations, les « mercis », les sourires ou les gestes affectueux trouvent aussi leur place dans la vie quotidienne et sont autant de moyens de vivre l'encouragement sans attendre !

- **Construire à partir des forces**

L'ouvrage *Soar with your strenghts* (décollez avec vos propres forces)[1] débute avec l'histoire charmante d'un canard, d'un aigle, d'une chouette, d'un écureuil et d'un lapin qui vont tous à la même école. Ils y pratiquent la course, la nage, le saut, et le vol. Bien entendu, chaque animal se montre performant dans un des domaines mais ne réussit pas dans les autres. Le lecteur assiste avec consternation au découragement et aux punitions que ces animaux doivent endurer lorsque leurs parents et leurs enseignants insistent pour qu'ils réussissent dans tous les domaines afin de recevoir leur diplôme. Une des idées centrales du livre est que l'excellence se travaille à partir des forces et en gérant ses faiblesses, et non en cherchant à faire disparaître ces dernières.

Il arrive que certains parents soient tentés de supprimer les activités extra-scolaires ou les cours dans lesquels les enfants sont les meilleurs, comme le sport ou les activités artistiques, afin de dégager du temps pour améliorer les résultats scolaires. Pourquoi ne pas plutôt s'appuyer sur l'encouragement pour soutenir les enfants dans les difficultés qu'ils rencontrent et les inciter en parallèle à consacrer du temps aux domaines dans lesquels ils réussissent ?

1. *Soar with your strenghts* de Donald O. Clifton et Paula Nelson, chez Dell Publishing, 1992

QUELQUES SUGGESTIONS POUR CONSTRUIRE À PARTIR DES FORCES :

- *Aider les enfants à découvrir leurs forces car ils n'en sont pas toujours conscients.*
- *Leur lire des histoires qui les inspirent.*
- *Encourager leur esprit de découverte et leur curiosité.*
- *Favoriser les activités extra-scolaires pour que les enfants puissent développer des centres d'intérêt et des domaines dans lesquels ils se sentent capables.*
- *Les erreurs : de belles opportunités d'apprendre, d'explorer les conséquences de ses choix, de s'excuser, de réparer*

Cela demande du courage d'accepter que chacun d'entre nous est imparfait et fera forcément des erreurs, et malgré tout, de se lever chaque matin, déterminé à être le meilleur parent et la meilleure personne possible. Nos enfants eux aussi feront des erreurs et des sorties de route. Mais les erreurs ne sont pas une fatalité désastreuse ou des fautes impardonnables, ce ne sont que des informations qui permettent de progresser. Lorsque le parent ou l'enfant fait une erreur, c'est avant tout l'occasion d'apprendre des compétences utiles : savoir reconnaître ses erreurs, savoir s'excuser, savoir prendre ses responsabilités et réparer.

Quand un parent s'excuse, il est un modèle de ces compétences essentielles. Si c'est l'enfant qui est en cause, l'usage des questions de curiosité (comment, qu'est-ce que, etc..) peut l'aider à explorer ce qui s'est passé et les conséquences de ses actions.

QUELQUES EXEMPLES DE QUESTIONS DE CURIOSITÉ :

- *« Que s'est-il passé ? »*
- *« Que cherchais-tu à obtenir ? »*
- *« Que penses-tu qu'il vient de se passer ? »*
- *« Qu'as-tu appris de cette expérience ? »*
- *« Que feras-tu différemment la prochaine fois ? »*
- *« Comment penses-tu pouvoir t'excuser ou résoudre le problème ? »*

Ces questions de curiosité ne sont efficaces que si elles sont posées après avoir laissé à l'enfant le temps de se calmer. Il est également important que l'enfant puisse percevoir votre sincérité et votre réelle envie de comprendre ce qui s'est passé pour l'aider. Parfois il suffit d'une discussion bienveillante pour résoudre le problème.

BOÎTE À OUTILS

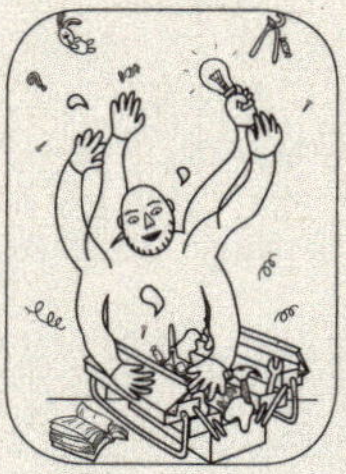

- Envisager la discipline par des actions préventives
- Développer la coopération des enfants par leur participation aux tâches de la maison :
  - echanger sur la liste de ce qu'il y a à faire
  - voir avec l'enfant / l'adolescent ce à quoi il souhaiterait contribuer en priorité
- Enseigner comment faire en suivant 4 étapes :
  - le parent fait et l'enfant regarde
  - le parent fait et l'enfant aide
  - l'enfant fait et le parent aide
  - l'enfant fait et le parent regarde
- Accepter que les tâches ne soient pas faites absolument parfaitement
- Eviter absolument de faire la tâche qui leur revient à leur place
- Lorsque les enfants ne coopèrent pas, utiliser les questions de curiosité et la recherche de solutions avec eux :
- « J'observe que tu n'as pas fait tes tâches. Que s'est-il passé ? » (rechercher de l'information. Il se peut que nous n'ayons pas tous les éléments)
- « Tu as la responsabilité de cette tâche : qu'est-ce qui pourrait t'aider à t'en occuper ? ». Dresser avec l'enfant une liste d'idées et lui proposer d'en choisir une ou

deux pour la semaine. Faire le suivi, et souligner les améliorations.

- Créer un climat encourageant pour tous :
  - remarquer les talents et qualités spécifiques de chaque enfant et les leur partager
  - dire régulièrement ce qui fonctionne bien
  - remarquer les efforts qui ont été faits même si le résultat est imparfait
  - poser sur l'énergie et la créativité des enfants un regard positif. Il est actif, remuant, il contredit, il invente des choses ? C'est bousculant, parfois fatigant, mais c'est peut-être parce qu'il a des idées créatives qui méritent d'être explorées !
  - aider les enfants à développer leurs forces et leurs aptitudes plutôt que d'essayer de gommer leurs faiblesses (se centrer sur les points forts).
  - considérer les erreurs, les comportements inappropriés des enfants, comme des occasions :
  - de les aider avec bienveillance à explorer les conséquences de leurs choix :
  - par l'écoute active
  - par les questions de curiosité (Que s'est-il passé ? Qu'as-tu appris de cette expérience ? etc)
  - de développer leur aptitude à s'excuser :
  - en reconnaissant leur part de responsabilité
  - en s'excusant nous-même quand cela est nécessaire
- De les encourager à :
  - identifier et mettre en oeuvre des actes pour réparer
  - rechercher des solutions pour faire différemment la fois suivante

9 LES TEMPS D'ÉCHANGE EN FAMILLE (T.E.F.) : FAIRE DE SA FAMILLE UNE ÉQUIPE

On perçoit parfois la parentalité comme un rôle lourd de responsabilités qui pèsent uniquement sur nos épaules et s'ajoutent à tout ce que nous avons déjà à faire dans notre vie d'adulte. Or les enfants, lorsqu'on leur en donne la possibilité, peuvent contribuer de façon créative, énergique et ingénieuse au bon fonctionnement de la vie de famille.

Dans ce chapitre, nous allons voir comment les parents peuvent s'appuyer sur la créativité et l'engagement de leurs enfants pour créer un climat familial équilibré et apaisé, dans lequel chacun trouve sa place.

1. Le Temps d'Echange en Famille : qu'est-ce que c'est ?

Le Temps d'Echange en Famille (T.E.F.) est un temps régulier au cours duquel la famille se rassemble pour échanger des appréciations positives, rechercher des solutions pour une vie de famille plus fluide et organiser des projets ensemble. La famille peut rassembler un parent et un enfant unique, ou un parent et une fratrie : cela n'a pas d'importance. C'est bien « la » famille qui est concernée. Idéalement, ce temps est hebdomadaire, inscrit dans l'agenda, et dure entre 15 et 30 minutes.

Il est possible qu'en lisant ces quelques lignes et la définition de ce qu'est un T.E.F., on s'interroge : quels sont les bénéfices de cet outil ? Comment le mettre en place alors que l'on a déjà tant d'autres choses à faire ? Quel est l'intérêt si on est que deux ? Et si tout fonctionne bien, quelle est l'utilité ?

Les T.E.F. offrent de nombreux bénéfices à long terme.

Lorsque les parents le comprennent, ils réalisent que prendre ce temps régulier a toute son importance et qu'il représente un investissement en or pour prévenir les dysfonctionnements et développer la coopération au sein de la famille.

2. Comment « faire » un T.E.F. ?

a. Chaque famille est différente, et la forme que prennent les T.E.F. aussi selon le nombre de personnes concernées, les personnalités et les priorités de chacun.

Toutefois, certains éléments seront essentiels à garder en tête : trouver un moment régulier qui convienne à tous et faire du T.E.F. une priorité.

La plupart des familles considèrent que de garder un moment hebdomadaire consacré au T.E.F. est ce qui fonctionne le mieux. Cela peut être une soirée où personne n'a d'activité qui l'appelle à l'extérieur, ou un temps après un repas ayant réuni tout le monde. Il est important de ne rien planifier d'autre dans ce créneau, et de ne pas se laisser interrompre par le téléphone ou d'autres distractions. On pourra expliquer aux enfants que l'on considère ce moment avec eux comme une partie très importante de la semaine.

b. *Le tour d'appréciations positives*

Le T.E.F. démarre par un tour d'appréciations positives. Le parent souligne ce que chaque membre de la famille a pu accomplir de positif, et enseigne à ses enfants à faire de même. Au départ, cet exercice peut générer de la gêne, surtout pour les frères et sœurs qui sont plus habitués à se provoquer ou se disputer. Cependant, avec le temps, ils apprendront l'art de remarquer et de partager des commentaires positifs sur leurs actions respectives et en ressentiront rapidement le bénéfice. Le sentiment de valeur et de considération qui en résulte en vaut bien la peine, et le T.E.F. pourra commencer dans un climat encourageant.

c. *Avoir un ordre du jour sous la main*

Beaucoup de familles choisissent tout simplement d'avoir une feuille de papier sur la porte du frigidaire. Le parent peut encourager les membres de la famille à y inscrire durant la semaine leurs idées et les problèmes à aborder au cours du T.E.F. suivant. On s'assurera d'aborder tous les points qui ont été écrits. L'expérience montre que l'on a moins envie de formuler des critiques réccurentes lorsque le problème est inscrit à l'ordre du jour. Il est d'ailleurs fréquent que le seul fait pour les enfants d'inscrire leurs frustrations sur l'ordre du jour suffise à résoudre leur problème. Si toutefois, le problème persiste jusqu'au jour du T.E.F., l'ensemble de la famille pourra se creuser la tête pour suggérer des solutions à mettre en place.

d. *Rechercher des solutions, faire des projets et prendre des décisions*

Le T.E.F. est un espace dans lequel on va rechercher des solutions en famille et faire des projets ensemble (comme par exemple inviter des amis, les grands-parents, organiser des temps de vacances, etc.). On s'attachera à prendre en compte les opinions de chaque membre de la famille : c'est important pour se sentir entendu et donner à chacun une place dans l'échange.

Durant ces temps de réflexion, *toutes* les idées, peu importe qu'elles paraissent utiles, réalisables ou opportunes, doivent être accueillies avec respect. Il suffit parfois d'un seul « *alors ça, c'est vraiment une idée stupide !* » pour qu'un enfant n'ait plus du tout l'envie de participer à un T.E.F.. Une fois que chacun a pu enrichir de ses idées la réflexion commune, on pourra les reprendre, analyser ensemble si elles paraissent respectueuses, raisonnables, logiques et surtout aidantes pour résoudre le problème, et décider ensemble de la meilleure solution possible. Le temps de réflexion en commun devient ainsi une expérience d'apprentissage pour tous et une opportunité d'enseigner à ses enfants de précieuses aptitudes de résolution des problèmes.

Qu'elles concernent le choix d'une solution à mettre en place ou un projet à construire, les décisions devraient être prises par consensus plutôt qu'à la majorité. Le vote ne fait qu'alimenter le ressentiment de ceux qui ont « perdu ». Si la famille ne parvient pas à un accord sur un point, reportez la prise de décision au T.E.F. suivant. Tout le monde aura eu le temps de se calmer et probablement d'avoir de nouvelles idées sur le sujet.

e. L'organisation pratique du T.E.F.

On pourra choisir un président et un secrétaire pour prendre note des décisions, et faire tourner les rôles. Les enfants adorent prendre ces responsabilités et se débrouillent fort bien une fois qu'ils ont compris la procédure. Ce partage de responsabilités démontre également que le parent est prêt à écouter et à considérer les pensées et les capacités de chaque enfant.

f. Terminer le T.E.F. par une note positive.

Chaque T.E.F. se terminera sur une note positive, avec l'évocation d'un projet qui plait à tous, l'organisation d'un petit jeu, un chocolat ou un dessert à partager, etc.. Chaque famille aura sa propre créativité pour ce rituel de fin de T.E.F..

3. Les bénéfices à long terme des T.E.F.

La tenue régulière de T.E.F. apporte de nombreux bénéfices à long terme.

- *La volonté du parent de consacrer du temps pour se réunir en famille offre aux enfants un signe d'implication et de valeur accordée à la famille. Les parents respectent souvent les rendez-vous qu'ils ont avec les collègues, les médecins, les professionnels, mais pas toujours les rendez-vous qu'ils ont avec leurs enfants.*
- *Les T.E.F. sont une opportunité d'enseigner des compétences essentielles, de faire grandir le respect mutuel en réfléchissant ensemble pour résoudre des difficultés de la vie de famille, pour faire ensemble des projets dans lesquels chacun trouve sa place et apporte sa créativité.*
- *Les T.E.F. permettent également aux enfants d'apprendre que leurs pensées, leurs émotions, et leurs idées sont écoutés et prises au sérieux. Quelle pourrait être un meilleur facteur de construction d'une estime de soi solide et d'une confiance dans ses propres capacités ?*
- *Dans nos vies débordées et stressantes, prendre du temps pour échanger peut ne pas être évident. Mettre en place une tradition de T.E.F., inscrit dans l'emploi du temps, peut devenir une ancre pour s'assurer de se réserver un temps pour le lien familial.*

4. Mais est-ce que ça marche vraiment ? L'histoire de la famille Tailor

Comme d'habitude, c'était un matin bien chargé dans la maison des Tailor. Marlene se préparait pour sa journée de travail tout en essayant de s'assurer que ses trois filles prenaient bien leur petit déjeuner avant de partir pour l'école. Elle avalait son café tout en se maquillant lorsque des cris résonnèrent dans l'entrée.

Camille, sa fille de 14 ans, fit alors brutalement irruption dans sa chambre avec une chemise en boule dans les mains.

– *Mamaaaaaan!*, hurla-t-elle, *je voulais mettre ma chemise préférée à l'école aujourd'hui mais Inès l'a portée et maintenant, elle est sale! Et elle m'a même pas demandé avant!*».

Inès, 13 ans, n'était pas loin derrière.

– *Oui, enfin, ce que Camille ne dit pas, c'est qu'elle m'a pris mon plus beau jean!*» ronchonna-t-elle «*et Sonia n'arrête pas de me piquer mes élastiques pour les cheveux!*»

– *C'est pas vrai!*» fit la voix de la petite Sonia, 8 ans, depuis la salle de bain.

Marlene ferma les yeux un instant et respira profondément. Elle pensa qu'il serait bien utile à ses filles d'évoquer le problème des emprunts calmement au cours d'un T.E.F. et de rechercher des solutions qui permettent d'éviter les conflits réccurrents entre elles. Toutefois, pour l'heure, elles étaient trop énervées pour entendre quoi que ce soit. Elle se contenta donc de leur dire:

– *Je vois que vous êtes toutes les trois énervées par ces problèmes. Je propose qu'on les mette de côté pour le moment, le temps que chacune se calme, et qu'on en reparle sérieusement plus tard.*»

Dans la soirée, Marlène suggéra aux filles de mettre le problème des emprunts à l'ordre du jour de leur T.E.F. Jeudi soir arriva et Marlene rassembla ses filles autour de la table débarrassée de la cuisine.

– *Inès*» dit-elle «*c'est à ton tour de présider les débats, et Camille c'est toi la secrétaire.*»

– *OK* » débuta Inès « *je veux que Camille cesse de me prendre mes affaires* ».

– *Comment débute-t-on nos réunions de famille ?* » lui rappela Marlène.

S'en suivit un silence obstiné. Les filles étaient toujours en colère, et trouvaient difficile de se partager des appréciations positives les unes aux autres. Enfin Inès se lança sur un ton un peu maussade :

– *J'apprécie que Camille m'ait aidée l'autre soir pour mon devoir de maths* ».

Son appréciation brisa la glace. D'autres appréciations et une histoire drôle suivirent, et il ne fallut pas longtemps pour que la famille retrouve une énergie positive pour résoudre les problèmes.

Inès reprit la main.

– *L'ordre du jour spécifie que l'on doit aborder les emprunts de nos affaires respectives. Quelqu'un a une idée ?* »

Une liste fut élaborée. Les filles décidèrent que Camille et Inès, qui partageaient leur chambre, devraient avoir des tiroirs et des tringles séparées pour leurs affaires. Chacune pourrait aussi mettre dans un tiroir spécial les vêtements auxquels elles ne veulent absolument pas que l'on touche. Toutes se mirent d'accord sur le fait de demander à leurs soeurs avant d'emprunter quoi que ce soit, de ne pas le porter plus qu'un jour ou deux, et de le rendre propre, repassé et prêt à être porté.

Concernant les accessoires pour les cheveux, elles s'accordèrent sur l'idée d'avoir un petit panier chacune dans le placard de la salle-de-bain, ce qui les aiderait à clarifier quels accessoires appartiennent à qui.. Camille et Inès qui avaient presque la même taille constatèrent que les disputes sur les vêtements les concernaient principalement toutes les deux. Elles se mirent d'accord sur l'idée que si l'une d'entre elles empruntait quelque chose sans permission ou si le vêtement était rendu sale (ou pas rendu du tout), l'autre pourrait emprunter le vêtement de son choix pour remplacer l'article manquant. Marlene observa la liste des solutions que Camille avait mises par écrit.

– *Est ce que vous êtes toutes d'accord pour essayer cela pendant une semaine ?* » demanda-t-elle.

Les filles hochèrent la tête.

– *On pourra vérifier lors de notre prochain T.E.F. comment cela se passe, et si vous êtes satisfaites de votre organisation, je le suis aussi. Et maintenant qu'est-ce qu'on va faire ce week-end ?* »

– *Du shopping pour plus de fringues !* » s'exclama Sonia, et elles se mirent à rire toutes ensemble.

Avant la mise en place des T.E.F., Marlène aurait sermonné ses filles sur la nécessité de demander avant « d'emprunter ». Cependant, ses discours n'avaient jamais porté leurs fruits. Lorsque ses filles furent impliquées dans le choix de solutions pour améliorer la situation, elles se montrèrent plus volontaires pour se tenir à ce *qu'elles* avaient décidé.

Les T.E.F. n'apportent pas de solution miracle et immédiate à tous les problèmes, mais ils offrent aux membres de la famille un espace particulier pour échanger sur des préoccupations de la vie quotidienne à la maison, travailler à trouver ensemble des idées pour améliorer les choses, et partager ce que les uns et les autres ont fait pour rendre la vie de famille plus agréable.

5. Les T.E.F. élargis : l'histoire de Carole et Jean

Les T.E.F. peuvent accueillir tous ceux qui participent à la vie de la famille : les grands-parents, les baby-sitters, les nounous, les amis proches.

Carole par exemple, est la mère célibataire de Jean, un garçon de six ans. Jean est un enfant brillant, parfois même un peu trop.. Il est inventif et à l'aise avec les mots, et n'a en général aucun mal à être en lien avec ses interlocuteurs. Il y a quelques temps, Carole venait tout juste de créer une nouvelle entreprise et se trouvait dans l'obligation de travailler de longues journées. Elle se faisait du souci quant au mode de garde de son fils lorsque la solution se présenta d'elle-même. Une femme plus âgée accepta de venir vivre à leur domicile. Le premier jour, Carole partit au travail en sifflotant, détendue de savoir qu'elle pouvait rentrer tard. Mais lorsqu'elle rentra à la maison, elle y trouva un vrai désastre.

Jean avait usé de toute son intelligence pour manipuler sa nouvelle baby-sitter, sachant que sa mère n'était pas là pour faire appliquer les règles. Il était encore debout à 21 h 30 alors que l'on était en semaine.. Il avait joué dehors dans le quartier jusqu'à 19 h 30, avait fait un caprice pour rentrer prendre sa douche et dîner, alors qu'il savait pertinemment qu'avec sa mère, l'heure limite pour rentrer était 17 heures. Carole gronda et punit, mais la même situation se reproduisit les jours suivants. Après une semaine de lutte de pouvoir avec Jean, la baby-sitter démissionna, et Carole dut raccourcir ses journées et se mettre en quête de babysitters dans le quartier.

Quelques mois plus tard, alors que l'entreprise de Carole progressait et lui demandait de plus en plus de temps, elle décida de retenter l'expérience d'une baby-sitter à la maison. Cette fois-ci, elle la convia aux Temps d'Echange en Famille dès son arrivée. La baby-sitter, Andrea, se montra intriguée par l'idée. Elles impliquèrent Jean dans la recherche de tous les problèmes possibles et dans l'établissement des règles de vie commune, et découvrirent qu'il prenait du plaisir à user de sa créativité de façon constructive. Parce que Jean avait été impliqué dans la mise en place des règles, il mit davantage de bonne volonté à les suivre.

Le quotidien devint plus paisible, bien qu'il soit loin d'être parfait. Malgré tout, lorsqu'ils rencontraient un problème, Carole, Andrea ou Jean l'inscrivait sur l'ordre du jour, et recherchaient les solutions au T.E.F. suivant. Carole était enchantée, Andrea gardait son calme et Jean apprit qu'être associé à la solution était plus gratifiant qu'être associé au problème (enfin, le plus souvent !).

Les T.E.F. : un espace pour construire ensemble

Les T.E.F. sont efficaces pour rechercher des solutions ensembles et résoudre des problèmes. Mais ils sont aussi précieux pour partager des informations, savoir comment tout le monde se sent, rester en lien, amorcer ensemble des changements.

Lorsque Thibault s'assit avec ses deux enfants pour leur T.E.F. hebdomadaire, il se sentait un peu nerveux. Il devait leur annoncer une nouvelle et il était n'était pas très sûr de leur réaction. Thibault posa un grand bol de popcorn au milieu de la table, s'en servit une grosse poignée, et demanda à sa fille Marie, 14 ans, de démarrer le tour d'appréciations positives.

Marie et son frère de 9 ans, Robin, discutèrent chaleureusement de leur semaine pendant quelques minutes. Robin avait été choisi comme « meilleur joueur » de son équipe de Juniors, et son sourire éclairait toute la pièce. Marie avait mis fin avec succès à une dispute importante qui l'opposait à une de ses amies à l'école, et elle remercia Robin d'avoir pris soin de Muffin, leur chien, pendant qu'elle allait au cinéma. Lorsqu'ils eurent terminé, les deux enfants se tournèrent vers leur père.

– *Tu ne dis pas grand chose papa !* » dit Marie « *Qu'est-ce qu'il se passe ?* »

– *Voilà,* » commença Thibault doucement « *j'ai eu une importante promotion à mon travail* ».

– *Super !* » s'exclama Robin. « *Est ce que tu vas gagner plus d'argent ? Est ce qu'on peut aller à Eurodisney cet été ?* »

– *C'est super papa !* » intervint Marie avec un sourire.

– *Oui c'est super* » dit Thibault « *Je vais gagner plus d'argent, Rob, ce qui devrait rendre la vie un peu plus facile – même si je ne sais pas encore pour Eurodisney. Mais il y a un "mais". Voilà, en fait, le nouveau poste est dans le Sud, à 600 km de chez nous.* »

Il y eu un long silence tandis que Marie et Robin digéraient cette information.

– *Est ce qu'on pourra avoir une nouvelle maison ?* » demanda Robin plein d'espoir. « *Peut-être avec une piscine ?* »

Thibault sourit.

– *Marie, tu es bien silencieuse. Qu'est-ce que tu en penses ?* »

Quand Marie releva la tête, le tremblement qui agitait sa lèvre inférieure était révélateur.

– *Mais papa, je vais devoir quitter mon école et mes amis, et je viens juste de m'inscrire dans le groupe de musique : qu'est-ce que je vais faire ? Et Muffin ?* »

Puis arriva la grande question.

– *Et maman ? Est-ce qu'elle est au courant ?* »

Thibault expliqua à ses enfants que leur mère était au courant et donnait son accord pour le déménagement. Marie et Robin viendrait la voir aussi souvent qu'ils l'avaient toujours fait, mais ils prendraient l'avion depuis le sud au lieu de faire leur habituel trajet en train. On avait l'impression cependant que chaque fois que Thibault répondait à une question, il en soulevait dix nouvelles.

– *Attendez* » dit Thibault « *mettons tout cela par écrit !* »

Sur une grande feuille de papier, Thibault fit la liste des préoccupations de sa famille. Ses enfants s'inquiétaient d'avoir à se faire de nouveaux amis, de choisir un nouveau lieu de vie, d'emballer toutes leurs affaires, de trouver de nouvelles activités, d'être nouveaux à l'école, et de devoir faire déménager leur chien.

Lorsqu'ils eurent fait la liste de toutes les questions auxquelles ils pouvaient penser, Thibault inscrivit en face de chacune d'entre elles la liste des solutions possibles. Il irait sur les lieux de son futur travail dans quelques semaines et accepta de prendre des photos d'éventuelles maisons et écoles pour que les enfants puissent l'aider à choisir. Ils se mirent d'accord ensemble de faire une fête d'adieu. Marie et Robin pourraient avoir chacun quelques cartons avec leurs affaires précieuses qu'on mettrait dans le coffre de la voiture plutôt que dans le camion de déménagement. Ils firent le projet de revenir passer Noël avec leurs amis.

– *Alors, comment vous sentez-vous ?*» finit par demander Thibault.

– *Triste*» répondit Marie. «*Je suis contente pour toi papa, mais je ne peux pas m'empêcher d'être triste de partir*».

– *Je sais ma chérie. Et toi Rob ?*»

– *Je suis plutôt excité*» répondit Robin pensif. «*Je veux dire, il y a sûrement un Aqualand dans le sud, non ?*»

Même Marie ne put s'empêcher de pouffer de rire.

– *Vous savez les enfants*» dit Thibault «*Nous serons toujours une famille, peu importe où nous irons. Et je sais qu'avec votre aide à tous les deux, on fera de notre nouvelle maison un vrai foyer. Cela prendra peut-être du temps, mais vous vous ferez de supers copains – après tout, qui pourrait résister à deux gamins fantastiques comme vous ?*»

Et Thibault serra chacun de ses enfants très fort dans ses bras. Il fallut plusieurs T.E.F. pour penser à tout ce qu'impliquait la nouvelle organisation et trouver des solutions qui satisfaisaient tous les membres de la famille.

Les T.E.F. (il n'en fallut pas un mais plusieurs !) et la recherche de solutions permirent à chacun d'exprimer ses craintes et ses espoirs, et de faire de ce déménagement un projet de famille.

BOÎTE À OUTILS

- Mettre en place les Temps d'Echange en Famille (T.E.F.) permet de :
  - se donner un rendez-vous régulier et planifié en famille
  - partager des appréciations positives
  - soulever des difficultés de fonctionnement de la vie de famille et chercher des solutions ensemble
  - faire des projets
  - amorcer des changements dans la vie familiale (reprise d'un travail, déménagement, etc.)
  - partager des ressentis, des expériences importantes pour chacun
  - développer (pour les enfants comme pour les parents) des compétences essentielles comme la capacité à rechercher des solutions (plutôt que des coupables), la créativité, la gestion de conflits, la coopération et la gratitude.
  - comment mettre en place un T.E.F. ?
  - choisir un moment régulier, planifié, qui convienne à tous et au cours duquel on ne sera pas dérangé.
  - désigner un secrétaire qui prendra les notes et un président de séance (ces rôles pourront tourner d'un T.E.F. à l'autre).

- commencer par un « tour d'appréciations positives » : chaque membre de la famille partage ce qu'il a apprécié et / ou ce qui l'a aidé dans le comportement des autres au cours de la semaine (un coup de main, un bon fou-rire, une recette de cuisine, un encouragement, un bon moment partagé, chacun trouvera ce qui convient).
- prendre l'ordre du jour (feuille de papier, cahier, ou tout support sur lequel chacun aura pu, au cours de la semaine, noter les sujets qu'il souhaiterait aborder en famille)
- rechercher ensemble des solutions en s'assurant que toutes les suggestions sont prises dans un premier temps.
- puis, se mettre d'accord sur une ou plusieurs solutions à mettre en place pendant la semaine (on pourra faire un petit bilan au T.E.F. suivant pour voir si le problème persiste ou s'il s'est arrangé).
- si les membres de la famille ne sont pas d'accord sur les solutions à choisir, le consensus valant mieux que le vote, on peut reporter la discussion au T.E.F. suivant, et chercher de nouvelles idées.
- le T.E.F. peut aussi être consacré à la construction d'un projet ensemble. Le parent reprend un travail, on va déménager, un cousin vient vivre trois mois à la maison : quel est le ressenti de chacun ? Les joies ? Les appréhensions ? Comment peut-on s'organiser pour que cela se passe bien ?
- clore le T.E.F. par un catalyseur de bonne humeur : un petit jeu, un bon dessert, des histoires drôles, chaque famille trouvera son style !

• Les T.E.F. élargis : inviter au T.E.F. les personnes qui participent à la vie de la maison (nounous, baby-sitters, grands-parents, amis proches, etc.).

10 CE QUI SE JOUE DERRIÈRE LES COMPORTEMENTS INAPPROPRIÉS

Ça n'est pas qu'une affaire de parent solo !

1. Tous les enfants du monde ont parfois des comportements difficiles

Changer de situation familiale et devenir une famille monoparentale est un bouleversement pour tous, et il faut du temps pour faire le tri de ses émotions, s'organiser le mieux possible et retrouver un équilibre. Lorsque la calme revient, il arrive que les parents solos soient désemparés de constater que les comportements inappropriés de leurs enfants perdurent. Ils ressentent alors de l'incompréhension et du doute : « *Notre vie est bien mieux organisée maintenant, tout se déroule sans accros, et pourtant, mes enfants se comportent mal... Comment cela se fait-il ? Comment dois-je gérer cela ?* »

Il n'y a pas d'enfant parfait, pas plus qu'il n'y a de parent parfait, et il est probable que les comportements inappropriés occasionnels des enfants soient les mêmes que dans n'importe quelle famille. Les parents solos ont parfois la tentation d'attribuer le comportement de leurs enfants à la situation de leur famille et à se rendre responsables. Cependant, tous les parents du monde rencontrent des difficultés occasionnelles dans l'attitude de leurs enfants, et tous les enfants du monde se comportent mal un jour ou l'autre.

Ce qui est important, c'est que dans leurs comportements, les enfants nous donnent souvent des indices que l'on peut apprendre à lire pour les aider à recentrer leur énergie d'une façon positive.

2. Sortir d'un découragement relationnel : l'histoire de Sandra et Jordan

Sandra est assistante maternelle. Elle a deux enfants à elle, Tanguy, 4 ans, et Jordan, 6 ans. Lors d'un atelier de parents, Sandra confit qu'elle a besoin d'aide. Au bord des larmes, elle partage la situation qui la préoccupe : Jordan lui mène la vie dure lorsqu'elle s'occupe des autres enfants.

– Il se moque des plus petits, les frappe, prend leurs jouets, et dit des gros mots. Il se bat avec les plus âgés et se bagarre pour la balançoire ou le petit tobbogan. Jordan ne se comporte ainsi ni à l'école ni chez ses amis. Il ne se tient mal qu'avec moi ! Parfois, il est si dur que j'ai envie d'arrêter mon métier d'assistante maternelle pour lui donner une attention pleine et entière. Je crois que c'est cela qui l'ennuie : je l'élève seule et il ne veut pas me "partager" avec d'autres enfants. Il dit souvent que je ne suis pas juste. »

Sandra expliqua ensuite qu'elle avait parlé avec Jordan de son envie d'arrêter son métier pour lui être plus disponible, mais qu'elle ne pourrait le faire qu'en juin car les parents des enfants qu'elle gardait comptaient sur elle. En outre, son métier lui permettait de gagner de l'argent, et elle n'avait pas encore trouvé comment remplacer ce revenu. Une personne du groupe de parents lui demanda :

– Est ce que tu as vraiment envie de laisser tomber ton travail d'assistante maternelle ? »

Sandra répondit :

– *Non, j'adore ça, mais Jordan est ma priorité. Je veux que la paix et l'harmonie règnent entre nous, et je me fais du souci pour l'estime qu'il se porte à lui-même.* »

– *Seriez-vous intéressée par une recherche de solutions qui vous permettent de garder votre travail ET d'avoir plus de paix et d'harmonie avec Jordan ?* » lui proposa l'animatrice de l'atelier.

– *Bien sûr !* » répondit Sandra, intriguée.

Les quelques questions posées par l'animatrice permirent à Sandra d'affiner un peu son analyse de la situation : elle admit que si elle arrêtait son métier uniquement pour satisfaire Jordan, elle garderait sans doute un peu de rancœur au fond d'elle. Elle reconnut que Jordan prendrait alors le contrôle de décisions qui concernaient avant tout sa propre vie. L'animatrice lui demanda si elle pensait envoyer à Jordan des messages qui, d'une certaine manière, l'autorisaient à tenter de manipuler ce qu'elle ressentait. Sandra en convient et finit par sourire en disant que oui, Jordan pouvait se comporter comme un tyran, mais qu'elle ne savait pas comment réagir différemment.

Les parents de l'atelier se mirent alors à réfléchir et constituèrent une longue liste de suggestions que Sandra pouvait essayer de mettre en place. On lui proposa de choisir les pistes d'action avec lesquelles elle se sentait le plus à l'aise. Mais il y avait tellement d'idées intéressantes qu'elle décida de choisir une combinaison de plusieurs d'entre elles :

- *Prendre un moment avec Jordan, au calme, et suivre les 4 étapes pour gagner la coopération des enfants (voir l'encadré suivant)*
- *Proposer à Jordan de mettre de côté quelques jeux qui lui appartiennent et qu'il n'a pas envie de prêter aux autres*

- *Passer des moments privilégiés seule avec Jordan (et d'autres seule avec Tanguy)*
- *Donner des tâches à accomplir à Jordan, de telle sorte qu'il contribue de façon significative à la vie de la famille. L'impliquer dans les recherches de solutions aux problèmes de telle sorte qu'il développe un sentiment d'appartenance et qu'il ait conscience de sa propre valeur.*
- *S'appuyer sur le soutien de personnes qui vivent une expérience similaire afin de pouvoir échanger.*

Sandra débuta par la dernière des suggestions énumérées. Elle appela Berangère, membre du réseau d'assistantes maternelles, et lui confia son problème. – Bérangère se mit à rire et répondit :

– *Qu'est ce que je suis contente d'avoir dépassé cette phase ! J'avais le même problème quand mes enfants étaient petits. Je crois que c'est tout à fait normal – c'est difficile pour les enfants de devoir partager leur maman, même quand elles ne sont pas mamans solos. Deux choses m'ont aidée : tout d'abord, je ne cédais pas au jeu du "c'est pas juste", donc mes enfants ne m'attrapaient pas avec ça. Cependant, je leur laissais avoir des jouets qui n'étaient qu'à eux et qu'ils ne devaient partager avec personne. Ensuite, je leur partageais souvent à quel point j'étais heureuse de bien gagner ma vie tout en pouvant rester avec eux. Ça les a aidés à voir les bénéfices de mon choix et pas seulement les problèmes ».*

Sandra se sentit encouragée – et soulagée – d'entendre que son problème était normal, et que ce qui lui arrivait n'était pas uniquement dû à son statut de maman solo. Tous les enfants ont besoin d'attention, mais sans le vouloir, Sandra offrait une attention à son fils qui laissait la place à une manipulation malsaine. Elle réalisa qu'elle était tombée dans le piège de la compensation : elle essayait de se faire pardonner par ses enfants le fait qu'ils n'avaient pas de père. Ce fut un soulagement de réaliser qu'elle avait poursuivi un but illusoire, ancré dans la culpabilité, et qu'elle allait pouvoir réagir différemment pour le bien-être de toute la famille.

En cherchant de l'aide, Sandra a fait l'expérience de l'importance de prendre soin d'elle – prendre suffisamment de forces et recevoir assez d'encouragements – avant de pouvoir prendre soin de Jordan et résoudre le problème.

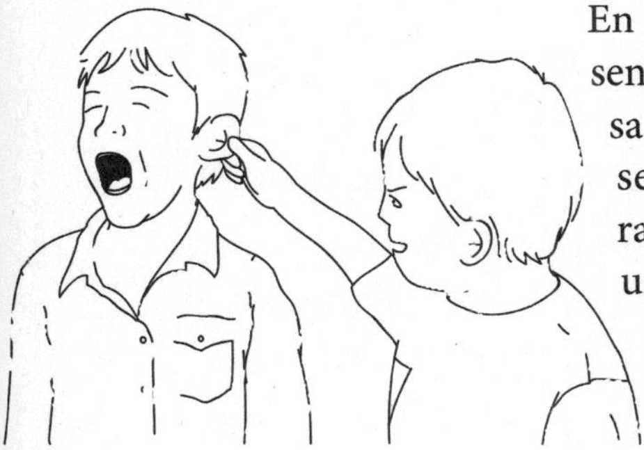

En parlant avec Bérangère, Sandra se senti autorisée à avoir envie de gagner sa vie tout en passant du temps avec ses garçons. Elle se sentit encouragée dans sa conviction que c'était un travail et une organisation qui en valaient la peine. Bérangère avait suffisamment bien gagné sa vie pour rester à la maison avec ses enfants et financer leurs scolarité jusqu'à la fin de leurs études supérieures. Elle avait aussi confié à Sandra :

– *Bien sûr, j'ai rencontré quelques problèmes et difficultés, mais quel boulot n'en a pas ? Les bénéfices pesaient bien plus lourd dans la balance.* »

En cherchant de l'aide, Sandra avait fait l'expérience des bénéfices que l'on retire à prendre soin de soi : – puiser suffisamment de forces et recevoir assez d'encouragements pour pouvoir prendre ensuite soin de Jordan et résoudre le problème. Elle fut capable d'envisager avec son fils des solutions positives parce qu'elle avait au préalable travaillé sur le sentiment de culpabilité qui la limitait. Ainsi, désormais prête, Sandra décida de s'appuyer sur l'outil des « Quatre Etapes pour Gagner la Coopération » pour initier un dialogue constructif avec Jordan.

Lorsqu'elle rentra chez elle après l'atelier, Tanguy était endormi et Jordan se préparait à aller au lit. Elle pensa que c'était le moment parfait pour tenter l'expérience.

– *Jordan, est-ce qu'on pourrait prendre un petit moment rien que tous les deux pour discuter quand tu seras dans ton lit ?* »

– *Ben oui* » lui répondit son fils.

Sandra commenca :

– *Je me demandais si tu pensais que tu n'avais moins d'importance à mes yeux parce-que je m'occupe de beaucoup d'autres enfants ?* »

Sandra avait vu juste. Jordan s'agaça et répondit :

– *C'est pas juste que je doive partager toutes mes affaires !* »

Sandra pratiqua l'écoute active pour se faire miroir des émotions de son fils et l'aider à les mettre en mots. Elle lui partagea sa compréhension avec une histoire bien à elle :

– *Je comprends pourquoi tu te sens comme ça. Je me souviens que quand j'étais petite, maman m'obligeait à partager toutes mes affaires avec ma plus jeune sœur, même mes vêtements préférés. Je détestais ça ! Je comprends maintenant qu'en essayant d'être juste avec tous les autres enfants, j'ai été très injuste avec toi. Je t'ai demandé de partager ta chaise Mickey pour les dîners alors que tu n'étais pas d'accord. Je suis vraiment désolée de ne pas avoir pris en compte ce que tu ressentais. Je vais essayer de mieux faire à partir de maintenant.* »

Jordan se sentit compris. Il était touché par les mots de sa mère et par ses excuses, et il se mit à pleurer.

– *Je suis désolé d'être si méchant.* »

Les enfants pleurent souvent de soulagement lorsqu'ils se sentent compris, et lorsqu'un parent prend ses responsabilité et reconnaît que son propre comportement n'était pas respectueux. Cela libère l'enfant et lui permet de faire de même.

Sandra rassura Jordan :

– *Mon chéri, tu n'es pas méchant. On a fait tous les deux des erreurs. Je suis certaine qu'on peut trouver des solutions ensemble. Est-ce que je peux commencer par partager avec toi certaines choses que je ressens ?* »

Jordan renifla.

– *D'accord* » dit-il.

Sandra rapprocha Jordan d'elle et lui dit :

– *Tu es plus important pour moi que n'importe quel travail. Et j'aimerais vraiment pouvoir continuer à travailler à la maison pour ne pas avoir à aller travailler à l'extérieur. J'aime bien pouvoir travailler et être avec toi en même temps.*

» *Est-ce que tu voudrais bien m'aider à trouver des moyens pour que cela fonctionne ? Je sais que tu as de supers idées que je n'ai pas écoutées auparavant, j'aimerais vraiment bien les entendre maintenant.* »

Jordan sourit de toutes ses dents.

– *OK !* »

Ensemble Sandra et Jordan mirent au point le plan d'action suivant : tout d'abord, Jordan et Sandra allaient passer quinze minutes par jour rien que tous les deux, ensemble, sans téléphone, sans petit frère et sans les autres enfants. Jordan fut d'accord sur le fait que son frère devrait bénéficier du même temps avec sa mère, et qu'ils pourraient se mettre d'accord tous ensemble sur l'organisation pratique.

Ensuite, ils décidèrent que Jordan étant le plus âgé, il pourrait donner un coup de main à sa mère et préparer chaque semaine le déjeuner du lundi pour tous les enfants. Il était enthousiaste à l'idée d'avoir un rôle de « grand » et de pouvoir aider.

Ils se mirent également d'accord sur le fait que personne ne pourrait utiliser sa chaise Mickey à table sans sa permission. Enfin, ils terminèrent la discussion en s'accordant sur le fait que si à l'avenir quelque chose les embêtait, ils en parleraient et travailleraient ensemble pour trouver des solutions qui soient respectueuses de chacun.

A l'atelier de parents suivant, Sandra partagea son enthousiasme. Jordan s'était apaisé et avait, au cours du T.E.F., expliqué à son petit frère qu'ils avaient beaucoup de chance d'avoir une maman qui travaille à la maison !

Et de fait, Sandra avait trouvé un moyen de sortir de la lutte gagnant / perdant avec son fils. Derrière le comportement inapproprié de Jordan, il y avait sa crainte d'être moins aimé, de partager sa mère, de partager ses affaires, et pour être sûr de garder sa place, il se faisait entendre par son agressivité et sa colère. Sandra sut, avec l'aide des autres parents, donner à Jordan les moyens de retrouver sa place de façon appropriée.

Les quatre étapes pour gagner la coopération

- entrez dans l'univers de l'enfant et tentez de deviner ce qu'il ressent (si vous vous trompez essayez encore)
- Faites preuve de compréhension (parfois cela peut aider de raconter un épisode où vous avez ressenti la même chose)
- Demandez à l'enfant s'il est disposé à écouter ce que vous ressentez (les enfants écoutent mieux lorsqu'ils ont donné leur accord)

3. Comprendre le message codé : derrière les comportements inappropriés récurrents se cache une croyance

Le comportement inapproprié récurrent d'un enfant agit comme un message codé qui dirait :

– Je suis découragé parce que je crois que je ne suis pas important et je ne pense pas être aimé de façon inconditionnelle ».

La plupart des enfants ne sont pas conscients de leurs croyances et n'utilisent donc pas sciemment les comportements inappropriés. C'est une dynamique qui peut se mettre en place malgré eux. L'important pour les parents n'est pas d'attirer l'attention des enfants sur cette dynamique lorsqu'elle s'enclenche mais c'est de la comprendre pour pouvoir agir et restaurer la croyance de l'enfant qu'il a bien une place et qu'il est aimé. Ce sont les émotions que les parents ressentent face aux comportements inappropriés de leur enfant qui vont les guider dans la compréhension du message codé. Ce travail de « décodage » sera développé de façon concrète un peu plus loin dans ce chapitre.

a. S'intéresser aux croyances derrière les comportements : pourquoi ?

S'intéresser à la croyance qui sous-tend le comportement ne veut pas dire que l'on ignore, accepte ou excuse les comportements irrespectueux. Mais une compréhension plus fine du lien entre ce que l'enfant croit inconsciemment et le comportement qu'il adopte peut être très éclairante quant au choix de nos réponses pour améliorer la situation. Car les croyances sont un fort moteur d'action, avec en toile de fond le besoin de chacun d'appartenir et de compter. Et comme nous l'avons déjà souligné, ce sont moins les évènements que nous vivons qui influencent nos perceptions et nos agissements que le regard que nous posons sur ces événements.

b. Prévenir les comportements inappropriés en cultivant chez les enfants leurs sentiments d'appartenance et d'importance

Nous avons tous besoin de nous sentir à notre place quelque part, au sein d'un cercle de proches, de sentir qu'on a de l'importance, de la valeur et que l'on est aimé. Dès leur plus jeune âge, les enfants observent, ressentent et prennent des décisions quant à leur place, leur intégration, leur valeur. Lorsque les enfants ne perçoivent pas leur appartenance ou leur valeur (et cette perception est subjective), ils peuvent mettre toute leur énergie en œuvre pour retrouver le sentiment qu'ils appartiennent et sont aimés inconditionnellement. Et leur énergie peut les amener à des comportements appropriés (comme de dire ce qui ne va pas ou de demander de l'aide) ou des comportements inappropriés (comme réclamer sans cesse de l'attention, se montrer agressif ou au contraire, être trop calme, presque transparent). Il vaut parfois mieux « mal appartenir » que ne pas appartenir du tout.

Bien sûr, nous aimons tous nos enfants, cela ne fait aucun doute. Mais nous ne trouvons pas toujours la façon de faire passer ce message d'amour inconditionnel. Parfois les enfants ont la croyance que notre amour est d'autant plus fort qu'ils ont de bonnes notes, ou qu'ils sont sages, ou qu'ils sont affectueux à notre égard. Un peu comme si l'amour devait être « gagné ». Or croire qu'il faut toujours obtenir l'acceptation de l'autre pour avoir de la valeur en tant que personne peut conduire à bien des soucis dans une future vie d'adulte.

Pour cultiver chez leurs enfants les sentiments d'appartenance et d'importance, les parents doivent avant tout apprendre, (même si parfois c'est un exercice difficile) à dissocier la personne (leur enfant) de son comportement (ce qu'il fait ou a fait), et les accepter exactement tels qu'ils sont. Bien entendu, les enfants peuvent faire des progrès dans de nombreux domaines, mais ils n'ont pas besoin de devenir une autre personne pour être aimés de façon inconditionnelle. Nous pouvons leur offrir la sécurité de savoir que quelle que soit la difficulté des situations que l'on rencontre, nous prendrons soin d'eux et nous serons à leurs côtés. Nous pouvons choisir de leur faire comprendre que nous les aimons, quoi qu'il arrive.

4. Quand le sentiment d'appartenance est fragilisé

a. *L'histoire de Sara*

Sara partage: J'élève seule un petit garçon de deux ans. Le père de mon fils ne voulait pas que je le garde et ne fait plus partie de ma vie ni de la sienne (bien qu'il paie une pension). Etre un parent solo est la chose la plus difficile (et la plus gratifiante à la fois) que j'aie jamais accomplie. Il n'y a personne à la maison à qui le confier en disant:

– Tiens, peux-tu veiller sur lui dix minutes? J'ai besoin de souffler un peu. Et ça fait un moment que je n'ai pas soufflé... L'année dernière, on a découvert que ma mère avait un cancer du colon.»

– Par chance je travaillais à l'hôpital où elle était suivie. J'ai donc pu passer beaucoup de temps avec elle. Je naviguais entre mon travail, les visites à l'hôpital, les visites chez ma tante avec qui ma mère vivait, et la maison où le retard s'accumulait. Et puis ma mère est décédée il y a quelques semaines. C'est une période très difficile pour moi. Je m'étais toujours promis de ne jamais frapper mes enfants ni de leur crier dessus. Voilà une résolution qui est malheureusement partie en fumée! En général je suis d'une patience infinie avec mon fils, mais parfois je suis tellement épuisée et triste que je n'en peux plus. Ce sont des moments que je déteste. Je me sens désemparée et je ne sais pas quoi faire. Je ne peux pas sortir parce que je ne peux pas le laisser seul. J'essaie d'aller dans la salle de bain mais il me suit là aussi.

Un soir, je voulais juste qu'il s'endorme mais il s'obstinait à escalader son lit pour venir me voir. J'ai fini par le remettre au lit en lui criant que cela suffisait. Il m'a frappée au visage et a fait tomber mes lunettes. Çela m'a rendue tellement furieuse que je l'ai frappé en retour. Il hurlait, je pleurais, je me sentais une mère horrible ! J'ai fini par sortir et m'asseoir sur le perron.

Je ne veux pas que mon fils grandisse effrayé, en pensant que s'il fait quelque chose de mal, je vais le frapper. Mais je ne veux pas non plus qu'il pense pouvoir adopter n'importe quel comportement irrespectueux. Bref, en d'autres mots : au secours, j'ai besoin d'aide ! »

Dans le discours de cette mère résonnent le stress, l'angoisse, la charge des évènements beaucoup trop lourds auxquels elle a dû faire face. Il lui faudrait un peu d'aide extérieure. Son fils n'a que deux ans et cherche par son comportement à s'assurer qu'il fait partie de la vie de sa mère, qu'il compte pour elle, qu'il a de l'importance à ses yeux. Pour des raisons qu'il ne comprend pas, il ressent moins tout cela ces derniers temps et se sent menacé. Son comportement fait office de message codé pour traduire sa quête de retrouver sa place. Les émotions que génèrent ses agissements chez sa mère sont de l'agacement et de l'impatience, émotions qui traduisent souvent le fait que la stratégie enclenchée par l'enfant pour restaurer son appartenance est d'attirer coûte que coûte l'attention de son parent. Car là encore, mieux vaut une attention négative que pas d'attention du tout.

On appelle le fait de rechercher une attention excessive pour retrouver son sentiment d'appartenance un « objectif mirage ». Inconsciemment, l'enfant a la croyance qu'il appartiendra, qu'il sera aimé et comptera pour son parent seulement si toute l'attention du parent est sur lui. En lui donnant des opportunités d'avoir de l'attention de façon appropriée (avoir des petites responsabilités, aller ensemble au parc, avoir des petits signes de connivence, etc.), on aura toutes les chances de faire décroître les tentatives inappropriées d'avoir de l'attention.

Bien entendu, le fait d'être parent solo ne facilite pas le travail de « décodage » et les réponses que l'on peut mettre en place. Plus encore que pour d'autres parents, il sera important de s'organiser pour prendre du temps pour soi, prendre soin de soi, car beaucoup de choses sont sur la même paire d'épaules.

b. La Grille d'identification des besoins (GIB)

L'objectif mirage d'***accaparer l'attention*** n'est pas le seul. La « Grille d'Identification des Besoins cachés derrière les comportements inappropriés » (p. 215) synthétise les différents objectifs mirage possibles que peuvent poursuivre les enfants par leurs comportements inappropriés. Ces objectifs sont identifiables à partir de notre propre ressenti de parent, et la GIB propose des stratégies constructives pour encourager l'enfant à retrouver ses sentiments d'appartenance et d'importance.

Parmi les autres objectifs mirage, on trouve la ***recherche de pouvoir*** (c'est moi qui décide, c'est moi qui contrôle), le ***besoin de rendre les choses égales*** (j'ai souffert donc je vais te faire souffrir) et ***la recherche de confirmation d'incapacité*** (je ne me sens pas capable et je vais prouver qu'il est inutile de croire en moi).

Il est normal pour chacun d'entre nous d'avoir besoin de recevoir de l'attention, de souhaiter maîtriser les choses, d'être entendu dans nos souffrances et de se sentir capable de progresser et de développer nos compétences. On utilise la grille d'identification des besoins (GIB) uniquement lorsque les moyens choisis par l'enfant pour satisfaire ces besoins entrainent des comportements inappropriés qui deviennent récurrents, dont la fréquence et l'intensité sont élevées ou qui traduisent une souffrance. La démarche consiste donc alors à donner des opportunités de satisfaire ces besoins normaux par des comportements appropriés.

c. Comment utiliser la GIB

Pour une methologie par étape, se reporter à la boite à outils

La GIB permet de faire des hypothèses sur l'objectif mirage

que poursuit l'enfant et de trouver ainsi des solutions qui vont l'aider. Le premier indice permettant d'identifier l'objectif qui se dissimule derrière les comportements inappropriés est de mettre un mot sur ce que ce comportement provoque chez *nous, parent*. Par exemple, si l'on se sent irrité, agacé, soucieux ou coupable, alors on détient un indice que l'enfant recherche peut être à *accaparer notre attention*.

Les « objectifs mirage » décrivent les stratégies qui sont inconsciemment enclenchées par les enfants lorsqu'ils doutent de leur appartenance et de leur importance.

Le deuxième indice sera la réponse de l'enfant à notre réaction instinctive face à son comportement. Par exemple, imaginons que nous demandions à notre enfant d'aller prendre sa douche et qu'il refuse. On insiste et on finit par le prendre par la main pour le conduire jusqu'à la salle de bain tandis que lui met toute son énergie à refuser d'avancer.

Si la résistance de l'enfant se retrouve dans d'autres contextes comme celui de ranger sa chambre, de venir diner, de s'habiller, de manger ce qu'il y a dans son assiette, on peut faire l'hypothèse qu'il cherche à prendre le pouvoir de façon inappropriée. On est alors dans l'objectif mirage de *prendre le pouvoir* et il croit peut être qu'il n'appartient à la famille que lorsque c'est lui qui décide.

Les « objectifs mirage » décrivent les stratégies qui sont inconsciemment enclenchées par les enfants lorsqu'ils doutent de leur appartenance et de leur importance. Avec chaque objectif mirage vient un message qui nous donne le fil rouge des solutions que nous pouvons prendre pour satisfaire le besoin profond de l'enfant.

- **Objectif mirage d'accaparer l'attention**

En poursuivant l'objectif mirage d'accaparer l'attention du parent, le message qu'envoie l'enfant est : « remarquez-moi ! Impliquez-moi ! » Un exemple d'une manière efficace d'aider cet enfant serait d'ignorer le comportement immédiat de recherche d'attention et le réorienter en l'impliquant dans une tâche où il pourra recevoir l'attention qu'il désire de façon appropriée.

Un enfant qui poursuit l'objectif de « prendre le pouvoir » basculera plus facilement dans la coopération si on lui propose d'exercer son pouvoir en faisant des choix plutôt qu'en s'opposant à l'adulte.

- **Objectif mirage de prendre le pouvoir**

Dans cette hypothèse, le message qu'envoie l'enfant est le suivant : « laissez-moi participer ! Donnez-moi des choix ! ». Une manière efficace de répondre à ce besoin est tout d'abord de reconnaître que l'on ne peut pas forcer un enfant à faire quelque chose, et lui faire comprendre que l'on a besoin de son aide. Ensuite, on peut lui proposer de choisir entre deux ou trois façon d'aider : « *est ce que tu veux mettre ce problème à l'ordre du jour de telle sorte que toute la famille puisse rechercher une solution, ou préfères-tu y penser tout seul pendant une journée et revenir me voir avec tes idées pour y remédier ?* »

Une autre solution est de donner à l'enfant le choix d'exercer son pouvoir de façon constructive en contribuant à quelque chose : « *Ce serait super si tu pouvais m'aider ? Je range les legos et toi les peluches ?* » ; « *tu me donnerais un coup de main pour préparer le diner ? Ou bien tu préfères plier le linge ?* » Ou si l'enfant est ado « *Je ne comprends rien aux tableaux Excel. Tu m'aiderais à y voir plus clair ?* »

Un enfant qui poursuit l'objectif de « prendre le pouvoir » basculera plus facilement dans la coopération si on lui propose d'exercer son pouvoir en faisant des choix plutôt qu'en s'opposant à l'adulte.

- **Objectif mirage de rendre les choses égales**

Ici, le message qu'envoie l'enfant est : « *Aidez-moi. Je souffre intérieurement* ». Les choses s'améliorent lorsque les adultes parviennent à voir au-delà du comportement revanchard et peuvent prendre en considération les sentiments qui le sous-tendent : « *Je pense qu'il y a quelque chose qui t'a blessé et que tu souffres ?* ». Si on sait de quoi il s'agit, on peut le nommer, ou demander : « *Est-ce que tu veux me dire de quoi il s'agit ?* » ou « *Qu'est-ce qui ne va pas ?* ». Cela suffit souvent à désamorcer le comportement inapproprié et à placer l'enfant dans un état d'esprit favorable à la gestion du problème (peut-être après un petit moment de calme).

- **Objectif mirage de confirmer sa croyance d'incapacité**

En ce qui concerne l'objectif-mirage qui vise à *confirmer sa croyance d'incapacité*, le message est le suivant : « *Ne me laissez pas tomber. Tendez-moi la main* ». Les adultes peuvent alors rechercher la plus petite étape de progression possible, permettant ainsi à l'enfant d'accomplir une tâche par lui-même. Ce qui peut signifier d'accomplir cette étape avec lui jusqu'à ce qu'il parvienne à le faire tout seul. Les toutes petites victoires lui permettront de se défaire de sa fausse croyance qu'il n'est pas capable.

- **L'histoire de Sylvia et Gabriel**

Sylvia était très régulièrement entrainée dans des disputes et des luttes de pouvoir avec son fils Gabriel. A chaque fois que cela se produisait, elle se sentait défiée, provoquée par le comportement de son fils, et cela la faisait sortir de ses gonds. Elle prit le temps d'examiner la situation et fit l'hypothèse que Gabriel cherchait de façon inappropriée à exercer son pouvoir (voir Grille d'Identification des Besoins, p 215). Elle analysa son propre comportement et réalisa qu'elle se montrait – la fin justifiant les moyens – très autoritaire avec lui et dans le contrôle des toutes ses actions. Elle décida donc de lui donner du pouvoir, mais d'une façon constructive. Elle l'impliqua dans la construction du rituel de fin de journée : elle lui indiqua que l'important pour elle était que la douche soit prise et les devoirs faits à l'heure du diner.

Il pouvait choisir l'ordre dans lequel il souhaitait faire les choses. Elle le sollicita pour proposer des idées pour une meilleure organisation de leurs soirées. Elle l'impliqua dans la planification des diners de la semaine pour que les menus soient à la fois équilibrés et plaisants. Gabriel lui proposa d'ailleurs de faire une recherche sur internet pour lui proposer des recettes faciles. Sylvia permit à Gabriel d'avoir des choix (tout en posant clairement le cadre dans lequel ces choix s'exercent). Elle lui offrit des occasions de contribuer, de proposer, de résoudre. Et tout ceci vint nourrir de façon appropriée le besoin de Gabriel d'avoir un pouvoir d'actions sur son quotidien et sur la vie à la maison.

Nous sommes bien plus efficaces lorsque nous nous occupons de la croyance qui sous-tend le comportement (le message codé) plutôt que de chercher seulement à contrôler le comportement.

Les comportements de nos enfants – qu'on les perçoive comme bons, mauvais ou neutres – ne font que traduire ce qu'ils ressentent, pensent et décident sur eux-mêmes, sur nous, sur le monde qui les entoure. C'est en commençant par utiliser nos propres émotions comme guide de lecture que nous pouvons mieux comprendre ce qui se joue derrière les comportements inappropriés et récurrents de nos enfants. Les portes de la résolution de problème s'ouvrent en grand lorsqu'on prend le temps d'identifier « les croyances » qui se cachent derrière les comportements et que l'on traduit le langage codé de nos enfants.

Un enfant qui se sent encouragé, aimé et qui a la perception de compter a naturellement moins besoin des comportements inappropriés pour faire passer ses messages. Et finalement, favoriser les comportements constructifs, n'est-ce pas là ce que l'on recherche ?

Grille d'identification des besoins derriere les comportements – Discipline Positive

1	2	3	4	5	6
L'objectif immédiat de l'enfant est …	**Quand le parent se sent…**	**Et qu'il tend à réagir ainsi :**	**La réponse en retour de l'enfant tend à être la suivante :**	**La croyance de l'enfant cachée derrière le comportement est probablement…**	VERITABLE BESOIN DERRIERE LE COMPORTEMENT DE L'ENFANT **Ce que le parent peut faire pour encourager l'enfant et lui apporter une réponse appropriée**
Accaparer l'attention	Ennuyé Agacé Irrité Inquiet Coupable	Essaye de persuader l'enfant de faire… Fait pour, à la place de l'enfant. Répète / rabâche les consignes	Arrête momentanément mais recommence plus tard. Ne cesse que s'il a une attention exclusive.	"Je compte seulement quand on me remarque ou que j'obtiens une attention spécifique." "Je ne suis important que si tu es centré(e) sur moi/que tu ne te t'occupes que de moi/ que je t'ai pour moi tout seul."	**REMARQUEZ-MOI - IMPLIQUEZ-MOI** Réorienter en impliquant l'enfant dans des tâches, responsabilités. Dire les choses une seule fois et agir. "Tu comptes pour moi et je passerai un moment avec toi plus tard." Eviter une attention trop exclusive dans ces moments là. Planifier des moments d'attention non partagée. (Temps Dédié) Mettre en place des routines. Instaurer et utiliser des signaux, des codes de langage non verbal. Saisir les opportunités d'apprentissage. Pratiquer les Temps d'Echange en Famille (TEF).
Prendre / avoir le pouvoir (être le chef, en situation de maîtrise)	Provoqué Défié Menacé Perdant	Va à l'affrontement. Cède. Pense : "Tu ne t'en tireras pas comme ça!" ou "Je vais te forcer". Veut avoir raison.	Accentue son comportement. Défie/ provoque/ se soumet à contrecœur. Sent qu'il a gagné quand l'adulte s'énerve. Se met en maîtrise passive.	"Je n'appartiens que lorsque c'est moi le chef ou que je contrôle, que je me sens en position de force ou en prouvant que personne ne peut me commander." "Vous ne pouvez pas me forcer !"	**LAISSEZ-MOI PARTICIPER - DONNEZ-MOI DES CHOIX** Reconnaitre que vous ne pouvez pas le forcer, mais lui demander de l'aide. Offrir des choix limités et appropriés. Se retirer du conflit et prendre de la distance. Etre ferme ET bienveillant. Décider de ce que vous allez faire. Agir. Laisser les routines faire autorité. Se faire aider par l'enfant pour établir des limites raisonnables, et les mettre en pratique. Réorienter vers une maîtrise positive. Pratiquer les Temps d'Echange en Famille (TEF).
Prendre une revanche (rendre les choses égales)	Blessé Déçu Ayant perdu confiance Dégoûté	Riposte Se met à égalité. Pense : "Comment peux-tu me faire une chose pareille ?". Prend les choses à titre personnel.	Riposte /réplique. Fait mal aux autres. Abîme le matériel. Se met à égalité. Accentue son comportement, ou trouve un autre angle d'attaque.	"Je n'ai pas de sentiment d'appartenance, je souffre donc je fais mal aux autres tout comme moi j'ai mal." " Je ne peux pas être aimé."	**AIDEZ-MOI - JE SOUFFRE INTERIEUREMENT** Prendre soin des sentiments de souffrance. "Ton comportement me montre combien tu te sens mal, pouvons-nous en parler?". Utiliser l'écoute active. Ne pas se sentir visé. Partager ses sentiments ("Je…"). S'excuser. Eviter punition ou réplique. Montrer qu'on est concerné. Encourager les points forts. Pratiquer les Temps d'Echange en Famille (TEF).
Confirmer sa croyance d'incapacité (baisser les bras, se sentir seul, abandonné)	Impuissant Démuni / désarmé Sans espoir Incapable	Baisse les bras Fait à la place de l'enfant. Surprotège. Montre son manque de confiance.	Accentue son retrait. Reste passif. Ne s'améliore pas/ ne progresse pas. Ne réagit pas. Evite d'essayer.	"Je ne crois pas que je puisse appartenir, donc je vais prouver aux autres qu'il n'y a rien à espérer de moi." (confirmation de la croyance) "Je ne peux pas aider/ contribuer et je suis nul: inutile d'essayer ; je vais rater."	**NE ME LAISSEZ PAS TOMBER - TENDEZ-MOI LA MAIN** Saisir les opportunités d'apprentissage. Se fixer des étapes intermédiaires. Rendre la tâche simple jusqu'aux 1ers succès de l'enfant. Montrer que vous avez confiance. Ne pas vous apitoyer. Encourager toute initiative positive même minime. Ne pas baisser les bras. Apprécier votre enfant. Construire à partir de ses centres d'intérêt. Encourager, encourager, ENCOURAGER Pratiquer les Temps d'Echange en Famille (TEF).

BOÎTE À OUTILS

Comprendre ce qui se joue derrière les comportements inappropriés, ça n'est pas qu'une affaire de parent solo !

- Se souvenir que tous les enfants du monde ont parfois des comportements difficiles à gérer (pas seulement les enfants qui grandissent dans les familles monoparentales)
- Eviter de tolérer des comportements irrespectueux ou excessifs par culpabilité d'être un parent solo
- Partager ses difficultés avec d'autres parents
- **Utiliser les 4 étapes pour gagner la coopération des enfants :**
  - Entrer dans l'univers de l'enfant et tenter de deviner ce qu'il ressent (si l'on se trompe, essayer encore)
  - Faire preuve de compréhension (parfois cela peut aider de raconter un épisode où l'on a ressenti la même chose)
  - Demander à l'enfant s'il est disposé à écouter ce que l'on ressent (les enfants écoutent mieux lorsqu'ils ont donné leur accord)
  - Chercher une / des solution(s) ensemble (les premières deux étapes créent un climat de confiance, donc les enfants auront envie d'écouter et de travailler

sur la recherche de solution en faisant preuve de coopération).

- **Comprendre le message codé derrière un comportement inapproprié récurrent : comment se servir de la Grille d'Identification des Besoins cachés derrière les Comportements (GIB) ?**
  - Identifier ce que le comportement de l'enfant provoque comme émotion chez nous. La colonne 2 du tableau qui propose plusieurs émotions nous permettra de nous situer.
  - L'émotion que l'on a identifiée nous indique la ligne du tableau dans laquelle on va naviguer.
  - Ainsi, on regardera en colonne 3 si le comportement de notre enfant nous pousse à réagir comme décrit.
  - Puis on regardera en colonne 4 comment évolue le comportement de l'enfant face à la réaction que l'on a eu.
  - On est alors prêt, avec ces indices, à faire une hypothèse sur l'objectif mirage que poursuit l'enfant et que l'on trouvera (toujours sur notre ligne du tableau) en colonne 1.
  - Cet objectif mirage nous donne une clé de compréhension sur la croyance inconsciente de l'enfant (colonne 5) qui provoque son comportement inapproprié (je crois que j'ai une place, que je suis aimé, seulement si... j'ai toute l'attention... c'est moi qui décide... etc)
  - La colonne 6 offre des suggestions de solutions que les parents peuvent mettre en place pour que l'enfant retrouve la certitude qu'il a une place et qu'il est aimé. Ces suggestions ne sont pas exhaustives. Les parents pourront activer leur créativité, guidés par le message

propre à chaque objectif mirage (Remarquez-moi, impliquez-moi ! (attention) Laissez-moi participer, laissez-moi des choix ! (Pouvoir) Aidez-moi, je souffre intérieurement ! (Revanche) Ne me laissez pas tomber, tenez-moi la main ! (Incapacité)

CONNECTER AVEC SON ENFANT AVANT ~~DE CORRIGER~~ D'ENSEIGNER

En tant que parents nous élevons nos enfants, « pour leur bien » avec les meilleures intentions du monde. Leur épanouissement est notre préoccupation principale, et nous « savons » qu'ils ne seront pas pleinement heureux s'ils n'adoptent pas nos valeurs et s'ils ne font pas ce qui nous paraît juste. Nous sommes souvent convaincus que nos sermons, nos punitions et nos culpabilisations vont les aider à mieux se comporter et à adopter nos valeurs – qui sont les bonnes. Nous savons ce que nous voulons enseigner à nos enfants. Mais prenons-nous le temps de vérifier ce que nos enfants apprennent ? Nous posons-nous la question de ce qu'ils ressentent, ce qu'ils pensent, et quelles décisions ils prennent ?

Nous verrons dans ce chapitre que pour mettre en œuvre une discipline qui « enseigne » des compétences à long terme (et non une discipline qui ***corrige*** un comportement dans l'immédiat), la première étape sera de connecter avec son enfant, d'entrer dans son monde pour se mettre en lien.

1. Envisager les résultats à long terme de nos actions

a. *Méfions-nous de ce qui « marche »*

Nous pouvons être persuadés à tort que nos méthodes fonctionnent lorsque nous punissons un enfant pour son comportement inapproprié et qu'ainsi le comportement cesse. Parfois cependant nous devrions *nous méfier de ce qui marche.* Imaginez que vous ayez puni un enfant de vous avoir « répondu » et qu'il cesse de le faire. En apparence la punition a fonctionné. Ce que vous ignorez sans doute, c'est que l'enfant se sent blessé et perturbé, il pense que vous êtes injuste, que vous ne tenez pas vraiment à lui, et si vous l'obligez à ne pas vous répondre, vous ne pourrez pas par exemple le forcer à bien travailler en classe. Or les effets à long terme de ce qui a « marché » pourraient être de l'ordre de la revanche. Vous venez de gagner une bataille – et peut être de déclencher une guerre.

Car il s'agit bien d'une guerre. Sermons, punitions, et culpabilisation ne sont que quelques-unes des armes que les parents utilisent contre leurs enfants pour la « bonne cause », pour les aider à mieux se comporter et à adopter les « bonnes » valeurs. Les victimes de cette guerre sont des enfants découragés pourvus d'une faible estime de soi, qui ne se sentent ni écoutés ni pris au sérieux. Ils n'ont pas appris à accroître leur propre sagesse ni leurs propres compétences à résoudre les problèmes. Ces enfants ne développent pas leur sentiment d'appartenance ou de leur propre valeur. Certains d'entre eux décideront sans que ce soit nécessairement conscient de se rebeller, d'autres deviendront des enfants « béni-oui-oui », s'entourant d'amis et plus tard de conjoints qui continueront à leur dire comment se comporter.

b. La Discipline Positive en action : révéler l'objectif mirage

i. L'histoire de Joséphine et Lucas

Joséphine est une maman solo qui voulait mettre un terme à la guerre l'opposant à ses trois enfants. Elle décida de chercher de l'aide en se rendant à un atelier d'aide à la parentalité, où elle apprit l'importance de rentrer dans l'univers de l'enfant. Elle eut une occasion de mettre en pratique certaines des compétences qu'elle venait d'acquérir lorsqu'elle découvrit que son fils, Lucas, élève de 4ᵉ, venait d'être exclu temporairement de son école pour avoir insulté ses professeurs.

Lorsque Joséphine rentra chez elle en fin de journée, elle trouva Lucas installé devant la télévision avec un air renfrogné. Elle respira profondément et demanda :

– *Lucas, est-ce que tu veux me dire ce qui se passe au collège en ce moment ?* »

Lucas, à contre cœur, lâcha un :

– *Ouais, quoi ?* ».

Joséphine réfreina la tentation d'attaquer le problème de front et sourit.

– *Je vois bien que tu n'as pas très envie de me parler de ce qui s'est passé. Je parie que c'est parce que tu t'attends à ce que je te sermonne comme d'habitude, plutôt que d'avoir une vraie conversation où nous nous écoutons l'un l'autre* ».

Joséphine venait de capter l'attention de son fils : il était en effet surpris d'entendre sa mère reconnaître qu'elle le sermonnait. Joséphine observa son intérêt sans rien dire puis continua en riant :

– *J'avoue, je suis coupable de sermonner sans écouter. Il est temps que je change mes habitudes. Je suis sûre que tu as l'impression que tu ne comptes pas à mes yeux lorsque je te fais un sermon ou que je te réprimande. La vérité c'est que tu comptes plus que tout pour moi. Est-ce que tu veux bien me donner une autre chance pour que je puisse te montrer que discuter ne veut pas forcément dire écouter mes sermons et mes jugements ?* »

Les victimes de cette guerre sont des enfants découragés, pourvus d'une faible estime de soi, qui ne se sentent ni écoutés ni pris au sérieux. Ils n'ont pas appris à accroître leur propre sagesse ni leurs propres compétences à résoudre les problèmes.

Lucas ne savait plus trop quoi penser maintenant, lui qui avait pris l'habitude de monter au créneau pour se défendre. C'était agréable de voir sa mère si compréhensive, mais il n'était pas certain de pouvoir se fier à cette nouvelle façon de faire. Une fois encore il répondit, sur un ton hésitant :

– *Ouais, OK.* »

Joséphine se détendit un peu. Elle lui dit gentiment :

– *Raconte moi ce qui se passe de ton point de vue. Je veux vraiment écouter ta version des faits.* »

Lucas ne se sentait pas très à l'aise et décida de trouver refuge dans son émission télé :

– *Ça va maman, t'inquiète. Je peux me débrouiller* ».

Joséphine se sentit déborder de compassion pour son fils, et se laissa guider par cette émotion. Elle dit calmement :

– *Je suis certaine que tu en es capable, d'une manière ou d'une autre. J'aimerais quand même écouter ta version de ce qui s'est passé* ».

Lucas leva les yeux vers sa mère. Il fit une pause puis laissa échapper « ces profs sont des connards. Ils ne m'aiment pas » Désormais il y avait de la colère dans sa voix.

– *Est ce que tu peux me donner un exemple de ce que tu veux dire ?* » répondit sa mère. « *Qu'est-ce qu'ils font pour se comporter en connards et te donner l'impression qu'ils ne t'aiment pas ?* »

La discussion prenait une tournure un peu désagréable pour Lucas, et il se ferma de nouveau.

– *T'inquiète. Je gère* ».

Au bout d'un moment il ajouta d'une voix calme :

– *J'ai déjà décidé que je ne voulais pas me faire virer du collège.* »

Joséphine fit des efforts pour ne pas rendre son soulagement trop visible.

– *Honnêtement, je suis heureuse que le collège ait de l'importance à tes yeux. Mais* toi, *tu es important pour moi, et j'aimerais vraiment savoir ce qu'il se passe de ton point de vue à toi. J'ai quelques idées, je ne sais pas si elles sont justes, mais est-ce que tu serais d'accord que j'émette quelques hypothèses ? J'en ai plusieurs à te proposer, tu me dis quand je tombe à coté, d'accord ?* »

ii. Utiliser le processus pour révéler l'objectif mirage de l'enfant

Joséphine venait d'entamer un processus développé par Rudolf Dreikurs[1] (*Le Défi de l'enfant*, Robert Laffont, coll. « Réponses », 1992) et intitulé : « Révéler l'objectif mirage ». Au cours de ce processus, l'adulte formule à l'enfant une hypothèse sur la nature de l'objectif-mirage. Comme nous l'avons souligné, le plus souvent, attirer l'attention de l'enfant sur l'objectif mirage qu'il poursuit n'est pas utile car les actions que nous posons pour nourrir son besoin seront suffisantes. Cependant, dans certains

1. *Children, the challenge*, E.P. Dutton, 1987.

cas, si cela est fait de façon non menaçante, la révélation de l'objectif mirage peut aider l'enfant à se sentir compris.

Poursuivons donc avec l'histoire de Joséphine et Lucas, afin d'avoir une illustration concrète de ce procédé. Lucas était à présent curieux de voir ce que sa mère allait suggérer même s'il continuait à répondre inlassablement « *ouais, OK* ».

Les quatre étapes de la révélation de l'objectif mirage

- Demander à l'enfant pourquoi il ou elle se comporte de cette façon-là. Etre prêt recevoir le senpiternel «je sais pas».
- Demander la permission à l'enfant d'essayer de deviner pourquoi. La plupart des enfants sont d'accord s'ils sentent que l'adulte a vraiment envie de comprendre et procède avec bienveillance.
- Demander : « est ce que ça pourrait être parce que... ? » en examinant chaque objectif mirage jusqu'à ce que l'on obtienne un « oui » ou un signe approbateur. Ce qui peut se traduire aussi par un enfant qui dit non mais qui ne peut pas s'empêcher de sourire ou de manifester une autre réaction involontaire (le sourire dit oui alors que la voix dit non). Lorsqu'on obtient un signe d'approbation, réagir en disant «tu me dis non, mais ton sourire me fait penser que cela pourrait bien être la bonne raison. Est-ce que tu veux bien essayer avec moi de trouver des solutions ? »
- Se référer à la dernière colonne du tableau recensant les objectifs-mirages (GIB chapitre 10) pour y trouver quelques pistes d'action possibles, et travailler ensemble pour en trouver d'autres.

Joséphine fit sa première tentative pour essayer de découvrir ce que pouvait être l'objectif-mirage de son fils :

– *Est ce que ce serait possible que te disputer avec tes professeurs soit une bonne manière d'attirer mon attention et de passer plus de temps avec moi ?* »

La réponse de Lucas ne se fit pas attendre :

– *Pas du tout* »

Ce qui élimina l'objectif-mirage d'accaparer l'attention.

Joséphine dit alors :

– *Bon, laisse-moi essayer encore. Est-ce que ce serait une façon de me montrer que personne ne peut t'imposer quoi que ce soit, ou t'obliger à faire quelque chose si tu n'en as pas envie ?* »

Ce qui lui valut un gros soupir de la part de son fils suivit de :

– *Ça serait une raison débile de s'attirer des problèmes* »

Ce qui élimina l'objectif mirage de la prise de pouvoir. Joséphine fit une pause, celui-ci était plus délicat.

– *Est-ce qu'il serait possible que tu te sentes blessé et en colère contre moi d'avoir divorcé d'avec ton papa, et que provoquer ces problèmes soit une bonne façon de blesser en retour, de montrer que tu souffres ?* »

Lucas prit sa respiration et l'espace d'un instant eut l'expression de quelqu'un pris la main dans le sac. Puis il demanda avec un air de défi :

– *Est ce que papa et toi vous vous allez vous remettre ensemble un jour ?* »

L'expression de Lucas et sa question montrèrent à Joséphine qu'elle avait probablement visé juste cette fois-ci et que l'objectif mirage était la revanche (visant à rendre les choses égales).

Elle soupira, et s'assit à côté de son fils.

– *Mon cœur, je vois bien combien cela t'a blessé, et je suis vraiment désolée. Ton papa et moi n'allons pas nous remettre ensemble. J'aurais voulu que ce ne soit pas aussi douloureux pour toi, mais je sais que ça l'est. Tu n'as pas à tout garder pour toi, tu peux me dire à quel point tu es en colère, je t'écouterai.* »

La compréhension de sa mère avait balayé les inhibitions de Lucas, et il put dire enfin la colère qu'il ressentait.

– *Si tu n'avais pas été si chiante avec papa, vous pourriez encore être mariés !* ».

Joséphine prit le coup dans l'estomac et les larmes lui montèrent aux yeux. Mais elle comprit que de se défendre ou de riposter fermerait la porte que son fils et elle avait eu tant de mal à ouvrir.

– *Ouille* » dit-elle tranquillement, « *ça, ça fait vraiment mal. Tu dois vraiment me détester certains jours* ».

Lucas avait lui aussi les larmes aux yeux et se débattait avec ses émotions. Oui, il détestait sa mère parfois, mais il l'aimait aussi beaucoup. Joséphine devina ce qu'il ressentait, elle le prit dans ses bras et lui dit :

– *Ça va aller mon cœur, je sais que tu m'aimes aussi. C'est parfois compliqué d'aimer et de détester quelqu'un en même temps.* » Elle rit : « *parfois moi aussi il m'arrive de ressentir ça pour toi* ».

Le corps de Lucas se détendit petit à petit. Il n'avait pas réalisé qu'il se sentait à la fois coupable et perturbé par tout ce qu'il ressentait. Il ne savait pas quoi faire de toute cette douleur et cette colère, même si bizarrement ces sentiments ne semblaient plus si terribles une fois mis en mots. Il savait maintenant que même sa mère ressentait des émotions contradictoires.

Joséphine termina en ajoutant :

– *Je ne peux pas changer ce que tu ressens, et je ne vais pas essayer. Tes émotions t'appartiennent. Ceci étant, j'aimerais réfléchir plus tard avec toi à propos de certaines choses que l'on pourrait faire pour résoudre les problèmes qui se présentent. Tu veux bien faire ça avec moi ?* »

Lucas sourit.

– *Ouais, OK* », dit-il.

2. Les huit outils que Joséphine a mis en action

- *Choisir une attitude éducative fondée sur l'amour et la connexion*
- *Assumer sa part de responsabilité dans l'émergence du problème*
- *Demander une seconde chance*
- *Poser des questions « de curiosité » pour explorer et comprendre*
- *Comprendre quelle est la croyance cachée derrière le comportement*
- *Valider les émotions son enfant*
- *S'autoriser un temps pour se calmer avant de recherches des solutions ensemble*
- *Discuter du problème (c'est parfois suffisant)*

a. *Choisir une attitude éducative fondée sur l'amour et la connexion*

Dans l'exemple précédent, Joséphine a compris qu'avant toute chose elle devait connecter avec son fils afin d'établir un climat de confiance et de bienveillance propice à la résolution de problème. Punir et réprimander Lucas n'avaient donné aucun résultat constructif puisque cela avait installé distance et agressivité entre eux. La plupart des outils de discipline ne sont efficaces que lorsqu'ils s'appuient sur une attitude éducative fondée sur l'amour et la connexion.

Si ce que l'on met en place ne génère aucun résultat positif, la première question à se poser pourrait être « *Est-on dans une lutte de pouvoir ou dans cycle de revanche ?* » Joséphine pensait être engagée dans une lutte de pouvoir avec son fils alors qu'en réalité, l'objectif mirage était celui de la revanche.

b. *Assumer sa part de responsabilité dans l'émergence du problème*

La plupart des outils de discipline ne sont efficaces que lorsqu'ils s'appuient sur une attitude éducative fondée sur l'amour et la connexion.

Assumer sa part de responsabilité ne veut pas dire assumer toute la responsabilité, se sentir coupable ou porter ce qui ne nous appartient pas. Cela signifie plutôt acquérir une vision et une conscience de ce que l'on provoque. Cette prise de conscience en entraine une autre : celle de comprendre que l'on peut agir différemment et s'en sentir capable. En nous observant assumer notre part de responsabilité, les enfants nous suivront volontiers sur ce chemin et seront à leur tour prêts à assumer la leur. Eux aussi s'en sentiront capables.

c. Demander une seconde chance

En demandant à Lucas s'il lui donnerait une seconde chance de parler avec elle après lui avoir fait la leçon, Joséphine admet qu'elle a fait une erreur et qu'elle veut réessayer. Quel magnifique exemple pour un enfant ! Mère et fils découvrent ensemble que les erreurs ne sont rien de plus que des opportunités d'apprentissage. Ainsi, l'erreur n'est pas synonyme d'échec, bien au contraire. Reconnaître son erreur et demander une seconde chance permet à chacun de continuer à essayer, à apprendre plutôt que d'abandonner.

d. Poser des questions « de curiosité » pour explorer et comprendre

Joséphine s'est servie de ses compétences en écoute active pour parvenir à établir un dialogue plus en profondeur, en posant des questions de curiosité et en demandant des exemples. Elle a résisté à la tentation de faire la leçon ou de moraliser. Les parents disent trop souvent aux enfants ce qui s'est passé, pourquoi c'est arrivé, comment ils devraient se sentir, et ce qu'ils devraient faire.

Les questions de curiosité (comme : « *Que s'est-il passé ? Selon toi pourquoi s'est arrivé ? Comment tu te sens ? Comment tu voudrais que ça se passe ? Qu'est-ce que tu pourrais faire pour ça ?* ») ont pour seul objectif de comprendre et d'entrer dans le monde de l'enfant. Celui-ci peut alors développer son sentiment d'appartenance et d'importance en partageant sa perspective à lui.

Les exemples permettent à la fois d'affiner sa propre compréhension de ce qui s'est passé mais ils aident aussi l'enfant à clarifier sa pensée. Poser plusieurs fois la question : « *Est-ce qu'il y a autre chose ?* » peut aussi s'avérer très utile. Cela va inviter l'enfant à creuser plus profondément en lui (tandis que le parent l'écoute) et à explorer des pensées cachées et des émotions qui n'affleurent pas encore à la surface.

e. *Comprendre quelle est la croyance cachée derrière le comportement.*

Joséphine s'est servie de la grille d'identification des besoins derrière les comportements (GIB chapitre 10) pour révéler l'objectif mirage de Lucas. Celui-ci n'était pas conscient des stratégies de revanche qu'il utilisait. Il se sentait blessé et voulait se montrer blessant à son tour. Le comportement inapproprié est la partie la plus visible de la recherche d'appartenance de l'enfant. S'intéresser aux croyances et aux émotions qui déclenchent les actions et sont à la racine du comportement nous donne une meilleure compréhension de ce qui anime véritablement l'enfant. Cela change aussi le regard que l'on porte sur le problème et ouvre les portes aux solutions à y apporter.

f. *Valider les émotions de son enfant*

Il n'est pas toujours facile de valider les émotions de son enfant lorsqu'on reçoit des propos blessants et irrespectueux comme ce fut le cas de Joséphine. Elle a compris la différence entre émotions et actions, et a demandé à Lucas de chercher avec elle des solutions lorsque le moment serait opportun, c'est à dire dans un deuxième temps. Nous oublions trop souvent qu'il y a une différence entre émotion et action. Nous essayons de parler aux enfants pour les éloigner de ce qu'ils ressentent. Parfois, on va même jusqu'à dire : « tu ne devrais *pas te sentir comme ça* ». On peut aussi être tenté de leur porter secours, réparer à leur place ou s'emparer de ce qui leur appartient. Aucune de ces réactions ne va aider l'enfant à se comporter différemment, et peuvent en réalité contribuer à exacerber le problème.

g. *S'autoriser un temps pour se calmer avant de rechercher des solutions ensemble*

L'idée d'un temps de pause permet aux protagonistes de se calmer, de reconnecter avec leur rationalité avant de basculer en recherche de solutions. Certains pourraient se demander :

– Mais, et le fait qu'il ait été exclu de l'école ? Et qu'il ait mal parlé à ses enseignants ? Et à sa mère ? » Joséphine dans l'exemple de ce chapitre, s'est montrée suffisamment sage pour savoir que mettre à jour simplement, de façon détendue et ouverte, la croyance qui se dissimule derrière le comportement peut suffire à éliminer le comportement inapproprié. Encore une fois, on retrouve cette idée que l'on fait mieux lorsqu'on se sent mieux, lorsque le simple fait d'être entendu et compris nous permet de retrouver le calme. Lucas ne ressent plus le même besoin de se venger après avoir discuté avec sa mère et ce, avant même d'avoir parlé du comportement qu'il a eu en classe. De plus, cette maman solo a posé les fondations de la recherche de solutions, ce qui pourra s'avérer utile dans l'avenir lorsque d'autres problèmes surgiront.

h. Discuter du problème est parfois suffisant

A force de se concentrer sur les conséquences et les solutions on oublie parfois qu'une simple discussion peut suffire à apaiser la situation et résoudre le problème. Lorsque les enfants se sentent écoutés, pris au sérieux, ils peuvent modifier la croyance qui a motivé leur comportement inapproprié.

Entrer dans l'univers de l'enfant va-t-il nous permettre de résoudre tous les problèmes ? Bien sûr que non ! Rien ne fonctionne systématiquement et pour tout le monde.

L'objectif que l'on poursuit ici est de mieux comprendre ce qui se joue derrière les comportements de l'enfant afin de pouvoir l'accompagner dans la gestion de ses émotions. C'est aussi l'opportunité d'être un parent plus serein et de construire avec ses enfants un lien fondé sur l'amour et la connexion.

BOÎTE À OUTILS

- Connecter avec son enfant avant de corriger d'enseigner
  - Comprendre le message codé derrière un comportement inapproprié récurrent
  - Prendre en compte les résultats à long terme des actions disciplinaire que nous choisissons : par exemple la punition marche à court terme mais n'enseigne rien à long terme
  - Pratiquer l'écoute active
  - Tenir compte de la personnalité de son enfant ainsi que du stade de développement auquel il se trouve
- Connecter avant d'enseigner :
  - Valider les émotions de l'enfant
  - Poser des questions de curiosité pour explorer et comprendre
  - Dire à l'enfant combien il compte pour nous
  - Annoncer que notre objectif est de comprendre et non de faire la morale : par exemple « Je vois bien que tu n'as pas très envie de me parler de ce qui s'est passé. Je parie que c'est parce que tu t'attends à ce que je te sermonne comme d'habitude… »
  - Montrer sa confiance : par exemple « je suis sure que l'on peut y arriver… » ; « Je sais que tu en es capable… » en s'assurant que les encouragements sont specifiques.

- Révéler l'objectif mirage de l'enfant :
    - Demander à l'enfant pourquoi il ou elle se comporte de cette façon là. Etre prêt recevoir le senpiternel « je sais pas ».
  - Demander la permission à l'enfant d'essayer de deviner pourquoi il se comporte comme il le fait. La plupart des enfants sont d'accord s'ils sentent que l'adulte a vraiment envie de comprendre et procède avec bienveillance.
  - Demander « Est ce que ça pourrait être parce que... ? » en visitant chaque objectif mirage jusqu'à ce que l'on obtienne un « oui » ou un signe approbateur. Ce qui peut se traduire aussi par un enfant qui dit non mais qui ne peut pas s'empêcher de sourire ou de manifester une autre réaction. Lorsqu'on obtient un signe d'approbation, réagir en disant « Tu me dis non, mais ton sourire me fait penser que cela pourrait bien être la bonne raison. Est ce que tu veux bien essayer avec moi de trouver des solutions ? »
  - Se référer à la dernière colonne du tableau recensant les objectifs-mirages (chapitre 10) pour y trouver quelques pistes d'action possibles, et travailler ensemble pour en trouver d'autres.
- 8 outils pour rentrer dans le monde de l'enfant et préparer le terrain pour la recherche de solutions
  - Choisir une attitude éducative fondée sur l'amour et la connexion
  - Assumer sa part de responsabilité dans l'émergence du problème
  - Demander une seconde chance
  - Poser des questions « de curiosité » pour explorer et comprendre

- Comprendre quelle est la croyance cachée derrière le comportement
- Valider les émotions son enfant
- S'autoriser un temps pour se calmer avant de recherches des solutions ensemble
- Discuter du problème est parfois suffisant

12 LA DISCIPLINE NON PUNITIVE : DES OUTILS EFFICACES POUR LES PARENTS SOLOS

Le concept d'une discipline non punitive laisse songeur : une telle approche est-elle réaliste et même judicieuse ? Notre compréhension de ce qu'est la discipline est l'héritage des moyens disciplinaires mis en œuvre par nos parents et plus largement par les pratiques de toute une société. Au cours du temps, nombreux sont ceux qui ont intégré le fait que pour apprendre de ses erreurs, de ses bêtises, les enfants doivent d'abord souffrir des conséquences de leurs actes.

– *Une bonne claque éducative de temps en temps est le seul moyen pour que mes enfants comprennent que je suis sérieux* », ou « *mes enfants perdent leurs privilèges quand ils se comportent mal : c'est comme ça qu'ils apprennent à m'obéir* », ou encore : « *punir mes enfants leur apprend à me respecter* » : ces phrases reviennent régulièrement dans le discours de beaucoup de parents.

Dans les textes de la Bible on trouve par exemple « *celui qui ménage ses verges hait son fils, mais celui qui l'aime cherche à le punir* » (Prov. 13:24) ou encore « *Supportez le châtiment : c'est comme des fils que Dieu vous traite ; car quel est le fils qu'un père ne châtie pas ?* » (Hébreux 12).

Nombreux sont ceux qui interprètent ceci comme une invitation divine à donner la fessée aux enfants impertinents. Toutefois, les érudits des textes anciens nous renseignent sur le sens de « verge(s) » qui n'est autre que le symbole de l'autorité et du commandement, et qui étaient utilisées pour *guider* le bétail et non pour le frapper.

> *Au cours du temps, nombreux sont ceux qui ont intégré le fait que pour apprendre de ses erreurs, de ses bêtises, les enfants doivent d'abord souffrir des conséquences de leurs actes.*

La discipline efficace est une discipline qui se préoccupe de guider, d'éduquer et non de punir. Pourtant cela fait si longtemps que la société assimile la discipline à la punition que c'est un véritable changement de paradigme que de penser que ces deux notions sont au contraire bien distinctes. La punition n'aide pas les enfants à acquérir de façon durable des compétences essentielles pour devenir des adultes épanouis, autonomes et impliqués dans leur communauté.

Les parents solos en particulier peuvent se retrouver en difficulté dans la mise en place d'une discipline efficace. « *Maintenant que je suis seule* » disent-ils, « *je dois serrer la vis à ces enfants ou ils vont partir en vrille. Vous savez ce qu'on dit des enfants élevés dans des foyers "déstructurés"... ?* ».

Les parents sont souvent convaincus qu'il est nécessaire de contrôler leurs enfants, et oublient qu'il est très difficile d'exercer un contrôle absolu sur le comportement de leur progéniture. C'est encore plus vrai quand les enfants grandissent et entrent dans l'adolescence.

Quel parent n'a pas ressenti la lassitude d'endosser systématiquement le rôle du « flic » ? De devoir constamment poser et rappeler les règles, s'assurer qu'elles soient respectées et rester à l'affut de toute forme d'infraction ?

Mais que se passe-t-il en l'absence du « flic » ? Que se passe-t-il lorsque les enfants sortent avec leurs copains ? Et que se passe-t-il lorsque la vie de famille devient le théâtre d'une escalade de luttes de pouvoir ?

1. Une Discipline qui enseigne

La discipline dont on parle dans cet ouvrage n'a rien à voir avec la punition ou le contrôle. Le mot « discipline » vient du latin *disciplina*, « action d'instruire » et dans la même veine on trouve *discipulus* ce qui signifie « celui qui suit un modèle ou celui qui reçoit l'enseignement d'un maitre ».

Et lorsque la discipline est exercée dans le meilleur sens du terme, il s'agit bien d'enseignement, d'éducation et de guidance. La discipline vise à aider les jeunes à faire preuve de discernement dans leurs décisions, à accepter la responsabilité de leurs actions, à choisir (ou pas) d'agir d'une certaine façon parce qu'ils en comprennent les conséquences, et non parce qu'un « flic » les guette au coin de la rue.

Le mot « discipline » vient du latin disciplina, « action d'instruire » et dans la même veine on trouve discipulus ce qui signifie « celui qui suit un modèle ou celui qui reçoit l'enseignement d'un maitre ».

Une discipline qui enseigne ne consiste pas à *imposer* une punition comme conséquence d'un comportement inapproprié mais à aider les enfants à explorer les conséquences naturelles de leurs choix. *Education* vient du latin *educare*, ce qui signifie « pousser en avant, conduire hors de, faire émerger ». Aider les enfants à explorer ce qui s'est passé, les causes qui ont entrainé l'action ou l'incident, ce qu'ils en ont tiré et comment ils peuvent utiliser ces informations pour résoudre le problème, c'est « faire émerger » leur raisonnement, leur perception et leur apprentissage. Trop de parents tentent de « bourrer le crâne » de leurs enfants à coups de grands discours et de punitions, pour ensuite se demander pourquoi les leçons ne sont pas *acquises*.

A chacun d'explorer ses convictions autour du sujet de la discipline. Sommes-nous convaincus ou pas que nous ne sommes pas responsable du comportement de nos enfants ? Pensons-nous que les comportements inappropriés méritent ou pas une punition ? Les enfants doivent-ils souffrir pour apprendre de leurs erreurs ? Souhaitons-nous laisser de côté fessées, punitions, humiliations et colère comme outils pour maintenir notre autorité ?

Si nous sommes convaincus que le but de la discipline est d'enseigner aux enfants la responsabilité de leurs actions, comment trouver une solution à un problème, et comment éviter qu'il ne se reproduise à l'avenir, alors comment faire et quelles sont les alternatives ?

2. Les dangers d'une discipline punitive

Il n'est pas rare d'entendre « *Oui mais la punition au moins ça marche !* » ; « *Une claque ou une punition n'a jamais tué personne, la preuve ça ne m'a pas empêché de réussir* ». Il faut parfois se méfier de ce qui semble fonctionner dans l'immédiat et réfléchir aux effets à long terme que peut avoir une discipline punitive.

Une émission de la chaine télévisée ABC intitulée 20 / 20 s'est penchée sur la question de la fessée. Quatre familles qui l'administraient de façon régulière à leurs enfants laissèrent les caméras de l'émission les suivre et enregistrer leurs confrontations avec des enfants se comportant de façon inappropriée. La majorité des parents qui furent spectateurs de cette émission, y compris les parents qui donnaient la fessée à leurs propres enfants, eurent du mal à la regarder. Nombreux furent ceux qui convinrent que le but des fessées n'était la plupart du temps que de punir un enfant d'avoir effectué le mauvais choix ou de faire passer la colère et la frustration d'un parent. A aucun moment, il ne s'agissait de chercher des solutions pour éviter que le problème ne se repose à nouveau. La fessée n'avait aucune valeur éducative et n'enseignait rien. Elle n'était pas non plus efficace pour aider les parents dans leur dessein d'apprendre à leurs enfants à se comporter de façon constructive.

Ce que les enfants risquaient d'apprendre était plutôt de l'ordre de la vengeance, de la soumission, du ressentiment ou de la rébellion.

3. La Discipline comme outil de prévention

a. Anticiper les problèmes éventuels

Si faire usage de discipline consiste réellement à apprendre et à guider plutôt qu'à simplement punir, une part importante de toute discipline efficace sera centrée sur la mise en place d'une atmosphère coopérative, en prenant en compte les capacités et les limites de l'enfant, et en travaillant de concert pour empêcher que les problèmes ne surviennent.

Par exemple, si le parent s'aperçoit que son enfant a du mal à rester tranquille au restaurant ou que les déplacements en voiture ou transport en commun posent régulièrement des problèmes, voilà une belle opportunité de lui apprendre ce qui est attendu et explorer en amont avec lui ce qui pourrait rendre ces moments agréables pour tous.

Pourquoi ne pas avoir une discussion sur des questions comme : « *Quel genre de comportement est respectueux dans un restaurant ?* », « *Comment penses-tu que les autres personnes se sentent lorsque des enfants hurlent et courent autour d'eux alors qu'ils sont en train de diner ?* », « *Quelles sont tes idées pour s'assurer que nous allons tous passer un bon moment ?* ».

On peut aussi s'amuser avant de partir à faire quelques jeux de rôle (« faisons semblant que… ») pour mettre en scène avec votre enfant les comportements qui seraient acceptables et ceux qui ne le seraient pas. Lorsque les enfants sont jeunes, on peut aussi les impliquer dans la préparation d'un sac de petits jouets ou de livres ou d'activités pour les occuper en attendant que la nourriture arrive. De la même façon, on peut anticiper et préparer avec eux un voyage même un peu long en voiture : un DVD, des livres de coloriages avec des crayons de couleur, et quelques nouveaux jouets bon marché peuvent grandement favoriser la tranquillité du conducteur et de tous les passagers.

b. Décider de ce que vous *ferez*

Lors de ces discussions dont le but est de favoriser le bon déroulement d'un moment partagé ou d'un trajet en voiture, le parent peut aussi expliquer à l'enfant ce qui se produira si les choses ne se passent pas comme prévu. Cet outil s'appelle

« Décidez de ce que vous allez faire et vous y tenir ». Il contribue à installer un cadre à la fois ferme et bienveillant : « ferme » car il y a des règles et des consignes que l'on s'engage à respecter et « bienveillant » puisque l'on implique l'enfant sur ce qui pourrait l'aider à respecter ce cadre. Les « règles du jeu » sont clairement établies à l'avance.

Imaginons que la sortie au restaurant ne se passe pas du tout comme ce qui avait été décidé : on pourra, si c'est ce qui avait été annoncé en amont, prendre tranquillement mais fermement son enfant par la main et se diriger, sans autre forme de discours, vers la voiture pour attendre que l'enfant retrouve son calme. L'idée ici est de faire ce que l'on avait décidé et annoncé. Cela demande quelques petits sacrifices au départ comme celui de rater la fin du diner. Mais parfois, il suffit de faire une ou deux fois l'expérience pour que l'enfant se tienne ensuite correctement au restaurant.

Cette forme de discipline apprend à l'enfant quels sont les résultats immédiats d'un comportement inapproprié : la perte du privilège comme celui d'avoir à quitter le restaurant avant la fin du diner. Pour être efficace, la perte d'un privilège doit toujours être *directement en lien* avec le comportement inapproprié. Les privilèges s'accompagnent de responsabilités, comme celle de se tenir respectueusement au restaurant dans l'exemple cité. Lorsque les enfants refusent d'honorer leur responsabilité, ils perdent leur privilège.

On pourrait utiliser une approche similaire si d'aventure les enfants se disputaient bruyamment sur la banquette arrière de la voiture : le parent se garerait sur le bas côté de la route et attendrait sans un mot et patiemment que le calme revienne et que les enfants signalent qu'ils sont prêts à repartir dans le calme.

Certains parents feront la remarque que ce sont *eux* qui se retrouvent punis s'ils doivent abandonner un repas pour aller s'asseoir en voiture avec leur enfant, éventuellement en pleine crise de colère, ou s'ils doivent s'arrêter sur le bas-côté à lire un journal tandis qu'ils ont d'autres choses à faire. Il est plus rare que l'expérience se renouvelle si l'on s'en tient à ce que l'on avait annoncé que si l'on reste dans la menace sans passer à l'acte: « *Si tu ne te calmes pas tout de suite on s'en va* » ; « *Si vous continuez, je vous laisse sur le bord de la route* ». Une attitude ferme et bienveillante, des enfants impliqués sur la façon de respecter le cadre posé et une bonne dose de patience favorisent l'apprentissage des compétences que les parents souhaitent transmettre à leurs enfants.

c. *Prendre en compte la personnalité et le stade de développement de l'enfant*

Parfois le comportement inapproprié est accentué par le fait que les attentes de l'adulte ne sont pas adaptées à ce que l'enfant est capable de faire. Même le bambin le plus facile du monde sera grognon après une après-midi entière de courses, spécialement si l'heure de la sieste a été perturbée. Et s'attendre à ce qu'un jeune enfant ne touche pas à tout ce qui est à sa portée dans un magasin, par exemple, est irréaliste. Se mettre à sa hauteur, le regarder dans les yeux et lui expliquer pourquoi on ne doit pas toucher, ou le sortir calmement et fermement du magasin sera bien plus efficace que de laisser l'accident arriver, et d'essayer ensuite de le gérer.

C'est toujours utile de connaître les étapes du développement d'un enfant ou d'un adolescent afin de pouvoir ajuster nos attentes à ce leur maturité leur permet de faire ou pas.

Enfin, chaque enfant a sa personnalité: par exemple, certains aiment les voyages en avion et n'auront besoin que d'un peu de préparation, tandis que d'autre seront effrayés ou surexcités et auront besoin de beaucoup plus d'aide pour trouver des façons utiles de s'occuper.

Alors un petit conseil plein de bon sens : choisissez vos batailles avec soin, soyez clair sur ce qui est négociable et ce qui ne l'est pas. Chaque famille est différente, il n'y a donc pas de recette magique. La démarche de Discipline Positive propose un cadre à la fois ferme et bienveillant dans lequel coopération, implication des enfants par la recherche de solutions et encouragement sont au service des batailles que vous jugerez les plus importantes pour votre famille, dans votre contexte.

Une discipline efficace s'attache à faire un travail de prévention autant que d'intervention lorsque les problèmes apparaissent.

d. Encourager la coopération : exemple de la charte des routines

Plus l'enfant est impliqué dans la mise en place du cadre dans lequel il évolue, plus il devient acteur de ses apprentissages et plus il y a de chance qu'il respecte les règles posées.

C'est souvent lorsque les routines du quotidien comme la mise en route du matin, les devoirs, les repas, la routine du coucher ne se passent pas bien que l'on est tenté d'avoir recours à la punition ou que l'on se surprend à répéter les mêmes choses et à faire la morale. Bien des crises pourraient être évitées si l'on impliquait les enfants dans la mise en place de ces routines.

Au cours d'un Temps d'Echange en Famille, faites l'exercice suivant :

- *Demandez aux enfants quelles sont les tâches à accomplir qui reviennent tous les jours.*
- *Choisissez une routine à construire ensemble.*
- *Listez ensemble tout ce qui doit être fait à ce moment là.*

Par exemple, pour la routine du coucher, demandez aux enfants : « quelles sont toutes les choses que l'on fait avant de se coucher ? » (se mettre en pyjama, se brosser les dents, lire une histoire, etc.)

- *Choisissez ensemble l'ordre dans lequel ces tâches vont se dérouler.*
- *Demandez aux enfants de créer une charte pour la routine. Chaque famille laissera libre cours à sa créativité, l'idée étant que les enfants s'approprient la routine.*
  Par exemple, une famille pourra choisir de sortir feuilles cartonnées, feutres, magazines, ciseaux et tube de colle pour illustrer chaque étape de la routine. Une autre prendra des photos de chaque étape. Une troisième écrira simplement les étapes sur un tableau.
- *Les enfants choisissent un endroit pour afficher la charte afin qu'elle soit visible par tous.*

La routine établie ensemble devient « le chef ». Au lieu d'être celui ou celle qui rappelle systématiquement ce qui doit être fait, le parent peut s'en tenir à une ou deux questions pour aider l'enfant à suivre sa routine : « *Quelle est la prochaine chose à faire sur la charte ?* » ; « *Ou en es tu dans ta routine du soir ?* » ; « *Que te reste-t-il à faire dans ta routine ?* »

Tout en développant autonomie et sens des responsabilités, établir une routine en coopération est aussi un excellent moyen pour les enfants de mesurer concrètement leurs accomplissements et pour les parents de les remercier pour leur coopération.

Bien entendu lorsque les enfants passent du temps dans un autre foyer avec l'autre parent, les routines y seront différentes. Ne vous faites pas trop de soucis. Les enfants sont très flexibles et sont capables d'apprendre différentes compétences dans différents contextes.

e. *Quelques mots pour les parents qui n'ont pas la garde de leurs enfants*

– *Mais je ne vois presque pas mes enfants* », disait ce père.

– *C'est l'autre parent qui est responsable de la discipline la plupart du temps. Est ce que c'est vraiment important ce que je fais moi ? Est ce mon influence n'est pas négligeable puisque je ne vois mes enfants que le weekend ?* », disait un autre parent.

Que l'on ait la garde de ses enfants ou pas, ce que chaque parent peut apporter à ses enfants est essentiel. Créer un cadre familial qui favorise la coopération, l'implication, la responsabilité de l'enfant fait une vraie différence, et ce quelle que soit la fréquence des visites.

Même un seul weekend par mois dans un foyer positif, encourageant, et respectueux peut avoir une influence. Ainsi, lorsque le parent prend le temps de réfléchir à la façon dont il conçoit la discipline, il passera probablement moins de temps à l'exercer et plus de temps à profiter de ses enfants.

4. Les alternatives à la punition

a. *Les conséquences naturelles*

Une discipline efficace utilise les conséquences naturelles afin que l'enfant puisse, en toute sécurité, faire l'expérience de ses choix. L'enfant se sert alors de ce qu'il a appris pour décider de la façon dont il se comportera la fois suivante. Par exemple, une des conséquences naturelles du manque de sommeil est d'être fatigué le lendemain. Un enfant qui aura fait l'expérience de la fatigue sera sans doute plus enclin à se coucher lorsqu'on le lui demandera – sauf si bien sûr on ne résiste pas à la tentation de lui faire la leçon, de le réprimander ou d'entrer dans une lutte de pouvoir.

La conséquence naturelle de la perte d'un jouet est de ne plus avoir le jouet en question, celle de sortir sans parapluie sous la pluie est d'être mouillé, celle de ne pas réviser pour un devoir sur table est d'avoir une mauvaise note, etc.. Laisser s'exercer avec empathie et respect (en évitant le « *Je te l'avais bien dit !* ») la conséquence naturelle, même parfois douloureuse, peut encourager l'enfant à prendre soin de ses affaires, à prendre un K-way s'il sort sous la pluie, à mieux organiser ses révisions, etc.

La conséquence naturelle permet à l'enfant de faire l'expérience de ses choix. Elles s'opère sans l'intervention de l'adulte.

La conséquence naturelle favorise l'apprentissage de compétences comme l'autonomie, le discernement, le sens des responsabilités. Elle n'est pas recommandée si la situation est dangereuse pour soi ou autrui, lorsque le comportement risque d'entraver la liberté d'autrui ou quand la conséquence n'a aucune influence sur l'enfant.

Quatre pièges qui empêchent les effets positifs des conséquences naturelles

- Le reproche et l'humiliation
- Ajouter une punition
- Réparer ou sauver
- Ne pas faire preuve d'empathie

Le reproche et l'humiliation

Les enfants apprennent mieux dans un environnement où ils ne se sentent pas menacés. Des études en neurosciences montrent que l'expérience de la menace et de la peur pousse les enfants (et les adultes) à opérer à partir de leur système limbique, où les stratégies ne sont pas nombreuses : l'attaque, la fuite et la sidération. De quelle manière un apprentissage positif peut-il se mettre en place lorsque l'enfant concentre toute son énergie dans la lutte (discussions, attitude défensive, rébellion) ou dans des stratégies de fuite (retrait physique et / ou émotionnel) ?

Il est donc plus efficace d'aider l'enfant à garder son énergie centrée sur les apprentissages plutôt que d'ajouter reproche et humiliation qui ne feront que le décourager.

Ajouter une punition

Si la punition enseigne quelque chose aux enfants, c'est davantage à chercher à être quitte, à éviter de se faire attraper la fois suivante, ou à blesser les autres. Elle n'aide pas les enfants à mieux comprendre les conséquences de leurs choix.

Réparer ou voler à la rescousse

Lorsqu'on vole à la rescousse de nos enfants pour les tirer d'un mauvais pas, on leur retire une opportunité d'apprentissage. Lorsqu'on se retient d'intervenir, on donne au contraire toute sa puissance à la conséquence naturelle. Il nous reste alors à aider nos enfants à comprendre ce qui s'est passé ce qu'ils ont appris et à les inviter à réfléchir à ce qu'ils feront différemment la prochaine fois. Nos armes les plus utiles ? l'empathie et l'encouragement.

Ne pas faire preuve d'empathie

Qui ne s'est pas surpris à dire « *Je te l'avais bien dit !* » ou « *Tu n'as que ce que tu mérites !* » même si, on sait pertinemment que cela ne fera qu'ajouter une petite dose de culpabilité inutile.

Les parents peuvent montrer leur empathie, sans tomber dans aucun des trois pièges précédemment cités, en se limitant à un simple constat comme par exemple : « *Je vois bien comme tu dois te sentir malheureux* » ; ou si l'on reprend les exemples précédents : « *Tu dors dans ton assiette, j'en connais un qui rêve peut être de son lit ?* » ; « *Tu es trempé, ça n'a pas l'air très agréable* » ; « *Je vois combien tu es déçu de ta note* »... rien de plus ! La plupart des enfants se sentent déjà mal lorsqu'ils ont fait le mauvais choix. Ils apprendront mieux s'ils se sentent compris (valider les émotions) et encouragés à apprendre des conséquences de leur choix de façon bienveillante.

b. Les conséquences logiques

Parfois un comportement n'a pas de conséquence naturelle en soi, ou celle-ci est inacceptable (la conséquence naturelle de jouer dans une rue passante pour un jeune enfant, par exemple ou celle d'une conduite à risque pour un adolescent). Dans ce cas, le parent peut la remplacer par une conséquence *logique*. Une conséquence logique de ne pas ramasser ses jouets serait de perdre le droit de se servir de ces jouets-là pendant quelques jours ; celle de casser un objet ou du matériel serait de le remplacer. Comme nous en avons discuté auparavant, la perte d'un privilège devrait être directement liée à la responsabilité qui l'accompagne (par exemple celle de prendre soin de ses jouets).

Lorsqu'on suspend un privilège, il est important de poser le cadre en disant par exemple : « *Viens me dire quand tu es prêt à jouer avec ce jeu sans l'abimer* (responsabilité) *et tu pourras à nouveau essayer* (privilège) ». Lorsque les enfants promettent d'assumer leurs responsabilités mais ne le font pas, le privilège peut demeurer en suspend jusqu'à ce que parent et enfants trouvent un plan qui fonctionne.

i. Impliquer les enfants dans la mise au point d'un plan d'action, de conséquences et de solutions

Utiliser les conséquences naturelles et logiques est une manière efficace pour les parents d'impliquer les enfants dans le processus de la discipline, en mettant l'accent sur les comportements futurs, en explorant le résultat de leurs actions – bon ou mauvais – des décisions qu'ils prennent, et en fixant à l'avance des conséquences raisonnables, respectueuses, et reliées au comportement en question.

Par exemple, lorsqu'un enfant est systématiquement en retard pour le diner, le parent peut le prévenir respectueusement et gentiment que désormais le diner sera servi à 19 h 30, et que s'il choisit de ne pas être prêt pour se mettre à table à cette heure-là, le prochain repas qui lui sera proposé sera le petit déjeuner. Le parent peut demander à l'enfant ce qu'il pense de cet arrangement ou ce qui selon lui pourrait l'aider à être à l'heure pour le diner. Et si l'enfant est à nouveau en retard, le parent peut alors se montrer ferme et bienveillant et appliquer les conséquences préalablement discutées, sans drame ni hurlement.

Il arrive que l'enfant s'énerve au moment ou l'on applique la conséquence sur laquelle on s'était pourtant mis d'accord. La encore fermeté et bienveillance seront de mise.

Quelques suggestions pour l'accompagner dans la gestion de sa frustration de façon empathique :

- *Faire le suivi en l'aidant à réfléchir à ce qui s'est passé et à mettre au point un meilleur plan d'action.*
- *Lui proposer d'inscrire le problème sur l'agenda des Temps d'Echange en Famille, afin de faire émerger le plus d'idées et de solutions possibles.*
- *Valider l'émotion (frustration) sans en rajouter.*

Pour être efficace, les conséquences logiques s'accompagnent de quelques conditions.

Trois pièges qui risquent de priver les conséquences logiques de leur vertu

- Utiliser des conséquences qui ne sont pas *reliées, respectueuses* et *raisonnables*.
- Ne pas impliquer les enfants à l'avance dans la mise en place du cadre et des conséquences logiques ou ne pas les prévenir à l'avance sur quelle sera la conséquence logique de leurs actions.
- Ne pas se montrer à la fois *ferme* et bienveillant lorsqu'on applique les conséquences logiques.

Utiliser des conséquences qui ne sont pas *reliées, respectueuses* et *raisonnables*.

Priver une enfant de son vélo pour toute la semaine ou de sorties parce qu'il n'a pas fait ses devoirs n'est pas logique (pas relié), c'est aussi lui manquer de respect (pas respectueux) et disproportionné (pas raisonnable). Le résultat de cette punition déguisée en conséquence logique pourrait pousser l'enfant vers d'autres comportements inappropriés. Ce serait beaucoup plus efficace de réfléchir avec lui sur la façon la plus efficace et la moins pénible de faire ses devoirs.

Ce serait *raisonnable* de priver un enfant de ses jouets lorsque ce dernier n'en prend pas soin, mais cela serait se montrer irrespectueux de le faire en usant de reproches et en l'humiliant plutôt qu'en faisant preuve de bienveillance et de fermeté.

Les enfants sont capables de proposer des solutions créatives aux problèmes lorsqu'on leur en donne la possibilité et leurs idées sur les conséquences efficaces pourraient inclure des points qui sont importants à leur yeux – et auxquels vous n'auriez peut-être pas pensé.

Ne pas impliquer les enfants à l'avance dans la mise en place du cadre et des conséquences logiques ou ne pas les prévenir à l'avance sur quelle sera la conséquence logique de leurs actions.

Il est important d'impliquer les enfants le plus possible dans les processus de mise en place des conséquences. Après tout, ils se montrent bien plus motivés à suivre une règle lorsqu'ils ont pu faire entendre leur voix dans leur mise en place. Les enfants sont capables de proposer des solutions créatives aux problèmes lorsqu'on leur en donne la possibilité (voir le chapitre 9 sur les Temps d'Echange en Famille), et leurs idées sur les conséquences efficaces pourraient inclure des points qui sont importants à leurs yeux – et auxquels vous n'auriez peut-être pas pensé.

Ne pas se montrer à la fois *ferme* et *bienveillant* lorsqu'on applique les conséquences logiques.

La bienveillance et la fermeté créent une atmosphère où l'apprentissage positif peut se mettre en place de façon respectueuse. La conséquence logique perd son efficacité éducative lorsque les parents sont trop bienveillants et pas assez fermes (permissivité) ou lorsqu'ils sont trop fermes sans bienveillance (contrôle excessif). La bienveillance fait preuve de respect envers l'enfant et la fermeté fait preuve de respect envers ce qui doit être accompli.

Les enfants ont la faculté de nous faire basculer dans notre système limbique et de nous faire perdre notre calme.

Quelques respirations profondes peuvent nous aider à rester ferme et bienveillant ; un moment pour nous calmer, jusqu'à ce que nous ayons accès à notre rationalité et soyons capable d'être bienveillant et ferme à la fois a toute son utilité.

La bienveillance consiste à faire preuve de respect envers l'enfant. La fermeté consiste à faire preuve de respect envers le cadre et ce qui doit être accompli.

ii. Des points importants à mémoriser à propos des conséquences logiques

De nombreux parents adhèrent à l'idée de renoncer aux punitions et d'utiliser l'outil des conséquences logiques. Cependant, il faut garder deux points à l'esprit en agissant de la sorte. Tout d'abord, la frontière est mince entre les conséquences logiques et la punition. Nombreux sont les parents qui font usage de punitions déguisées en conséquences logiques, mais le faux-semblant ne tient pas la route et les enfants voient la différence. Ils seront découragés par les punitions – peu importe le nom qu'on leur donne.

Nombreux sont les parents qui font usage de punitions déguisées en conséquences logiques, mais le faux-semblant ne tient pas la route et les enfants voient la différence.

Ensuite, il est risqué de penser que l'usage des conséquences logiques est la solution à tous les problèmes. Nous proposons de nombreuses méthodes de discipline non punitive tout au long de cet ouvrage. La démarche qui s'impose en Discipline Positive est la recherche de solutions comme lors de la pratique des T.E.F., ou chaque membre de la famille réfléchit aux conséquences logiques et trouve des solutions aux problèmes.

iii. Décidez de ce que <u>vous</u> *allez faire, et menez cette décision jusqu'au bout*

Une fois la conséquence choisie, avec ou sans enfants, il est important de s'y tenir jusqu'au bout. Bien entendu ceci doit se faire dans la dignité et le respect. Cela n'implique ni punitions, ni leçons, ni reproches, ni humiliations. En décidant de ce que vous allez faire, assurez-vous que vos actes soient respectueusement reliés au comportement en question, et que lorsque vous appliquiez la conséquence vous le fassiez avec bienveillance *et* fermeté.

En décidant de ce que vous allez faire, assurez-vous que vos actes soient respectueusement reliés au comportement en question, et que lorsque vous appliquiez la conséquence vous le fassiez avec bienveillance et *fermeté.*

Benoit avait dit de nombreuses fois à ses enfants que c'était leur responsabilité de ramasser leurs jouets après avoir joué. Un jour, alors qu'il avait rangé le salon pour la troisième fois dans l'après-midi, ils les appela et les assis devant lui pour leur expliquer que dorénavant, s'ils ne ramassaient pas leurs jouets, il le ferait, et que les jouets ramassés par lui iraient dans une boite sur l'étagère du haut avant d'être donné à une association caritative la semaine suivante.

Dans l'esprit de Benoit le délai d'une semaine donnerait l'opportunité et le temps à ses enfants d'apprendre de leurs erreurs et de lui montrer qu'ils étaient capables de tenir leur responsabilité. Si les enfants manifestaient leur désarroi de savoir leur jouet dans la boite, leur père pourrait leur dire :

– Montre-moi que tu es capable de prendre soin de tes jouets toute une semaine, et je te laisserai essayer encore une fois avec ce jouet-là que tu veux vraiment garder».

Il expliqua la nouvelle règle et s'assura que tout le monde était d'accord. Mais Benoit était réaliste, il s'attendait à rencontrer quelques problèmes, qui ne tardèrent pas à faire leur apparition comme prévu.

La première semaine, il fut bien embêté de voir le nombre de jouets que ses enfants avaient laissé trainer. Parce que Benoit s'en tenait à la règle établie et continuait à ranger les jouets dans la caisse en haut de l'étagère, cela devenait évident que les enfants n'étaient pas spécialement affectés par le fait que les jouets puissent être donnés à une association caritative. Ce parent solo se montra assez réfléchi pour comprendre que le manque d'intérêt des enfants était son problème et non le leur : apparemment ils avaient reçu trop de jouets qu'ils n'appréciaient pas vraiment. Il prit la décision de ne plus offrir de jouets à ses enfants à moins qu'ils en aient eux-mêmes suffisamment envie pour être prêts à participer à l'achat avec leur propre argent de poche.

Malgré tout, la boite destinée à l'association caritative se remplissait rapidement. C'était un moyen fantastique, ainsi que cette famille le découvrit, de se débarrasser des jeux devenus trop petits ou dont on ne voulait plus ! Au bout d'un moment ne restèrent que les jouets dont les enfants se servaient et qu'ils avaient envie de conserver. Lorsqu'ils trainaient par terre, tout ce que Benoît avait à dire était :

– Est-ce que tu veux ranger tes jouets toi-même ou c'est moi qui le fait ?»

Désormais les enfants avaient compris que leur père s'en tiendrait aux conséquences logiques préétablies et que les jouets seraient donnés s'ils ne les ramassaient pas. Ils se précipitaient donc pour prendre soin de ceux auxquels ils tenaient vraiment. Est ce que Benoit porta vraiment des jouets que ses enfants auraient voulu garder à l'association caritative ? Une seule fois, ce qui fut suffisant pour leur apprendre les conséquences encourues à ne pas les ramasser.

Est ce que Benoit a manqué de coeur ? Ce père s'est simplement montré responsable en appliquant la conséquence logique après en avoir discuté avec ses enfants à l'avance. Non seulement le problème des jouets fut réglé mais les enfants purent apprendre à devenir plus responsables en observant leur père tenir ses promesses (et donc sa responsabilité).

5. Le suivi d'un accord

Le suivi peut sembler similaire aux conséquences logiques. La différence importante entre les deux est que les conséquences logiques permettent aux enfants de faire l'expérience des résultats découlant de leurs propres choix. Le suivi sous-entend que les parents décident ce qu'*ils* feront ou pas en réponse aux choix de l'enfant. Le suivi n'est approprié que lorsqu'un des parents est physiquement présent pour s'assurer de l'application de sa décision.

Lorsque les enfants sont jeunes, le suivi est simple. Lorsque vous dites quelque chose, faites-le, et appliquez-le avec fermeté et bienveillance. Ou bien, comme Rudolf Dreikurs le suggérait : « *Taisez-vous et agissez* ». Pour expliquer l'utilisation du suivi auprès de jeunes enfants, nous allons décrire deux scènes, La première met en jeu une mère qui utilise une discipline typiquement punitive. La seconde illustre une autre mère qui, face au même comportement, applique la technique du suivi.

SCENE I : C'est l'heure du coucher. Lucie, 5 ans, est assise par terre, elle colorie un dessin. Sa mère lui annonce d'un ton enjoué :

– *C'est l'heure de ranger tes crayons maintenant chérie, et de te préparer pour aller te coucher* ».

Lucie continue à colorier. La voix de maman se fait insistante :

– *Est ce que tu m'as entendue, Lucie ? C'est l'heure d'aller se coucher. Range tes crayons.* »

Lucie continue à colorier. D'une voix impatiente sa mère dit :

– *Lucie ! Je vais compter jusqu'à trois, si tu ne commences pas à ranger tes crayons je te donne une fessée.* »

Lucie continue à colorier. Sa mère commence à compter. Lorsqu'elle arrive à trois, elle s'avance vers Lucie. Celle-ci se précipite pour ranger ses crayons. Sa mère lui donne quand même une fessée et la traine jusqu'à sa chambre. Lucie pleure. Sa mère ne peut pas s'empêcher d'ajouter :

– *Tu l'as méritée. Pourquoi tu ne m'écoutes pas quand je te demande quelque chose ? Tu n'as qu'à te coucher sans histoire maintenant !* »

Lucie se couche et hurle dans son lit pendant quinze minutes avant de s'endormir. Sa mère est exaspérée.

SCENE II : C'est l'heure du coucher. Lucie, 5 ans, est assise par terre, elle colorie un dessin. Sa mère lui annonce d'un ton enjoué :

– *C'est l'heure de ranger tes crayons maintenant chérie, et de te préparer pour aller te couche*r ».

Lucie continue à colorier. Sa mère s'avance tranquillement vers Lucie, se met à sa hauteur, et lui prend la main. Lucie essaie de retirer sa main et dit :

– *J'ai pas fini, je veux terminer cette page* ».

Sa mère ne dit rien. Elle lance à Lucie un regard bienveillant mais entendu, puis avec douceur et fermeté elle la soulève du sol. Lucie commence à râler. Maman dit :

– *Est-ce que tu veux choisir ton histoire du soir ou c'est moi ?* »

Lucie, boudeuse, répond :

– *C'est moi.* »

Sa mère :

– *D'accord. Appelle-moi dès que tu es prête pour aller te coucher et je viendrai te lire autant d'histoires que je peux avant huit heures. Plus tu iras vite pour te préparer, plus nous aurons de temps pour l'histoire* ».

Lucie sait que maman fait ce qu'elle dit, donc elle se prépare aussi vite qu'elle peut. Quand maman a terminé l'histoire elle dit à Lucie :

– *Tu n'as pas ramassé tes crayons ce soir. Demain matin tu peux les ranger avant d'aller à l'école, ou je les range moi et ils iront sur l'étagère du haut* ».

Si Lucie ne ramasse pas ses crayons, sa mère appliquera ce qu'elle a dit. Lucie et sa maman se sont déjà mis d'accord que lorsqu'un jouet atterrit sur l'étagère du haut, Lucie doit bien ranger ses jouets pendant deux jours pour récupérer ceux qui sont dans la boite.

Le suivi est plus efficace auprès des enfants plus âgés lorsqu'ils ont été impliqués dans la façon dont les choses se passeront. Ils peuvent tout à faire prendre par aux décisions comme le montre l'exemple suivant (voir les 4 étapes pour un suivi efficace) :

Karen, 15 ans, avait accepté la tâche de maintenir la cuisine propre. Elle ne s'en occupait que rarement à moins que Laurent, son père, ne se mette à la houspiller et ne la menace de la priver de sortie pour une semaine si elle ne s'y attelait pas.

Après une dispute particulièrement violente, Laurent réalisa que sa méthode ne fonctionnait pas vraiment et se décida à essayer le suivi de décision, dont un ami, père de deux ados, lui avait parlé. Le calme revenu, il demanda à Karen si elle était disposée à faire différemment et à chercher avec lui des solutions pour que ces bras de fer autour du nettoyage de la cuisine s'arrêtent. Bien qu'à contre cœur, Karen donna son accord. Elle s'attendait à subir une bonne leçon de morale et n'était pas certaine de ce que cette nouvelle approche allait changer. Elle fut surprise lorsque son père lui dit :

– Karen j'aimerais vraiment entendre ton avis sur le nettoyage de la cuisine. Est-ce que tu penses que c'est trop pour toi, ou injuste, ou est ce que tu as déjà trop à faire ?»

Quatre étapes pour faire un suivi efficace

- Le jeune expose son point de vue sur la question. Le parent écoute avec bienveillance et curiosité afin de comprendre (avant de parler !) ce qui génère la difficulté. Le parent partage son point de vue.
- Imaginer toutes les solutions possibles qui pourraient convenir à tout le monde. Un peu de négociation fait parfois partie de cette étape là car les attentes du jeune sont rarement les mêmes que celle du parent. Se mettre d'accord sur une solution à essayer.
- La solution inclut un délai précis.
- Faire le suivi afin que le jeune tienne son engagement.

Etape 1 :

Karen s'agita et dit :

– Non papa, je sais que je devrais le faire. J'ai l'intention de le faire et puis je me retrouve occupée par d'autres choses et j'oublie».

Laurent répondit :

– Je me demande s'il n'y a pas quelque chose d'autre dans cette histoire. J'ai été assez directif avec toi, dans ma façon de te dire ce qu'il y avait à faire, et je me suis pas toujours montré respectueux lorsque tu n'obéissais pas immédiatement à mes ordres. Est-ce que tu ne serais pas en train de me montrer par hasard que je ne peux pas te forcer si tu n'en as pas envie ?»

Karen sourit un peu mal à l'aise. Laurent se mit à rire et dit :

– C'est bien ce que je pensais. Je me souviens avoir ressenti la même chose, et je ne t'en veux pas. Je suis même désolée d'avoir été trop directif avec toi. Est ce que tu veux bien chercher des solutions avec moi pour que l'on se traite l'un l'autre avec respect ?»

Karen répondit :

– Ça me va».

Etape 2 :

Laurent fit une pause.

– Et si tu réfléchissais avec moi pour trouver des solutions à ce problème de cuisine ? J'ai une idée. On pourrait tous les deux prendre des petits boulots supplémentaires pour gagner suffisamment d'argent pour engager une femme de ménage.»

Karen se mit à rire et dit :

– Où on pourrait laisser tomber et manger de la pizza tous les soirs».

Laurent renchérit :

– On pourrait essayer d'inviter tes copains et de les obliger à le faire.»

Karen se tut pendant un moment :

– Ou je pourrais juste le faire. Je sais que j'avais donné mon accord, et je ne fais pas grand chose d'autre pour aider».

Laurent répondit :

– C'est sans aucun doute la solution que je préfèrerais, si tu es vraiment décidée et que tu ne te sens pas forcée par un père autoritaire. »

Etape 3 :

– Est-ce que tu serais d'accord de fixer un moment spécifique pour cette tâche ? Et moi je ne dirais plus un mot, à moins qu'elle ne soit pas propre après le délai fixé ».

Karen répondit :

– Et si on disait dimanche soir ? »

Laurent secoua la tête en souriant :

– Je profiterais bien mieux du weekend si la cuisine était propre avant samedi ».

Karen soupira :

– OK, je le ferai avant vendredi ».

Laurent demanda :

– Vendredi à quelle heure ? »

- *– Papaaaaaa ! je le ferai vendredi ! »*
- *– Ce sera plus facile pour moi de me tenir bouche cousue et de ne pas te pomper l'air si le délai à respecter était un tout petit peu plus précis. »*
- *– D'accord, d'accord, vendredi soir après-midi avant 18 h ? »*
- *– Ça me va, merci ! »*

Etape 4 :

Il est dix-huit heures, le vendredi suivant. La cuisine est un dédale d'assiettes sales et de restes de nourriture, et Karen bavarde gaiement au téléphone. Laurent un peu agacé ne s'en étonne pas plus que ça, il s'y attendait. Il est prêt à appliquer le suivi de ses décisions.

Lorsque Karen raccroche, Laurent pose sa main sur l'épaule de sa fille et lui dit :

– *Karen, il est 18 h 00 et la cuisine n'est pas rangée* ».

Karen répond :

– *Oh, papa, je devais parler à Iris pour les devoirs, je le ferai plus tard* ».

Laurent se contente de répondre :

– *Quel était notre accord ?* »

Karen grimace avec une pointe d'agacement dans la voix :

– *Allez papa, sois pas si maniaque, je le ferai juste après que j'ai rappelé Iris* ».

Laurent se contenta de sourire, regarda sa fille d'un air entendu, et désigna sa montre du doigt. Karen fit la moue :

– *D'accord, d'accord, j'y vais. Plus maniaque tu meurs !* »

Laurent décida d'ignorer la remarque de Karen et lui dit :

– *Merci Karen, j'apprécie vraiment tes efforts pour respecter notre accord* ».

Lorsqu'on travaille sur le suivi des accords en atelier de parents, nombreux sont les parents qui soulèvent que jamais leur ado ne cèderait si facilement. Dans la réalité, il en va souvent autrement. On s'aperçoit que si le jeune ne se sent pas jugé, et si l'accord a été posé de façon précise, alors le jeune se montre capable de prendre ses responsabilités. A nous d'éviter les quatre pièges qui risquent de priver le suivi de ses vertus.

Quelques pièges qui risquent de priver le suivi de ses vertus

- Croire que les enfants et les adolescents pensent comme les adultes et ont les mêmes priorités que celles de leurs parents.
- « Je ne comprends pas que tu sois au téléphone alors que tu as la cuisine à ranger »
- Glisser dans le jugement et la critique au lieu de s'en tenir au problème actuel.
- « Tu n'as vraiment aucune volonté ! Tu as la cuisine à ranger et tu es encore au téléphone »
- Ne pas avoir passé à l'avance un accord précis (cette étape n'est pas nécessaire avec les jeunes enfants)
- « Un petit coup de fil, d'accord mais rapide »
- Ne pas maintenir fermeté et bienveillance (respect mutuel) « On s'était mis d'accord mais bon tu dois être fatiguée de ta journée, alors tu peux passer ton coup de fil, ça n'est pas très grave après tout, la cuisine attendra. »

D'autres parents considèrent que ce n'est pas à eux de rappeler à leurs enfants de tenir leurs engagement :

– Je n'ai pas envie de devoir rappeler à nos enfants de tenir leurs engagements. C'est à eux de se montrer responsables sans que nous ayons besoin de le leur rappeler ».

Le suivi des accords demande du temps et de l'entraînement mais il se révèle efficace et utile sur le plan des apprentissages.

Nous avons trois questions pour ceux qui aimeraient approfondir la réflexion : avez-vous remarqué combien vos enfants se montrent responsables lorsqu'il s'agit de tenir des engagements qui sont importants pour eux ? Pensez-vous que de nettoyer la cuisine ou de tondre la pelouse soit vraiment important pour eux ? Si vous ne prenez pas le temps de leur rappeler leurs engagements avec dignité et respect, passez-vous du temps à réprimander, faire des sermons ou à les punir pour ne pas avoir tenu leurs engagements ? Même si ce n'est pas important à leurs yeux, il est important qu'ils le fassent tout de même afin de leur enseigner le sens des responsabilités, le respect mutuel et la coopération.

Le suivi des accords demande du temps et de l'entraînement mais il se révèle efficace et utile sur le plan des apprentissages. Il enseigne ce que punitions, reproches et humiliation n'enseigneront jamais.

Le suivi aide les parents à se montrer proactifs et attentionnés plutôt que réactifs et inconsidérés. Il permet de responsabiliser les enfants en respectant qui ils sont, en leur apprenant à tenir leurs engagements et l'importance de contribuer au bon fonctionnement de la maison.

6. Le temps de pause en toile de fond

Inutile de vouloir énoncer des conséquences logiques, passer des accords et chercher des solutions dans le feu du conflit. Lorsqu'on est énervé, en colère, en prise direct avec nos émotions, nous ne sommes pas connectés avec notre rationalité. Le temps de pause est cette respiration que l'on se donne pour se calmer et qui nous ouvre les portes de la recherche de solutions.

Le principe du temps de pause pour les enfants est souvent utilisé de façon punitive :

– *Dans ta chambre, jeune fille, et réfléchis à ce que tu viens de faire !* »

A quoi cette « jeune fille » va t-elle penser, assise dans sa chambre ? Il y a une forte probabilité pour qu'elle ne pense pas à ce qu'elle vient de faire, mais plutôt qu'elle ressasse à quel point ce qu'on lui inflige est injuste, et à toutes les options qui lui permettront éviter de faire ce qui lui est demandé.

L'objectif du temps de pause est que les enfants et le parent se sentent mieux afin de pouvoir accéder à leur capacité de raisonnement.

Pour les enfants, le temps de pause positif est beaucoup plus efficace s'ils aident à mettre en place un « coin bien-être » ou s'ils sont plus âgés qu'ils identifient ce qui pourrait leur permettre de retrouver leur calme. Par la suite, lorsqu'un enfant commence – d'une manière ou d'une autre – à se comporter de façon inappropriée, l'adulte pourra lui demander :

– *Est ce que cela t'aiderait que l'on fasse un temps de pause ? d'aller dans ton espace de calme avant que l'on poursuive notre discussion ?* »

Paul souhaitait exercer une discipline qui enseigne à son fils Alexis les compétences qui lui semblaient essentielles pour la vie, dont le respect des choses et l'ordre. A plusieurs reprises par le passé, il avait puni Alexis lorsque sa chambre était mal rangée, mais les résultats lui semblaient peu probants et peu encourageants, ni pour lui ni pour son fils. Lorsqu'il entra dans la chambre d'Alexis un soir en rentrant de son travail, il trouva le parquet jonché de vêtements sales, des cahiers et des affaires de sport sur son lit et des jouets éparpillés. La moutarde lui monta au nez en une seconde, et il dit à son fils sur un ton menaçant :

– *Bon, ça suffit comme ça, je ne vais pas te punir, mais tu as intérêt à me trouver une ou deux solutions efficaces pour régler ce problème parce-que sinon, ça va barder, et il ne faudra pas te plaindre !* ».

Son fils se mura dans le silence et ne proposa aucune solution.

– *Alors ?* » lui dit son père de plus en plus énervé. « *Tu te dépêches ?* ».

Paul se rappela alors du *temps de pause*. Il comprit que la discussion avec son fils ne le mènerait nulle part dans l'immédiat parce-que l'énervement dans lequel il était le rendait menaçant dans son discours et paralysait la réflexion et l'implication de l'enfant dans la gestion du problème. Il enchaina donc en lui disant :

– *Tu sais quoi ? Je crois que je suis trop énervé pour parler de cela maintenant. Je vais faire un temps de pause, et on parlera de cela tranquillement après le diner. D'ici là, si tu as de bonnes idées qui te viennent, tu peux les noter pour ne pas les oublier si tu veux.*

Paul prit alors le temps de passer sous une bonne douche chaude et de diner. Il se sentait beaucoup plus calme lorsqu'il appela son fils :

– *Excuse-moi pour tout à l'heure. J'étais très agacé de trouver une chambre en désordre et je n'ai pas réussi à te le dire avec respect. Il est important que tu apprennes à ranger ta chambre, pour le respect de tes affaires et le respect des personnes qui vivent dans cette maison. Je vois bien que ça n'est pas facile, et sans doute pas une priorité pour toi. Mais il faut le faire. Alors, à quelles idées on pourrait penser pour que ça marche mieux ?* ».

Ils commencèrent une liste et Alexis finit par choisir deux idées à essayer pour la semaine.

En faisant un temps de pause, Paul ne renonça pas à l'*objectif* d'enseigner à Alexis à respecter ses affaires. Il prit simplement le temps de se défaire de son énervement et de reconnecter avec sa rationalité pour aider son fils au mieux à identifier *comment* il allait s'y prendre pour y arriver.

Nous vous avons présenté diverses alternatives à la discipline punitive ou à la permissivité. La Discipline Positive enseigne tout en préservant la dignité et le respect de chacun. Les conséquences naturelles et logiques, les solutions, le suivi sont des façons efficaces d'aider les enfants à acquérir les compétences dont ils ont besoin pour se sentir capable, pour développer leur estime de soi et pour contribuer à la société dans laquelle ils grandissent.

BOÎTE À OUTILS

- Chercher à mettre en œuvre une discipline qui enseigne
- Anticiper : aider les enfants grâce aux questions de curiosité à explorer certaines situations que l'on se prépare à vivre et poser un cadre avec eux en amont :
  - Explorer ce qui est attendu (par exemple, quel genre de comportement est respectueux au restaurant ?)
  - Explorer avec l'enfant ce que peuvent provoquer des comportements inappropriés (comment se sentent les gens s'il y a beaucoup de bruit dans un restaurant ?)
  - Rechercher des idées pour que tout le monde passe un bon moment.
  - Décider et partager ce que que l'on va faire si le comportement ne correspond pas à ce qui se fait dans un restaurant (par exemple, sortie avec l'enfant jusqu'à ce qu'il soit prêt à y retourner avec un comportement approprié)
- Prendre en compte l'âge de l'enfant et son stade de développement (par exemple, rester 2 heures à table à 4 ans est très difficile)
- Construire des routines AVEC l'enfant pour des moments qui provoquent habituellement des tensions (l'heure du coucher, l'heure des devoirs, les lessives ou les rangements de fin de semaine, etc.)

- Demander aux enfants quelles sont les tâches à accomplir qui reviennent tous les jours.
- Choisir une routine à construire ensemble.
- Lister ensemble tout ce qui doit être fait à ce moment-là. Par exemple, pour la routine du coucher, demander aux enfants : « quelles sont toutes les choses que l'on fait avant de se coucher ? » (se mettre en pyjama, se brosser les dents, lire une histoire, etc.)
- Choisir ensemble l'ordre dans lequel ces tâches vont se dérouler.
- Demander aux enfants de créer une charte pour la routine. Chaque famille laissera libre cours à sa créativité, l'idée étant que les enfants s'approprient la routine.
- Si les enfants le souhaitent, afficher la charte.

• Utiliser les conséquences naturelles pour permettre à l'enfant de faire l'expérience de ses choix, sauf lorsque cela est dangereux pour l'enfant, préjudiciable à d'autres ou que l'enfant est indifférent à la conséquence.

• Utiliser les conséquences logiques si elles sont respectueuses, raisonnables, en lien avec le problème et énoncées à l'avance à l'enfant.

• Rechercher des solutions avec l'enfant pour éviter que le problème se reproduise.

• Faire un suivi efficace des solutions et cadres que l'on a posé ensemble.

• Quand on se sent énervé, utiliser le temps de pause (pour soi ou pour l'enfant) avant d'utiliser les outils ci-dessus.

13 PRENDRE SOIN DE SOI

1. Parent solo : une mission de haute voltige

Lorsque l'on devient parent solo, les premiers mois (voire les premières années) sont souvent une période très chargée. Elever des enfants seuls, en particulier lorsque l'on est jeune parent, demande beaucoup de temps et d'énergie. Un jour pourtant, la tornade s'apaisera et la vie pourra tranquillement poursuivre son cours

L'aventure du parent solo laisse peu de place à sa vie personnelle. Quand on évoque le « parent solo », on se concentre avant tout sur le rôle parental. Nos enfants sont notre priorité bien sûr : répondre à leurs besoins, les aider à s'adapter, à grandir et à s'épanouir, maintenir la stabilité dans leurs vies. Cependant, on est en droit de se demander : « *Et moi dans tout ça ? Comment et quand prendre soin de mes propres besoins ?* ». Car ce que nous oublions parfois, c'est que pour être un parent en bonne santé et efficace, il faut avant tout être une ***personne*** en bonne santé et efficace. Et ceci peut nous paraître un défi de taille : où trouver le temps, les ressources et l'énergie « d'avoir une vie » ?

On a souvent l'impression que la vie sociale est réservée aux personnes qui vivent en couple. Lorsque l'on est solo, on se sent facilement différent, en dehors du cercle.

Si l'on a été en couple pendant longtemps, il faut faire le deuil de la vie que l'on avait avant et cela peut être difficile de s'adapter au statut de célibataire. Une part importante de notre identité est liée à notre partenaire et à notre ancienne façon de vivre. Se lancer dans le monde des célibataires peut être pour certains beaucoup trop intimidant – et demander beaucoup trop d'efforts.

Les parents solos peuvent aussi se retrouver à accomplir des tâches ou accepter des emplois qu'ils n'avaient pas imaginés. Se débrouiller avec la déclaration d'impôt peut se révéler stressant pour une mère solo dont l'ex-mari prenait tout en charge, tandis que gérer les vêtements ou les sorties de sa fille peut laisser un papa solo totalement désemparé. C'est une transition familiale qui vient bousculer les habitudes et les routines. Des personnes adultes qui ne s'étaient jamais vraiment souciées de problèmes financiers se retrouvent brutalement à faire des efforts surhumains pour pouvoir juste s'en sortir, sans avoir accès aux activités et aux loisirs qu'ils prenaient pour acquis auparavant. Et tous les parents solos, inévitablement, rêvent de profiter d'un peu de temps libre, d'un peu d'indépendance, ou simplement d'une bonne conversation entre adultes.

Parvenez-vous répondre à tout ce que la monoparentalité exige de vous ? A faire tout le travail que l'on attend de vous, et réussir quand même à garder du temps pour « avoir une vie d'adulte » ? Non seulement c'est possible, mais c'est un obligation de prendre soin de soi !

2. Trouver le courage de changer : l'histoire de Caroline

Prendre soin de soi peut avoir plusieurs sens et pour Caroline, cela prit la forme d'un changement de grande envergure.

Mariée depuis quinze ans et mère de deux adolescents, Caroline était femme au foyer. Son mari, Claude, assurait la gestion financière de la maison, et il ne lui était jamais venu à l'esprit qu'il puisse en être autrement. Caroline, quant à elle, était au petits soins de chacun, prenait en charge toutes les tâches de la maison et s'impliquait dans l'association des parents d'élèves du collège.

Peu à peu, Caroline réalisa qu'*elle* s'était perdue dans son mariage. Elle était la femme de son mari et la mère de ses enfants, mais elle n'était plus certaine de savoir si *Caroline* existait vraiment. Elle prit conscience que ces rôles familiers ne lui suffisaient plus. Elle se sentait étouffée. Paul et Anne était déjà des adolescents, bien occupés avec leurs amis et leurs activités extra-scolaires. Claude était pris par son travail, et ne semblait pas lui porter beaucoup intérêt, sauf pour s'enquérir de ce qu'elle avait préparé pour le dîner.

Caroline tenta de renouer avec son mari : elle lui proposa de consulter un conseiller conjugal, mais il déclina. Elle tenta de la rejoindre dans ses activités sportives, mais il se montra peu enthousiaste.

Caroline décida alors qu'elle devait prendre sa vie en main. Lorsqu'elle annonça à son mari qu'elle souhaitait divorcer, il répliqua :

– *Si tu veux un divorce, c'est toi qui devras déménager* ».

Il était convaincu qu'elle ne partirait jamais. Caroline le surprit (et se surprit elle-même) en utilisant une partie de ses économies pour trouver un petit appartement et s'y installer.

Elle n'avait jamais travaillé en quinze ans, ou en tout cas, elle n'avait jamais reçu un salaire pour son travail ! Elle s'était arrêtée au lycée et n'avait jamais fait d'études supérieures. C'était une situation angoissante, mais l'opportunité qui se présentait et son parfum de liberté étaient grisants, et elle était déterminée à améliorer sa vie.

La première année fut la plus difficile. Parfois elle avait si peur qu'elle se sentait complètement démoralisée. Et parfois elle était tentée de retourner à son ancienne vie. Mais elle s'employait alors à se souvenir de l'impatience et de l'envie de prendre soin d'elle qui l'avait poussée à cette décision. Elle savait qu'elle ne pouvait pas revenir en arrière. Elle trouva un travail dans un grand magasin, et en travaillant deux fois plus que tout le monde, elle obtint une promotion en tant que chef de rayon. Au bout de deux ans, son divorce fut prononcé et ses enfants décidèrent de venir vivre avec elle.

Caroline ne regarda plus jamais en arrière. Elle fit de son mieux pour aider ses enfants à s'adapter, se montrant compréhensive, et acceptant leur colère et leur peine (puis plus tard leur soutien). Elle avait traversé des émotions difficiles, comme la peine, la culpabilité, mais elle s'en était sortie et avait réussi à saisir les opportunités de grandir.

Le changement peut être un catalyseur pour nous aider à développer notre créativité et à rassembler une nouvelle forme de courage.

Claude en revanche, était plein de colère et de ressentiment. Il engagea de grosses sommes dans la procédure de divorce pour tenter d'obtenir le droit de garde de ses enfants. Il en voulut terriblement aux enfants de s'installer avec leur mère, et Caroline avait depuis longtemps retrouvé un équilibre que Claude se battait toujours en proie à une grande instabilité émotionnelle.

Est-ce que les bouleversements d'une vie – comme le divorce

– sont toujours nécessaires pour nous apprendre à prendre soin de nous-même ? Non, bien sûr que non. Mais le changement peut être un catalyseur pour nous aider à développer notre créativité et à rassembler une nouvelle forme de courage. Nous avons toujours l'opportunité de transformer les difficultés et d'en faire des expériences positives.

3. Estime de soi ? Quelle estime de soi ?

a. Soigner l'estime de soi, c'est essentiel

L'estime de soi est l'image que nous avons de nous-même, la somme des décisions que nous avons prises à propos de qui nous sommes, de ce dont nous sommes capables, de ce que les autres pensent de nous, et de notre perception d'être « à la hauteur ». Comme nous l'avons vu, le niveau d'estime que nous avons pour nous-même peut varier en fonction des circonstances. Parfois, les événements qui ont conduit à devenir parent solo ont entamé notre capital d'estime de nous-mêmes et ont laissé des blessures. Une estime de soi solide ne signifie par que l'on se sente toujours fort et puissant. C'est une ancre, un capital sur lequel nous pouvons nous appuyer pour faire face et affronter les hauts et les bas de la vie.

Les parents solos peuvent traverser des périodes au cours desquelles leur estime d'eux-mêmes est mise à mal : ils se sentent abattus, rejetés, en souffrance parce-que leur partenaire les a quitté, ou au contraire coupables d'être parti et d'avoir imposé un changement de vie à toute la famille, anxieux d'élever leurs enfants seuls, préoccupés de faire des choix qui ne seront pas compris des autres.

Une forme de désespoir, une perte de confiance, et un profond découragement peuvent alors s'installer. Or s'il est normal de traverser ces vagues d'émotions, les laisser prendre toute la place et nous enfoncer dans le découragement affectera le regard que l'on pose sur sa vie.

Prendre soin de soi, comme une priorité, reconstituer notre capital d'estime de nous-mêmes et le cultiver par le biais d'actions concrètes, nous aidera à transformer une expérience parfois douloureuse en une source d'apprentissages et de croissance.

Une estime de soi solide ne signifie pas que l'on se sente toujours le roi du monde, mais se mesure à la capacité que l'on a à gérer les hauts et les bas de la vie.

Et c'est la même chose pour les enfants : ils peuvent aussi souffrir des conséquences d'un deuil, d'un divorce ou de ce qu'ils perçoivent comme un abandon. Parce que leur univers est centré sur eux-mêmes et sur leurs propres perceptions, les enfants sont souvent convaincus que les problèmes de leurs parents sont le résultat de quelque chose qu'ils ont dit, fait ou souhaité, peu importe le nombre de fois où nous les assurerons du contraire.

Un enfant suit souvent un mode de « pensée magique ». S'il en voulait à sa mère et que soudain celle-ci disparaît de sa vie, cela *doit* être de sa faute. « L'échec » sous la forme d'un deuil ou d'un divorce est dévastateur, et les enfants vont souvent s'en faire le reproche. Reconstruire leur estime d'eux-mêmes, la perception de leur propre valeur, est essentiel. Mais comment faire lorsque notre propre estime de nous-même nous semble si faible ?

b. Comment soigner l'estime de soi ? Quelques pistes

Voici quelques pistes qui aideront à construire ou reconstruire une solide estime de soi :

- *Apprendre à séparer une personne de ses actes*
- *Se méfier des étiquettes et des croyances contre-productives*
- *Apprendre à vous « responsabiliser »*
- *Commencer par vous affirmer*

- *Ne pas être effrayé par le changement, lorsque c'est le bon moment pour vous*
- *Apprendre à apprécier le moment qui passe*

« *Certaines personnes arrivent peut-être à aller mieux, mais moi je n'y peux rien si je me sens comme ça !* » Cette pensée a peut être déjà traversé votre esprit. Emerge alors sans doute la croyance que les émotions ne peuvent pas vraiment changer, et qu'il est finalement plus facile de rester comme ça. Pourtant, s'intéresser à l'image que l'on a de soi, des autres, du monde, permet d'identifier les pensées qui nous limitent pour progresser et guérir.

Les enfants observent les attitudes de leurs parents, et bien souvent les reproduisent. Ainsi, une attitude proactive du parent pour reconstruire l'estime de soi lui servira de modèle pour en faire autant.

Chacun a une valeur en tant que personne et mérite un droit à la dignité et au respect pour ce qu'il est.

i. Dissocier qui nous sommes de ce que nous faisons

Le fait de « faire des erreurs », et de « rater » ne veut pas dire que l'on soit une mauvaise personne. Nous sommes en général notre juge le plus sévère : il en faut peu pour que nous nous trouvions nuls dès que nous avons fait les mauvais choix. Mais notre valeur en tant qu'être humain n'est pas définie par ce que nous faisons, elle repose sur ce que nous sommes, et chacun de nous mérite dignité et respect. Rudolf Dreikurs faisait souvent allusion au « courage d'être imparfait ». Ce qui veut dire reconnaître que nous tous, parents comme enfants, faisons des erreurs, et espérer la perfection ne pourra qu'amener de la déception.

Les erreurs, comme nous l'avons dit, sont de merveilleuses occasions d'apprentissage, et la vie devient beaucoup plus légère lorsque l'on considère nos erreurs comme des indices pour progresser. Lorsque l'on se trompe, l'empathie pour soi, la résilience et la détermination à essayer de nouveau seront nos meilleurs alliés.

ii. Se méfier des étiquettes et des croyances contre-productives.

La plupart d'entre nous croient aux messages que l'on a entendus, encore et encore, à propos de qui nous sommes et de ce dont nous sommes capables. Souvent, ces derniers deviennent si intrinsèquement liés à la façon dont nous nous voyons et dont nous considérons le monde qui nous entoure, que nous ne sommes plus conscient de l'influence qu'ils ont sur nous. Nos enfants aussi, vont croire ce qu'ils entendent dire sur eux. Lorsque l'on dit à un enfant (à travers des mots ou des actions) qu'il est méchant, paresseux ou stupide, il va nous croire. Oh, il se peut qu'il continue à se disputer avec nous, mais une petite voix à l'intérieur de lui dira que si sa mère (qui sait tout) dit qu'il est stupide, c'est qu'il doit vraiment l'être.

Lorsque l'on se trompe, l'empathie pour soi, la résilience et la détermination à essayer de nouveau seront nos meilleurs alliés.

Et il ne faudra pas attendre longtemps avant que cet enfant ne se décourage, qu'il n'essaye même plus, parce qu'il sera convaincu que le succès est juste hors de portée.

Heureusement, l'inverse est tout aussi vrai. Comme nous l'avons découvert, l'encouragement, porter son attention sur les forces, l'échange de compliments et d'appréciations nous permettront, à nous et à nos enfants de renforcer la perception que nous avons de notre propre valeur.

Dans le monde dans lequel nous vivons, nous sommes souvent amenés à accorder de la valeur à des choses superficielles. Si l'on regarde beaucoup la télévision, on apprend vite que les personnes « de valeur » sont belles, intelligentes, athlétiques, riches, populaires, talentueuses, et ont toutes sortes de qualités dont nous ou nos enfants sommes dépourvus. Apprendre à dénicher et à apprécier les qualités et les talents que nous avons, les actions positives que nous menons, nous aidera à conserver une estime de nous-mêmes solide.

A l'adolescence, Grégoire avait souffert d'un retard de croissance. Pendant une période qui lui avait semblé interminable, il avait très peu grandi et était resté bien plus petit que ses camarades. Lorsqu'enfin il eut cette poussée de croissance tant attendue, il souffrit de douleurs aux genoux et aux pieds. Durant la première partie de son lycée, il était trop petit pour pratiquer un sport, et durant la seconde partie, il souffrait trop pour le faire. Grégoire se lit alors à croire qu'il n'était pas fait pour le sport et n'en ferait jamais.

Il eut l'occasion de changer sa croyance lorsque, devenu adulte, il rencontra Clara. Skieuse et golfeuse enthousiaste, Clara rêvait de partager ses passions avec son compagnon, ce qu'elle fit en se montrant incroyablement patiente.

A force de persuasion, elle réussit à organiser leurs premières vacances aux sports d'hiver, et c'est avec étonnement que Grégoire découvrit que la pratique du ski lui venait facilement. Il fit une expérience similaire avec d'autres sports, et commença à se considérer différemment.

iii. Prendre ses responsabilités et porter seulement ce qui nous appartient

Vous connaissez cette vieille blague:

– Allez, aujourd'hui je vais m'affirmer. Enfin... si vous êtes d'accord!»

Cela peut nous faire sourire, mais la vérité est que s'affirmer n'est pas toujours chose aisée et l'on peut vite basculer dans l'agressivité lorsque l'on cherche à «tenir tête» à l'autre plutôt qu'à énoncer ses convictions. Lorsque l'on s'affirme, les gens ne peuvent pas s'empêcher de vous admirer, même s'ils ne sont pas d'accord avec vous. Lorsque l'on affronte quelqu'un, la personne va souvent ressentir le besoin de se défendre, de se retirer ou de riposter. L'équilibre vient en apprenant à identifier ce dont on a besoin, à prendre ses responsabilités, ses propres décisions. C'est l'idée que nous sommes responsables de notre propre bonheur.,

Ingrid et son fils Ivan avaient toujours formé une famille à eux deux. Ingrid avait choisi d'avoir Ivan, même après que son père l'ait quittée, et n'avait jamais regretté sa décision. Elle appréciait son travail, avait un bon cercle d'amis proches, mais Ivan restait le centre de sa vie. Pourtant, lorsque ce dernier entra dans l'adolescence, elle commença à rencontrer des difficultés. Ivan devenait un adulte et réclamait le droit de prendre ses propres décisions. Il se disputait avec Ingrid, se brouillait avec ses amis, et il passait de longues heures enfermé dans sa chambre à écouter de la musique à plein volume.

Lorsqu'Ivan se retirait ainsi, Ingrid n'arrêtait pas de penser à ce qu'il pouvait être en train de faire, à ce qu'il s'était passé et à ce qu'il ressentait. Elle se sentait alternativement coupable de ne pas être capable d'apaiser les émotions d'Ivan, et en colère qu'Ivan s'éloigne de la sorte.

Pour y voir plus clair, Ingrid consulta un psychologue. Elle réalisa qu'elle n'était pas responsable des émotions d'Ivan, et ne pouvait ni les apaiser ni les contrôler. Elle pouvait en revanche, décider de ce qu'elle allait faire. Elle apprit à dire à Ivan en faisant preuve d'une empathie sincère :

– *Je vois que tu as besoin d'un peu de temps pour toi, je veux t'aider, mais tu dois me dire comment. Je suis là si tu veux me parler*».

Puis, elle s'assurait de faire pour elle afin de se ressourcer : sortir faire une promenade, s'installer dans un fauteuil avec un bon livre, ou passer du temps avec un ami.

La relation d'Ingrid avec son fils ne s'améliora pas du jour au lendemain mais progressivement. Ivan était en plein processus d'individuation et ferait sans aucun doute l'expérience de ses propres erreurs. (pour plus d'informations sur la cohabitation avec des adolescents, voir *La Discipline Positive pour les Adolescents*). Ingrid réalisa qu'elle était plus à même de comprendre et de soutenir son fils lorsqu'elle ne s'identifiait pas à lui et gardait un peu de distance. Porter seulement ce qui lui appartenait ne fit pas d'Ingrid une mère moins impliquée. Au contraire, cela lui permit d'encourager Ivan avec davantage d'empathie et de calme.

Beaucoup d'entre nous croient qu'il n'existe que deux façons d'être dans une relation. Soit l'on est *dépendant* et c'est la fusion avec les émotions et les besoins d'une autre personne, soit l'on est *indépendant* et l'on demeure obstinément à distance. La relation la plus équilibrée consiste à être *interdépendant*, nous permettant d'exister séparément, deux êtres humains dans toute leurs dimensions qui choisissent d'être connectés par la confiance et l'amour qu'ils se portent l'un à l'autre. Apprendre à porter seulement ce qui nous appartient sans repousser les autres prend du temps et de l'entrainement, mais cela vous aidera à gagner en sérénité, et confiance en vous et en estime de soi.

La relation la plus équilibrée consiste à être interdépendant, nous permettant d'exister séparément, deux êtres humains dans toutes leurs dimensions qui choisissent d'être connectés par la confiance et l'amour qu'ils se portent l'un à l'autre.

iv. S'appuyer sur les affirmations positives

Les affirmations positives – ces phrases que l'on se répète à soi même jusqu'à ce qu'elles soient intégrées dans notre système de croyances – peuvent être des encouragements puissants. A condition bien sur que l'on croit la chose possible ou que l'on ait envie d'y croire. Si nous considérons ces affirmations comme fausses et impertinentes, elles en perdront leurs vertues et ne feront qu'affaiblir notre estime de soi.

Fred était un papa solo, c'était aussi un alcoolique en voie de rétablissement. Lorsqu'il buvait, ses enfants avaient pris l'habitude d'en profiter pour obtenir ce qu'ils voulaient et en général avec succès. Lorsque Fred entra en en période de sevrage, il s'attendait à ce que tout change miraculeusement, mais les enfants ne ralentirent pas le rythme de leurs demandes incessantes, bien au contraire. Ce père démuni était bien conscient que de leur céder ne faisait qu'empirer les choses, mais il ne savait pas comment faire autrement. (Pour plus d'information sur la guérison des addictions, se référer à *Parenting in Recovery*, par Jane Nelsen, Lynn Lott et Riki Intner, publié chez Prisma Publishing, 1996). Il était profondement découragé.

Un jour il décrocha son téléphone et appela son contact des Alcooliques Anonymes. :

– *Je suis en train de perdre espoir* » dit-il dans un souffle.

A l'autre bout du fil, il s'entendit répondre :

– *Je me souviens d'être passé par là, mais Fred, tu vas y arriver. Non seulement ça va passer, mais les choses vont s'arranger.* »

Fred murmura :

– *Et par quel miracle ?* »

Son contact lui expliqua :

– *Certaines choses échappent à ton contrôle, mais cela ne veut pas dire qu'elle ne vont pas s'améliorer. Si tu crois que de bonnes choses vont t'arriver, toutes les énergies autour de toi se mettront en mouvement pour provoquer de bonnes choses pour toi. C'est ça le miracle ! Et puis c'est contagieux le rire, la bonne humeur, l'optimisme… tu verras tes enfants ! Ils vont attraper le virus* »

Fred, bien que dubitatif, prit le parti de croire à ce miracle et se rendit un peu plus disponible pour ses enfants : une partie de foot, un échange sur la journée, des petits moments ici et là. Les demandes devinrent moins fréquentes et l'ambiance familiale beaucoup plu sereine.

Trop souvent on néglige le pouvoir de la pensée. En tant que parent solo, quels sont les messages que vous vous répétez régulièrement ? Sont-il plein d'espoir ou au contraire décourageants, ressassant de vieilles histoires, des pensées sombres ou d'anciennes erreurs ?

Parfois, il est plus facile de changer ses habitudes en choisissant des affirmations positives qui nous portent, plutôt que d'essayer de changer d'anciennes façons de penser. Chacun au fond de lui sait ce qu'il a envie d'entendre, ce en quoi il a besoin de croire. La pensée positive peut être un outil formidable pour nous aider à atteindre nos objectifs et à progressivement supprimer la négativité de certaines de nos pensées.

Quelques affirmations qui ont aidé des parents

- Attends-toi à un miracle
- Travaille pour progresser, pas pour atteindre la perfection
- Je suis une personne de valeur, malgré mes défauts et mes imperfections
- Un jour à la fois, une étape après l'autre
- Ça aussi, ça passera
- C'est bien d'être en apprentissage
- Je ne suis pas un mauvais parent, il me manque seulement des compétences, et les compétences s'acquièrent
- J'aime la personne que je suis en train de devenir

v. *Ne pas craindre le changement, lorsque c'est le bon moment.*

Souvent, certaines habitudes bien ancrées dans nos vies – des modes de pensée, de comportement – nous créent des problèmes. Apprendre à chercher les aspects positifs et à accepter notre propre valeur en la différenciant de nos erreurs est certes important, mais il est tout autant crucial de développer le courage nécessaire au changement.

Le changement, quel qu'il soit, est un des aspects les plus difficile et inconfortable de la vie, et la majorité d'entre nous va y opposer une résistance aussi longtemps que possible. Après tout, un petite impasse bien confortable ou une mauvaise habitude ne nous amèneront peut-être nulle part, mais elles sont familières, on sait bien à quoi s'attendre, même lorsque cela nous déplait.

Le changement, quel qu'il soit, est un des aspects les plus difficile et inconfortable de la vie, et la majorité d'entre nous va y opposer une résistance aussi longtemps que possible.

Philippe se sentait coincé dans une impasse mais rechignait à changer. Il continuait à se servit de l'excuse :

– *C'est juste que je suis comme ça*».

Un jour son thérapeute lui demanda :

– *Qu'est-ce que tu crois qu'il se passerait si tu agissais comme la personne que tu voudrais être et non comme la personne que tu penses être ?*»

Entendre ces quelques mots eut l'effet d'une illumination sur Philippe. Il réalisa qu'il n'était pas obligé de rester figé là où il était, qu'il s'agissait de sa vie et qu'il pouvait la changer.

Vous saurez lorsqu'il sera temps d'effectuer des changements. Démarrez avec de *petits* changements, que vous pouvez réussir à accomplir. Par exemple, si vous avez envie d'être moins critique, vous pouvez commencer par faire des remarques sur les aspects positifs de vos collègues, de votre famille et de vos enfants. Une fois ce but atteint vous vous sentirez encouragés à vous attaquer au changement suivant, à votre rythme.

Certains changements semblent tellement risqués que nous hésitons à les entreprendre, même lorsque nous sommes convaincus que nous devrions le faire. Déménager dans une nouvelle ville peut sembler une perspective effrayante pour nous et pour nos enfants. Tout comme changer de travail, retourner à l'université, trouver un soutien thérapeutique, démarrer une nouvelle relation ou mettre fin à des liens anciens sont tous des changements importants qui requièrent du courage, et devant lesquels la plupart des gens se sentent de prime abord intimidés. Bénéficier d'un réseau de soutien – des personnes en qui vous avez confiance et à qui vous pouvez parler -vous aidera. De même que le succès : effectuer des changements qui fonctionnent est le meilleur de tous les encouragements !

vi. Apprenez à apprécier le moment présent

Il est bien compréhensible, spécialement lorsque l'on souffre, de concentrer son énergie sur ce qui s'est passé hier, ou sur ce que l'on voudrait qu'il arrive demain. Pourtant notre vie se déroule au présent. Chaque moment que nous vivons, et le seul moment que nous puissions pleinement apprécier. Alors si notre attention se porte toujours derrière nous ou devant nous, nous ne profiterons jamais du moment présent et nous risquons de passer à côté de ce qui se passe autour de nous, dans le cœur et la vie de nos enfants.

Effectuer des changements qui fonctionnent est le meilleur de tous les encouragements !

Apprendre à pratiquer la pleine conscience est très aidant. Lorsque l'on a l'impression que nos pensées s'échappent hors de notre contrôle vers le futur, ou lorsque nous nous retrouvons coincés dans une expérience du passé (encore une fois !), on peut prendre un moment pour respirer profondément plusieurs fois et pour se recentrer. De nombreuses personnes trouvent qu'une pratique spirituelle, une forme simple de méditation, ou d'autres façons de ralentir et de se connecter à l'instant « présent » les aide à se relaxer et à se sentir plu sereins. Lorsque l'on se sent finalement enraciné fermement dans le présent, en lien avec soi même, on se rend disponible aux opportunités qu'offre la vie.

4. Remplir notre réservoir émotionnel

a. L'image de la carafe

Les parents solos se retrouvent souvent à jongler entre le travail, les tâches domestiques, les soins aux enfants, et Dieu seul sait quoi encore. Presque tous rapportent qu'ils se sentent coupables de prendre un peu de temps pour eux, surtout s'il s'agit simplement de se détendre.

Et pourtant, nous savons mieux que personne que nous n'offrons pas le meilleur de nous mêmes lorsque nous sommes stressés, fatigués et frustrés. Imaginons donc une jolie carafe de cristal. L'eau qui la remplit représente la quantité d'énergie émotionnelle que nous avons. Nos enfants ont besoin de nous le matin pour se préparer : voilà une ou deux gouttes qui s'échappent. Le travail est intense et les embouteillages pour rentrer sont épouvantables, et voilà la carafe qui se vide un peu plus. La déclaration d'impôts est à finir pour le lendemain, le ménage n'est pas fait, les enfants ont besoin de notre attention : la carafe se vide ! Et c'est en général à ce moment- là que la *vraie* crise a lieu. Où allons-nous trouver l'énergie de gérer ce à quoi nous devons faire face ? Comment allons-nous remplir votre carafe ?

Nous avons tous besoin de moments de pause, de moments pour nous relaxer et nous recharger. Nos enfants apprendront à se respecter eux-mêmes (et à nous respecter) si nous leur montrons que nous nous respectons et que nous reconnaissons votre valeur.

Quelle que soit l'activité qui vous permet de vous sentir vivant et de faire le plein d'énergie, trouvez du temps pour vous y consacrer : ça n'est pas de l'égoïsme, c'est de la sagesse.

On peut commencer par planifier du temps chaque semaine (voir le chapitre 5) pour ses propres activités, et apprendre à se considérer comme une priorité. Car s'accorder une demie heure chaque soir pour lire un bon livre ou faire du sport (plutôt que de nettoyer la salle-de-bain et faire du repassage) permettra d'aborder son rôle de parent et son métier avec davantage d'énergie, de disponibilité, et mois de frustrations. Bien sûr, certaines tâches domestiques devront attendre, mais elles finiront par être accomplies par quelqu'un de moins sollicité.

Nourrissez votre propre créativité et ce qui vous rend unique. Accordez-vous la liberté de faire ce qui vous fait plaisir, que ce soit du jardinage, bricoler une vieille moto, réparer ou décorer la maison, ou bien jouer d'un instrument de musique.

Mettez au point une garde partagée de baby-sitters avec les parents du voisinage, et prenez un soir par semaine pour aller au cinéma, chanter dans une chorale, jouer au foot ou suivre des cours de danse. Quelle que soit l'activité qui vous permet de vous sentir vivant et plein d'énergie, assurez-vous de trouver le temps pour vous y consacrer de façon régulière. Ce n'est pas de l'égoïsme, c'est de la sagesse.

Il est essentiel de prendre soin des trois dimensions : corps, âme et esprit

- Bien se nourrir, bien dormir et pratiquer un sport régulier (le sport est un des meilleurs antidépresseurs !)
- Garder un esprit actif (explorer, apprendre, sans que cela prenne nécessairement beaucoup de temps ou de l'argent) pour attiser la curiosité et l'intérêt en toute chose
- Nourrir son âme par toute pratique qui a du sens pour soi.

b. Vas-y!

Nadine était seule depuis trois ans. Elle était une mère dévouée auprès de ses deux fils, une employée consciencieuse Son appartement était propre en général, les factures étaient payées et les enfants ne manquaient de rien. Mais Nadine réalisa un jour qu'elle était épuisée et qu'elle ne s'amusait jamais.

Elle fit allusion à ce qu'elle ressentait auprès d'une amie proche de son travail :

– *Tu adorais la Zumba* » lui répondit cette dernière « *Pourquoi tu ne recommencerais pas ?* »

Nadine resta interdite :

– *Je ne pourrais pas y aller seule. Et de toutes les façons, je ferai quoi des garçons ?* »

– *Je les surveillerai. Et tu pourras surveiller les miens à un autre moment lorsque j'aurais envie de sortir* ».

Nadine était clairement tentée, et son amie lui sourit :

– *Regarde, il y a des cours gratuits le mardi soir proposés par la mairie. C'est demain, amène moi les garçons après dîner et vas-y !* »

Et c'est ce que fit Nadine, même si elle avait les mains moites et que son estomac lui jouait des tours tandis qu'elle roulait vers le centre- ville le lendemain soir. Rentrer dans la salle bruyante s'avéra assez pénible. Mais une fois que la musique démarra, il n'y avait plus de place pour la nervosité. La pièce était pleine de gens, certains en couple, d'autres seuls, et Nadine se retrouva en train de sourire tandis qu'ils apprenaient les mouvements tous ensemble. Elle découvrit qu'elle adorait danser en ligne, et que pour ça elle n'avait même pas besoin d'avoir un partenaire, et après quelques mardis, elle réalisa aussi que parmi ses nouveaux amis se trouvaient plusieurs partenaires de danse potentiels.

Les collègues de Nadine (et ses enfants) remarquèrent bientôt que sa démarche avait plus d'allant et son sourire un bien plus bel éclat. Quant à elle, Nadine, elle réalisa que les petites contrariétés de la vie ne l'énervaient plus autant qu'avant. Après tout, il y avait toujours un mardi qui l'attendait !

5. Grandir de ses expériences et s'ouvrir

Cela peut être difficile à croire, mais de nombreux adultes célibataires trouvent que d'apprendre à vivre par eux-mêmes leur ouvre des portes et leur révèle des possibilités auxquelles ils n'avaient pas songé auparavant.

Il n'est pas rare d'entendre un parent raconter :

– *Je m'étais préparé une tasse de thé en rentrant du travail et tout d'un coup j'ai eu une pensée inattendue Je suis vraiment bien là* ».

Ou ce père solo surprit du plaisir qu'il ressent à se tenir debout et regarder son enfant dormir paisiblement.

Le changement ouvre bien des portes. Même si vous n'avez pas choisi de devenir un parent solo, vous pouvez vous retrouver un jour avec un nouveau cercle d'amis, peut être un nouveau travail et de nouveaux objectifs de carrière, avec des capacités et de talents que vous n'aviez jamais remarqués ou explorés auparavant.

Cela peut être plaisant d'avoir tout un placard pour soi, de ne jamais avoir la lunette des toilettes relevées (ou abaissée !), de pouvoir choisir une peinture turquoise laquée ou des tapis fuchsia sans demander l'avis de qui que ce soit.

Parfois, cependant, les enfants ne réagissent pas bien à un parent qui vient de retrouver une nouvelle dimension à sa paix intérieure et une nouvelle façon de profiter de la vie. « *Si maman aime tellement sa nouvelle vie, est ce que ce n'est pas une forme de trahison vis à vis de papa ? Si papa est trop content, est ce que ça veut dire qu'il déteste maman ?*» Les enfants peuvent avoir des conflits de loyauté. Ils souhaitent rester fidèle à chacun de leurs parents.

En prenant le temps de découvrir et de profiter des nouveaux aspects positifs de sa vie, le parent solo aidera ses enfants à s'adapter, à gérer leurs émotions sans les porter ou s'en rendre responsable, et modélisera le fait que chacun est responsable de trouver ce qui fait son propre bonheur.

6. Quelques pistes pour apprivoiser sa solitude

Atteindre le moment où la vie est belle peut sembler un objectif lointain, et il est rare de rencontrer un parent solo qui n'a pas eu à se débattre avec des sentiments d'isolement et de solitude. Les soirées peuvent être longues : que faire lorsque les enfants sont enfin endormis, la vaisselle et les tâches expédiées, et la maison silencieuse ? Ce serait agréable d'avoir quelqu'un à qui parler, mais il est trop tard pour téléphoner. Un film ? Ça serait sympa, mais comment raccompagner la baby-sitter chez-elle sans trimballer les enfants hors de leurs lits ? De nombreux parents solos savent ce que ça veut dire de s'installer pour la soirée avec la télévision pour seule compagnie, et la sensation déprimante qu'aucun de ses amis (dont la plupart sont sans doute mariés) n'a aucune idée de ce qu'est réellement la vie de parent solo.

On a tous des moments de solitude, que l'on soit célibataire ou marié. Ils semblent plus lourds à supporter lorsque l'on est un parent solo. Alors prenons le temps d'examiner nos attentes. La société et certains stéréotypes qu'elle encourage viennent nourrir les croyances de beaucoup de parents solos : «*je suis incomplète ou forcement malheureuse et frustrée si j'élève seul(e) mes enfants*» ; «*J'aime faire cette activité mai seul(e) c'est forcement moins drôle*» ; etc. Un grand nombre de ces croyances ne correspondent pas à la réalité et peuvent être limitantes.

Gérer la solitude

Il existe certaines étapes positives que l'on peut entreprendre pour combattre le sentiment de solitude. Voici quelques pistes :

- Construire un réseau d'amis et passer du temps avec eux. Avoir quelqu'un à qui parler lorsque l'on ne se sent pas en forme peut faire toute la différence
- Faire une liste de choses que l'on a envie de faire, des livres qu'on a envie de lire, des projets que l'on voudrait démarrer. Puis, lorsque la solitude se fait sentir, sortir la liste et choisir une chose à démarrer. Avoir quelque chose de constructif sur lequel concentrer son énergie peut éloigner la morosité.
- Participer à la vie associative – même si on n'en n'a pas très envie. Passer une heure par semaine à faire du bénévolat dans un hôpital ou dans une résidence pour personnes âgées, faire du soutien scolaire ou conseiller une jeune maman : autant d'idées qui peuvent donner de nouvelles perspectives.
- Prendre le temps de prendre soin de soi est aussi une bonne anti dote à la solitude.
- Apprendre à être soi-même, seul. Il peut être tentant lorsque l'on est célibataire de croire que les choses iraient mieux si seulement on avait un partenaire avec qui partager sa vie. Et il est indéniablement difficile de se retrouver sans personne pour vous prendre dans les bras, vous toucher ou vous réconforter. La paix et le contentement sont des valeurs que nous possédons tous à l'intérieur de nous-mêmes, aussi difficile que cela puisse être d'y avoir accès. Personne ne peut nous « rendre » heureux. Si on parvient à trouver la ressource de se sentir bien quand on est seul, on sera plus à même de construire

une relation équilibrée avec la personne qui, demain, partagera notre vie.

- Demander de l'aide si on en a besoin. Si les sentiments de solitude et d'isolement sont trop pesants, trouver un professionnel (thérapeute, psychologue), une association ou une personne de confiance pour en parler. La majorité d'entre nous va apprendre finalement que d'être seul vaut parfois mieux que d'être mal accompagné. De nombreux parents solos oublient d'ailleurs à quel point ils se sont sentis seuls au cours de leur mariage. Aussi étonnant que cela puisse paraître, être seul peut être une bonne chose. Cela peut nous pousser à développer nos propres forces. Etre seul peut – si on s'y autorise – nous donner les opportunités d'explorer notre être intérieur, et de développer de nouvelles idées et de nouvelles capacités.

7. Oser essayer

Christine avait été mariée pendant dix-huit ans. Son mari, Paul, avait toujours pris en charge les travaux d'entretien de la maison, sans que Christine ne s'y intéresse. Lorsqu'ils divorcèrent, et que Christine s'installa avec ses deux enfants Thomas et Julie dans une petite maison, elle fut partagée entre l'espoir que lui inspirait cette nouvelle étape et l'écrasement de tout ce qu'elle devrait assumer seule. Et cela ne tarda pas à se présenter: lors de travaux, Christine avait demandé aux ouvriers de tirer des fils électriques dans le plafond du salon pour qu'elle puisse installer un ventilateur à pales. Cela l'avait toujours fait rêver! Elle acheta donc un ventilateur et sollicita son frère pour venir le poser. Mais ce dernier était très occupé, et les fils électriques pendaient tristement au milieu du salon. Après plusieurs semaines, Christine prit son courage à deux mains: elle déballa le ventilateur, se plongea dans la notice, manqua plusieurs fois de tomber de l'échelle, dut solliciter son voisin trois fois pour comprendre comment brancher les fils. Après une dizaine d'heures d'acharnement, sa joie fut immense lorsqu'elle appuya sur l'interrupteur et que les pales se mirent à tourner. Elle éprouva un sentiment de capacité qu'elle n'avait jamais ressenti aussi fort auparavant, et une nouvelle porte s'ouvrit pour elle sur toutes les choses qu'elles se considérait incapable de faire et que désormais, elle pourrait oser entreprendre.

Devenir parent solo impose des changements qui sont parfois douloureux et entament notre capital énergétique. Prendre soin de soi, poser des actes concrets pour restaurer l'estime de soi et dessiner ce qui nous constitue, permettra, avec du courage et de la patience, de transformer l'expérience en une opportunité de grandir et de s'épanouir.

BOÎTE À OUTILS

- Identifier ce qui est bon pour soi, et prendre des décisions (parfois douloureuses) qui vont dans ce sens.
- Travailler sur l'estime de soi :
  - S'attacher (dans les pensées, dans le discours) à distinguer les erreurs que l'on a fait / que l'on fait (actes) de notre personne (identité).
  - Lorsque l'on fait une erreur, faire preuve d'auto-empathie, réparer et ré-essayer
  - Se méfier des étiquettes et croyances limitantes (par exemple, le sport, c'est pas pour moi !)
  - S'entrainer à identifier ses propres talents et qualités
  - S'affirmer : parler pour soi et non contre l'autre
  - Etre attentif aux émotions de ses proches (ses enfants, ses amis), sans pour autant les porter et en prendre la responsabilité
  - S'appuyer sur les affirmations positives
  - Lorsque l'on se sent prêts, entrer pas à pas dans le changement et célébrer chaque succès
  - Se centrer sur le moment présent (pratiquer la pleine conscience, la respiration, ou toute méthode qui aide à être ici et maintenant, plutôt que hier ou demain)

- Reconstituer son capital émotionnel (sa carafe) avec des temps réguliers pour soi (lire un livre, prendre un bain, etc.) et des activités qui nous donnent de la joie (danse, sport, peinture, bricolage, cuisine, etc) : ça n'est pas de l'égoïsme mais de la sagesse.
- Apprivoiser la solitude :
  - Se construire un réseau d'amis
  - Dans un moment où tout va bien, se faire une liste de choses que l'on aime faire ou de projets. Lorsque la solitude se fait sentir, puiser dans cette liste une idée à mettre en œuvre.
  - S'engager dans une action bénévole (visites à l'hôpital, soutien scolaire, aide aux personnes âgées)
  - Rejoindre un groupe, une association de parents solos pour partager
  - Demander de l'aide si besoin (thérapeute, psychologue)
- Oser essayer des choses : quand on réussit, la joie est immense !

14 VIE SOCIALE ET VIE AMOUREUSE

David avait passé une soirée très agréable. Il était sorti au restaurant avec une vieille copine de l'époque du collège et il s'était amusé ce soir-là comme cela ne lui était pas arrivé depuis bien longtemps. Le lendemain, il se sent guilleret, mais remarque bien vite que sa fille Rachel ne partage pas son humeur. Elle est silencieuse, évite son regard, et il jurerait que dès qu'il tourne le dos, il l'entend grogner. « *Rachel* » finit-il par lui demander :

– *Tu ne m'as pas l'air dans ton assiette ce matin. Est-ce que tu veux me dire ce qui t'ennuie ?* »

Il y eu tu un long moment de silence, puis, d'un air plutôt boudeur, Rachel dit :

– *Je n'aime pas quand tu sors le soir papa* ».

Dave soupire, exaspéré. Ils ont déjà eu cette conversations plusieurs fois, mais dès l'instant ou il invite une amie à la maison, Rachel s'arrange pour que la soirée tourne mal. Il regarde la tête inclinée de sa fille, et se sent submergé par une vague à la fois de compassion et de frustration. Il peut comprendre ses sentiments, mais il fait de son mieux pour être un bon père. Il a aussi besoin d'avoir une vie à lui.

1. « Avoir une vie »

a. Sortir de sa tour d'ivoire

La vie des parents solos peut être une expérience solitaire. Seul pour faire face aux responsabilités, seul pour exercer sa parentalité, on peut vite s'enfermer dans une tour d'ivoire. Et plus longtemps on y reste, plus ardu cela peut s'avérer compliqué d'en sortir. Rencontrer des gens, faire confiance, lutter contre les sentiments de rejet, de culpabilité, de tristesse, deviennent de réels défis.

Sans parler des problèmes logistiques : comment trouver le temps pour sortir dîner et aller au cinéma dans une semaine qui compte déjà le travail, les tâches de la maison, le temps consacré aux enfants ? Et l'argent ? Et la garde des enfants ? Même lorsque l'on habite chez un proche, on a vite fait de culpabiliser de sortir.

Les parents solos ont profondément besoin d'avoir leur propre vie, et tôt ou tard la plupart d'entre eux se considèrent prêts à ouvrir la porte à de nouvelles rencontres amoureuses. Malheureusement, comme David, beaucoup de parents découvrent que leurs enfants ne sont pas enthousiastes à cette idée. Et lorsque les enfants se sentent peu en confiance, ils savent le montrer avec créativité au travers de comportements plus ou moins appropriés.

b. La perception des enfants

Pour beaucoup d'enfants vivant dans une famille monoparentale, la vie sociale de leur parent est menaçante. L'univers tout entier d'un enfant se construit sur la relation qui le lie à ses parents, et sur la relation qui lie ses deux parents l'un à l'autre. Lorsque ses parents se séparent, quelle qu'en soit la raison, et que son sentiment de sécurité et d'appartenance se recentrent sur un seul parent, alors le monde peut devenir un endroit fragile et instable. Nous pouvons dire à nos enfants: «*Je t'aime, et je ne déciderai jamais de te quitter*», mais pour un enfant dont le monde se résume à un parent isolé, ces mots n'apportent que peu de réconfort.

Il est également normal pour un enfant de s'accrocher à son parent et de ressentir un sentiment de jalousie pour tout ce qui peut détourner l'attention de ce parent. De nombreux parents solos ont vécu l'expérience de présenter leur fils ou leur fille à un(e) nouvel(le) ami(e), et que ces derniers aient manifesté un accueil indifférent voire hostile. D'autres enfants iront toutefois dans l'excès inverse, essayant sans répit de trouver une nouvelle mère ou un nouveau père, quelqu'un pour remplir le vide laissé dans leur vie et dans celle de leurs parents. Ces deux types de réactions peuvent mettre les parents et leurs partenaires très mal à l'aise.

Devrait-on laisser complètement tomber l'idée ? Ou ne sortir que lorsque nos enfants ne sont pas là ? Il est facile pour les parents solos de choisir un extrême ou l'autre: être totalement hermétique aux émotions de leurs enfants, ou au contraire n'agir qu'en fonction de leurs exigences et leurs desiderata. Comment les parents solos peuvent-ils faciliter la transition vers de nouvelles relations, pour eux comme pour leurs enfants ?

c. *Aider les enfants à s'y adapter par étapes*

Monique venait juste de faire la rencontre d'un homme séduisant et avait commencé à sortir avec lui. Son enthousiasme était évident lorsqu'elle parla à Jessica, treize ans et Samantha, neuf ans, de cette soirée un peu éloignée de leur domicile où elle prévoyait d'aller avec le Thierry en question qu'elle voyait depuis quelques temps. Elle fut surprise et un peu irritée lorsque Jessica annonça, d'un ton autoritaire: «*tu ne peux pas sortir avec ce type, en plus pour aller aussi loin le soir !*».

Monique savait que cela n'aiderait pas de poursuivre la discussion tant que Jessica était contrariée. Elle se contenta donc de répondre : « *Bon, parlons-en un peu plus tard* ». Ce soir-là, elle se rendit dans la chambre de Jessica, tandis que celle-ci faisait ses devoirs, baissa un peu le volume de la musique, et lui dit :

– *Est-ce que l'on peut parler quelques minutes maintenant ?* »

Jessica leva les yeux vers sa mère, puis retourna à ses livres :

– *Si tu veux* », concéda-t-elle.

Monique prit une profonde inspiration et commença :

– *Chérie, d'abord je voudrais clarifier le fait que c'est moi ta mère, et que ça n'est pas acceptable que tu me dises ce que je peux ou ne peux pas faire. En même temps ce que tu penses est important pour moi. J'ai sincèrement envie de savoir ce que tu penses et ce que tu ressens. Est-ce que tu veux bien m'expliquer pourquoi tu ne veux pas que j'aille à cette soirée avec Thierry ?* »

Jessica regarda sa mère droit dans les yeux :

– *Tu ne connais vraiment pas très bien cet homme maman. Comment sais-tu que tu peux lui faire confiance ?* »

La préoccupation et la vulnérabilité de sa fille touchèrent Monica en plein cœur. :

– *Jessica, tu as raison. Je ne le connais pas encore très bien. Mais j'ai une bonne impression de lui. Est-ce que tu te sentirais mieux si j'y allais avec un autre couple d'amis que je connais bien ? Maintenant que j'y pense, moi aussi ça me rassurerait !* »

Jessica hocha la tête :

– *Je crois que ce serait mieux maman.* »

Monique ajouta :

– *Est-ce que tu serais d'accord si je l'invite à dîner d'abord, pour que nous puissions tous apprendre à le connaître un peu mieux ? Après-tout, je sais que je peux me fier à ton jugement* ».

Jessica se redressa légèrement et répondit :

– *Si tu veux*».

Monique avait réussi à s'appuyer sur ce qui aurait pu tourner au conflit pour renforcer le lien de confiance entre elle et sa fille. Tout d'abord, elle avait laissé passer un peu de temps pour que les émotions s'apaisent plutôt que de gérer le problème à chaud (voir chapitre 12 : le temps de pause nous permet, lorsque l'on est énervé ou émotionnellement très engagé de retrouver notre rationalité). Puis elle avait établi fermement et avec bienveillance les limites entre parent et enfant. Enfin, elle avait dit à Jessica qu'elle accordait de la valeur à son opinion et le lui avait prouvé en modifiant quelque peu son organisation. Ainsi, par cet échange, elle put enseigner à Jessica comment exprimer ses opinions d'une façon qui soit respectueuse et utile.

Saisir les conflits comme des opportunités de renforcer une relation de confiance

- Reporter la discussion à un moment ou chacun se sentira calme (temps de pause).
- Rappeler respectueusement les limites parents-enfants.
- Informer les enfants que l'on respecte leur opinion et que l'on a le désir de prendre leurs émotions en considération.
- Lorsque c'est opportun, prendre en compte les opinions de ses enfant pour définir une organisation qui fonctionne pour vous comme pour eux.

Il n'est pas toujours nécessaire de rentrer dans de longues discussions avec ses enfants au sujet de sa vie amoureuse. La qualité de l'écoute du parent, sa capacité à montrer dans ses actes qu'il prend en compte la vulnérabilité de ses enfants suffit bien souvent à faire un premier pas sur la voie du changement.

d. Rencontres amoureuses : quand les autres s'en mêlent...

Les parents solos reçoivent souvent énormément de conseils – qu'ils soient sollicités ou non – au sujet de leur vie amoureuse. Tout le monde – que ce soit la famille, les amis ou les ex-partenaires – y va de sa suggestion : « *Le plus tôt tu te remarieras, le mieux ce sera ! Les enfants ont besoin d'une famille au complet !* ». « *Ne te précipite pas dans quoi que ce soit – Il ne faudrait pas te tromper encore une fois !* » « *Fais toujours venir tes rendez-vous à la maison d'abord. Tu dois savoir dès le départ s'ils se comportent bien avec tes enfants* ». « *Ne présente pas tes flirts à tes enfants à moins que la relation ne soit vraiment sérieuse. Trop de personnes qui entrent et qui sortent de leur vie, cela peut être perturbant, et ils seront blessés si tu romps avec quelqu'un à qui ils se sont attachés* ». « *Garde ta vie privée en dehors de tes enfants, ils pourraient se faire des idées* ». « *Profite de ta vie sexuelle tant que tu peux, et ça apprendra à tes enfants à ne pas avoir de complexes* ».

Mais quelle peut être la juste attitude ? Les relations entre adultes sont rarement simples et elles semblent l'être encore moins lorsque des enfants se trouvent impliqués. Se lancer très vite dans des rencontres amoureuses, lorsqu'un enfant porte toujours le deuil de la perte d'un parent, demande d'avoir pris en compte ces élèments au risque de causer des souffrances inutiles. Ne pas sortir du tout peut finir par faire douter les parents comme les enfants que les relations amoureuses peuvent être naturelles et saines. Chaque parent peut apprendre à confiance à son propre bon sens, à la connaissance qu'il a de lui-même, de ses enfants et de la dynamique familiale. Il pourra alors identifier ce qui lui semble le plus approprié pour respecter son propre équilibre et celui de ses enfants.

Chaque parent peut apprendre à faire confiance à son propre bon sens, à la connaissance qu'il a de lui-même, de ses enfants et de la dynamique familiale. Il pourra alors identifier ce qui lui semble le plus approprié pour respecter son propre équilibre et celui de ses enfants.

e. Quelques clés pour faire des choix respectueux de tous

Voici quelques clés pour nourrir cette réflexion et rechercher dans nos choix un équilibre mutuel pour adulte et enfants :

Tania partage :

– Je suis une mère célibataire avec deux enfants de six et neuf ans. Dernièrement j'ai rencontré un homme vraiment bien. C'est la première belle relation que j'ai depuis que mon mariage s'est terminé et je ne veux pas la perdre, mais je me fais du souci pour mes enfants. Mon ami et moi avons des relations intimes, mais seulement chez lui lorsque mes enfants sont chez leur père, jamais chez moi. Mes enfants m'appellent tous les soirs à la même heure pour me dire "bonne nuit", et je sens qu'ils s'inquiètent de savoir où je dors. Je leur dis que parfois, lorsque je dîne chez mon ami, je suis trop fatiguée pour reprendre la voiture et conduire jusqu'à la maison, alors je dors chez lui dans la chambre d'amis. Mais je crois que mon aîné se doute de quelque chose. »

Prendre le soin de dissimuler ce que l'on fait traduit un inconfort qui peut aller jusqu'à l'anxiété, et bien souvent, les enfants le sentent. C'est à chaque parent d'évaluer à quel point une nouvelle relation prend de l'importance dans sa vie, quelle est la part qu'il devrait partager avec ses enfants, et quelle est la part qui concerne sa vie privée. Il est important d'être attentif aux émotions que l'on ressent. Peut-être est-ce l'occasion de présenter son ami(e) aux enfants pour qu'ils se connaissent ? Ou de dialoguer avec ses enfants sur les frontières entre la vie privée et la vie de famille d'un parent ?

Les enfants qui vivent dans des foyers monoparentaux ont souvent vécu de nombreux changements dans leurs courtes vies. Lorsque l'on souhaite faire entrer un nouvel adulte dans sa vie, on peut accompagner nos enfants en accueillant ce qu'ils ressentent : de l'inquiétude pour nous, de la peur de perdre notre attention, d'être remplacés, de ne pas être loyal au parent absent. Et partager nos propres émotions, avec honnêteté et simplicité, pour une meilleure compréhension mutuelle.

Ainsi, pour aider au mieux les enfants à s'adapter à une nouvelle relation, on pourra

- Prendre le temps de les écouter sans se mettre sur la défensive ni se justifier : ils sauront alors, même si l'on ne partagent pas leurs perceptions, que celles-ci sont entendues, non jugées et comprises. En mettant en mots leurs ressentis, ils auront moins besoin de les traduire par des comportements inappropriés. Par l'écoute active, ils se sentiront compris
- Leur demander ensuite s'ils sont prêts à nous écouter, et partager avec eux de façon sincère ce qui est important pour nous (peut être ne réalisent-ils pas qu'un parent a aussi besoin d'affection, d'amis, de soirées distrayantes)
- Ne pas s'engager dans des comportements qui nous mettent mal à l'aise ou que nous nous sentirons obligés de dissimuler : sous couvert d'être en droit d'avoir « une vie » ; certains parents s'engagent dans des relations et des comportements qui au fond ne correspondent pas à leur éthique et à leurs valeurs profondes. Nos émotions, notre instinct, sauront nous éclairer sur ce qui nous convient. Par exemple, certains parents seront très à l'aise d'inviter leur ami(e) à dormir à la maison, alors que d'autres préfèreront que chacun reste chez soi.

- Traduire les paroles en actes : si l'on dit à son enfant qui s'inquiète de voir entrer une nouvelle personne dans notre vie « tu comptes plus que tout pour moi », et que parallèlement, on n'est jamais disponible pour faire un jeu, passer du temps ensemble, discuter ou aller au cinéma, il peut y avoir un écart entre nos paroles et nos actes. La cohérence apportera de la sécurité aux enfants.
- Avoir recours à la résolution de problèmes AVEC les enfants pour trouver des solutions qui fonctionnent pour toutes les parties concernées.
- Cultiver la patience : l'adaptation à toute nouvelle situation demande du temps et des efforts. Accompagner avec patience ses enfants dans l'acceptation d'une nouvelle personne, dans le respect de chacun, permettra d'avancer vers davantage d'équilibre.
- Ne pas hésiter à demander son avis à une personne de confiance « que ferais tu à ma place » peut aider à prendre un peu de distance et à y voir plus clair.

2. Monoparentalité et sexualité

a. Prendre le temps d'évoluer à son propre rythme et pour les bonnes raisons

Le voilà, le mot en *s.* ! Dans un monde où les adolescents (et même les pré-adolescents) expérimentent leur sexualité, où le sexe est utilisé pour tout vendre, de la bière aux cosmétiques en passant par le café, et où les conséquences d'une pratique hasardeuse peuvent être dévastatrices, il n'est pas surprenant que les parents solos ne sachent souvent pas quoi penser ou ressentir, ni comment agir dans le cadre d'une nouvelle relation amoureuse. L'intimité du couple n'est pas l'objet de ce livre. Toutefois, le parent est avant tout un adulte, et prendre le temps de réfléchir un moment sur ce thème peut aider à prendre de saines décisions à propos de sa vie de célibataire – et en particulier en tant que parent solo accompagné d'un jeune public qui observe chacun de ses gestes.

Catherine avait trente-huit ans lorsque son mari mourut d'un cancer. Le stade terminal de sa maladie avait été traumatisant pour l'ensemble de la famille. Le chagrin était intense, et donnait parfois l'impression qu'il ne s'apaiserait jamais. La première année, Catherine noya sa peine dans l'action, entre le soin à porter aux enfants et son travail – se maintenir occupée atténuait la douleur.

Un jour, en déjeunant avec une amie, elle lui confia :

– *Pendant très très longtemps, je n'ai même pas pensé au sexe. Oh parfois, être aimée et serrée dans des bras me manquait. Denis et moi avions une si belle relation. Mais je me sentais juste si triste et vide que l'idée d'une vie sexuelle ne me traversait même pas l'esprit. J'aurais pu sortir quelques fois mais je pense que j'étais juste assommée.* »

» Mais *dernièrement* » continua Catherine un peu gênée « *on dirait que j'y pense à nouveau…* »

De nombreux parents solos, hommes ou femmes, peuvent s'identifier avec ce que vit Catherine. La mort d'un époux ou la vague émotionnelle que représente un divorce peut enfouir tout désir sexuel pendant des mois, parfois des années. Tout un tas d'autres choses semblent autrement plus importantes : s'assurer que les enfants s'adaptent, gérer les stress du travail, toute la pression qui nous est familière. Tôt ou tard, cependant, ces émotions figées par le froid vont pouvoir être réinvesties. Avoir une relation physique avec quelqu'un redevient envisageable.

La sexualité est un chapitre normal de la vie d'adulte. Il est normal de ressentir le besoin d'un contact physique, et chacun décidera pour lui-même quel est le bon moment et dans quel contexte.

Les enfants se feront leur propre opinion sur ce qu'ils jugent bien ou mal en observant ce qu'il se passe autour d'eux, et en particulier comment leurs parents agissent. Ce dont ils vont être témoins dans la relation de leur parent avec un nouveau partenaire peut différer de ce qu'ils auront observé chez leurs parents à l'époque. Il revient au parent d'être attentif à aux perceptions et aux émotions de leurs enfants. Même s'ils apprécient le nouvel (le) ami(e), les enfants ont parfois dans l'idée que s'embrasser, se tenir la main, ou d'autres formes de contacts sont des trahisons auprès du parent absent. Un dialogue ouvert, la pratique de l'écoute active, se montrer sensible et faire preuve d'un peu de patience nous aideront à traverser ces questions ensemble.

Souvenons-nous aussi, que nous sommes extrêmement vulnérable dans les moments qui vont suivre un deuil ou un divorce, ou après être resté célibataire durant une longue période. Trop souvent, les adultes célibataires ressentent leur dignité comme étant affaiblie et se retrouvent dans des relations pour lesquelles ils ne sont pas prêts (ou qui leur feront honte par la suite), simplement parce qu'avoir quelqu'un qui désire leur compagnie est rassurant. C'est très certainement plus facile à dire qu'à faire, mais il sera utile et protecteur d'être patients et indulgents avec soi-même, et de ne pas avoir peur d'évoluer lentement.

b. Préserver les enfants

Rémi était séparé de sa femme, Marie, depuis à peine un mois, lorsqu'il rencontra Laetitia. Ils tombèrent immédiatement passionnément amoureux, et en peu de temps ils passèrent tout leur temps libre ensemble. Rémi avait hâte de présenter Laetitia à sa fille de sept ans, Sarah, qui était avec lui le week-end. Il savait que Sarah avait encore des difficultés à gérer la décision de ses parents de se séparer, mais il se sentait certain qu'elle adorerait Laetitia, et il pensait que le weekend suivant serait la parfaite occasion pour qu'elles fassent connaissance.

Le week-end ne se passa pas très bien. Rémi était tellement aveuglé par sa nouvelle flamme qu'il n'arrivait pas à se détacher de sa petite amie. Tandis que Sarah observait son père et Laetitia glousser et échanger des taquineries, elle se sentit de plus en plus mal à l'aise. Son père ne s'était jamais comporté comme ça avec sa mère. Rémi invita Laetitia à passer la nuit sans y réfléchir à deux fois, et Sarah se sentit complètement perdue. Lorsque son père vint l'embrasser dans son lit, il lui dit en souriant :

– *Laetitia est géniale, n'est-ce pas chérie ?* »

Sarah hocha la tête en silence, serrant les paupières sur des larmes de colères et de confusion.

En se réveillant le lendemain matin, elle avait oublié son malaise, jusqu'à ce qu'elle arrive en sautillant dans la chambre de son père pour lui dire bonjour et qu'elle l'y surprenne en train de faire l'amour avec Laetitia. Sarah, pétrifiée, ne trouva rien à dire. Puis elle fit demi tour et courut dans sa chambre en pleurant. Sans attendre, elle appela sa mère et la supplia de venir la chercher plus tôt.

Sarah rentra de chez son père très choquée. La mère de Sarah était en colère et appela immédiatement son avocat pour demander que le droit de visite de son père soit restreint.

Un juge déclara par la suite que Sarah avait besoin de temps pour s'adapter au divorce de ses parents. La décision fut prise, que dans l'intérêt de l'enfant, les visites seraient limitées aux journées et hors de la présence d'invités pour les 6 mois à venir.

L'enthousiasme de Rémi pour son nouvel amour était compréhensible, mais il avait oublié de prendre en considération les émotions de Sarah. Cela ne veut pas dire que les enfants doivent régir le foyer et que les parents ne doivent jamais rien faire qui déplaisent aux enfants. Toutefois, si Rémi avait pris en considération la vulnérabilité de sa fille, il aurait sans doute agi avec plus de précautions, lui laissant le temps de s'adapter à son propre rythme. Peut-être que Sarah n'aurait jamais aimé laetitia, même si son père s'était montré moins démonstratif car c'est difficile pour la plupart des enfants de voir quelqu'un prendre la place de leur mère ou de leur père. Cependant, les enfants peuvent apprendre à accepter d'autres adultes dans leur vie, le moment venu, lorsque les parents se montrent pleins de considération et respectueux à la fois de leurs propres besoins et de ceux de leurs enfants.

3. La métaphore des bougies

Anne était nerveuse d'avoir invité Richard chez elle pour rencontrer ses fils, mais cela faisait plusieurs mois qu'elle le voyait et leur relation devenait sérieuse. Elle était presque certaine que ses garçons l'apprécieraient. Jeff, son aîné, accepta Richard avec enthousiasme, mais Jonathan, son petit dernier, réagit avec une franche hostilité.

– *On n'a pas besoin de toi ici !*», dit-il à un Richard étonné. Puis il disparu dans sa chambre dans un claquement de porte sonore.

Anne réalisa que Jonathan avait sans doute peur – peur que leur vie à trois ne change, peur que si maman aimait quelqu'un d'autre, elle l'aimerait moins lui, peur que plus rien n'aille jamais bien.

Un soir, après le dîner, Anne eut l'idée d'utiliser une métaphore toute simple qu'elle avait découvert lors d'un atelier de parentalité sur la fratrie. Elle s'assit avec Jonathan.

Est ce que tu aurais envie d'écouter une histoire ?» demanda-t-elle «*c'est une histoire à propos de notre famille*».

Tandis que le petit garçon se pelotonnait à ses côtés, Anne sourit à Jeff, qui était assis de l'autre côté de la pièce, et alluma une grande bougie.

– *Ces bougies représentent notre famille*» dit-elle aux garçons. «*Cette grande là, c'est moi*», fit-elle en pointant du doigt la bougie qu'elle venait juste d'allumer. «*Cette flamme représente mon amour*».

– Ça *brille* » dit Jonathan, fasciné par la flamme dansante.

– *Oui* » acquiesça sa mère, « *C'est tout l'amour que j'ai en moi* ».

Anne choisit une bougie plus petite, et l'alluma avec la flamme de la grande bougie.

– *Cette bougie c'est ton grand-frère, Jeff. Lorsqu'il est né, je lui ai donné tout mon amour. Mais regarde : j'ai toujours autant d'amour qui me reste.* »

Elle posa la bougie de Jeff dans un bougeoir et en choisit une plus petite :

– *Cette bougie c'est toi, Jonathan* ».

– *Elle est rouge* » dit le petit garçon ravi « *C'est ma couleur préférée !* »

Anne sourit et lui passa la main dans les cheveux, puis alluma la petite bougie rouge à la flamme de sa grande bougie.

– *Quand tu es né je t'ai donné tout mon amour. Jeff a toujours tout mon amour, et j'ai toujours tout mon amour qui me reste* ». Les flammes des bougies dansaient pleines d'éclat. « *Tu vois tout l'amour lumineux que nous avons dans cette famille ?* »

Puis Anne choisit une autre grande bougie et utilisa la flamme de la sienne pour l'allumer.

– *Maintenant je donne mon amour à Richard* »

Anne pointa du doigt les deux bougies plus petites dont les flammes continuaient de briller avec éclat, et dit à Jonathan :

– *Tu as toujours tout mon amour, Jeff a toujours tout mon amour, et il me reste toujours tout mon amour. C'est comme ça que l'amour fonctionne. Le plus tu en donnes autour de toi, le plus tu en auras. Chaque bougie que tu rajoutes à ta famille ne fait qu'ajouter plus de lumière à notre famille. Richard est quelqu'un de nouveau, que j'aime beaucoup et cela va te prendre un peu de temps pour apprendre à le connaître. Mais j'ai largement assez d'amour pour vous tous* ».

Ce visuel est tout simple mais peut éclairer la compréhension de l'enfant sur le fait que rien ne lui fera perdre sa place, que le nouvel arrivant n'est pas une menace mais une opportunité supplémentaire d'être aimé. On peut s'appuyer sur des histoires, des métaphores comme celle des bougies ou autre pour illustrer des notions qui sont parfois difficiles à saisir pour les enfants, en particulier les plus jeunes.

Faire face aux changements qui surviennent dans une famille peut être un processus compliqué, mais cela peut aussi être une occasion de construire une relation plus forte et durable avec ses enfants. Avec du temps et de la patience, ils apprendront l'empathie, l'aptitude à agir de façon constructive pour trouver leur place, la capacité à résoudre des difficultés et à vivre ensemble. Et même si dans une période troublée pour eux, l'idée que leur parent soit engagé ailleurs peut être inquiétante, avec le temps, le fait de voir leur père ou leur mère heureux dans une relation saine les rendra plus forts. L'équilibre est souvent une affaire de temps.

BOÎTE À OUTILS

- S'organiser pour se dégager du temps et sortir de sa tour d'ivoire (voir des amis, aller au cinéma, au restaurant, « avoir une vie » à soi)
- Si les enfants s'opposent frontalement à nos sorties, saisir ces moments de tensions, ces conflits pour :
  - Reporter la discussion à un moment où chacun se sentira calme (temps de pause).
  - Rappeler respectueusement les limites parents-enfants.
  - Informer les enfants que l'on respecte leur opinion et que l'on a le désir de prendre leurs émotions en considération.
  - Lorsque c'est opportun, prendre en compte les opinions des enfants pour définir une organisation qui fonctionne pour vous comme pour eux
- Lorsque les enfants montrent de la résistance, prendre le temps de décider ce que l'on va faire plutôt que ce que l'on va « faire faire » à son enfant. Essayer de forcer un enfant à faire quelque chose se termine souvent en lutte de pouvoir.
- Informer l'enfant à l'avance de vos attentes leur donne une chance de choisir leurs réponses – et de faire l'expérience des conséquences de leurs choix. (Il est important d'appliquer le suivi avec bienveillance et

fermeté. La fermeté requiert une forme d'action, la bienveillance requiert l'élimination des discours de moral et des rebuffades).

- Prendre le temps, si l'on souhaite une vie amoureuse, de prendre soin de son estime de soi pour s'assurer que l'on s'intéresse véritablement à quelqu'un plutôt que de se prouver que l'on est encore intéressant.
- Respecter son propre rythme et ne pas s'engager dans des relations ou des comportements qui nous mettraient mal à l'aise et que l'on aurait l'impression de devoir cacher (être fidèle à son éthique et ses valeurs profondes)
- Accompagner les enfants avec patience dans l'acceptation d'un nouvel adulte dans notre vie et dans la leur :
  - Traduire nos paroles en actes : si on dit aux enfants qu'ils sont très importants pour nous, mais que l'on n'a pas de temps à leur consacrer, c'est dissonant.
  - Les préserver de ce qui ne les concerne pas ou pourrait les choquer
  - Garder les yeux ouverts sur d'éventuels comportements inappropriés des enfants (chapitre 10) qui pourraient être des messages codés pour dire qu'ils doutent de leur appartenance avec l'arrivée d'un nouvel adulte (on sera tout aussi attentif à l'enfant qui adore immédiatement le nouvel adulte que celui qui le rejette)
  - Utiliser l'écoute active pour entendre les émotions des enfants, et l'honnêteté émotionnelle pour partager les nôtres.
  - Rechercher des solutions AVEC les enfants pour une organisation qui convienne à tout le monde.
- Cultiver la patience et avancer par étape pour le respect et le bonheur de chacun.

15 PRÉPARER LE TERRAIN D'UNE ÉDUCATION CONJOINTE MALGRÉ LA SÉPARATION

1. Gérer la séparation émotionnelle

a. Le divorce : un cheminement pour les parents comme pour les enfants

Le divorce est un événement profondément traumatisant dans la vie de qui que ce soit. Même pour ceux qui sont convaincus que quitter leur conjoint soit le meilleur choix qu'ils puissent faire pour eux comme pour leurs enfants, le divorce reste une expérience difficile à vivre. Cela implique non seulement un changement radical de la structure familiale, mais aussi un nouveau logement, parfois un nouvel emploi, de nouvelles conditions de vie, bref une nouvelle vie à construire. La plupart des parents divorcés sont conscients que leurs enfants ont les meilleurs chances de retrouver un équilibre lorsque leurs parents sont capables de construire un rapport à l'amiable et que les enfants peuvent profiter de chacun de leur parent dans une atmosphère qui ne soit pas hostile.. Toutefois, la pratique est plus compliquée, et le divorce provoquant souvent de la colère et de la douleur, il n'est pas facile de garder en tête les effets que nos comportements peuvent avoir sur les enfants.

Car les parents en procédure de divorce essayent d'être particulièrement attentifs aux besoins de leurs enfants à un moment où d'importantes décisions doivent être prises et où leurs propres ressources émotionnelles sont faibles. Parfois, c'est précisement dans ces moments de transition que les enfants s'engagent dans des comportements inappropriés pour pour faire entendre leur voix et s'assurer de leur appartenance et de leur valeur (voir chapitre 10).

« Construire un rapport à l'amiable » semble être la voie de la sagesse, mais quelles qu'aient été les raisons pour lesquelles on a divorcé, nos émotions sont inévitablement enchevêtrées dans nos bonnes intentions, et vont même parfois aller à leur encontre. « *Vous ne connaissez pas mon ex-femme* » murmure l'un. « *J'ai envie d'essayer* » intervient l'une « *mais mon ex-mari fait tout ce qu'il peut pour me blesser* ».

Manipulation des enfants, agressivité, ripostes, compétition par les mots ou par les cadeaux et activités sont autant de stratégies que l'on peut enclencher sans le vouloir pour palier la souffrance de la rupture, mais qui seront néfastes pour les enfants.

Le divorce n'est pas seulement une procédure légale de séparation. C'est un changement de vie qui peut nous affecter en profondeur.

b. Laisser du temps au processus de guérison

Se remettre émotionnellement d'un divorce peut prendre du temps, avec des hauts et des bas. Des moments comme la signature des papiers, le jugement de divorce, les premières vacances en célibataire, le remariage de son ex-conjoint peuvent rouvrir de vieilles blessures, pour le parent comme pour les enfants. La reconstruction se fait par étapes, mais à chaque étape on se rapproche de la complétude.

La maison était silencieuse tandis que Barbara se préparait à aller se coucher. Elle ouvrit la fenêtre pour laisser entrer la fraîcheur du soir, et vérifia les portes avant d'aller border sa fille de dix ans, Abigail, qui devait dormir depuis un moment. Lorsque Barbara s'approcha de son lit pourtant, des reniflements étouffés lui firent comprendre qu'en fait sa fille ne dormait pas encore.

– *Qu'est ce qui se passe, Abigail ?* » demanda Barbara gentiment, en s'asseyant sur le bord du lit et en caressant doucement les cheveux de sa fille.

– *Je croyais que tu dormais. Est-ce que tu as besoin d'un câlin et qu'on discute un peu ?* »

– *Oh maman.* »

Abigail soupira et s'assit :

– *J'ai besoin de te parler mais je ne sais pas comment* ».

– *Eh bien ma chérie* » répondit Barbara, « *quoi que ce soit, j'aimerais bien t'aider. Pourquoi tu ne me dis pas juste ce qui se passe ?* »

Il y eu un long silence. Barbara pouvait sentir sa fille en train de rassembler tout son courage. Finalement ce qu'elle voulait lui annoncer sortit.

– *Papa va se marier, maman. Le mois prochain, avec Joan. Je serai demoiselle d'honneur avec Cassie, la fille de Joan, et on ira aussi avec eux en lune de miel et tout. Je veux dire, ce sera super et je suis contente pour papa. Et j'aime vraiment bien Cassie et Joan, et j'ai toujours voulu une sœur. On aura une nouvelle maison et Cassie et moi on aura chacune nos chambres. Mais maman, ce ne sera plus jamais juste papa et moi maintenant, il y aura toujours quelqu'un d'autre. Tout va changer. Et si je veux passer plus de temps avec papa et Joan tu seras toute seule, et je déteste ça. Peut-être que tu devrais te marier aussi. Oh mamaaaan !* »

Abigail, bouleversée, renifla encore, posant sa tête sur l'épaule de sa mère.

Barbara était sous le choc. Elle ne savait pas quoi répondre. D'un côté elle était contente que son ex mari ait trouvé quelqu'un de bien et elle se réjouissait sincèrement pour eux. D'un autre côté toutefois, elle se sentait comme si elle venait de recevoir un coup de poing dans l'estomac. Elle prit une longue et profonde respiration. Le divorce n'avait pas été de son fait, et cela lui avait pris du temps pour s'adapter à sa nouvelle vie.

– *Maman ?* » demanda Abigail, « *Est ce que ça va ?* »

Barbara reprit pied dans la réalité et regarda sa fille dans les yeux.

– *Oui, ça va. C'est juste un peu étrange d'imaginer ton père en train de se marier avec quelqu'un d'autre. J'imagine que c'est encore un peu douloureux. Et cela me surprend. Je savais que ton papa et Joan se marieraient un de ces jours, et je ne pensais pas que cela m'affecterait. Mais je sais que tu apprécies beaucoup Joan et Cassie, et qu'elles ont été super avec toi. Si tu décides que tu veux passer plus de temps chez ton papa, tu sais que tu me manqueras, mais je suis certaine que l'on peut s'arranger.*

– *Et pour ce qui est de me laisser toute seule Abby* », continua Barbara, en serrant fort sa fille dans ses bras, « *j'apprécie le fait que tu te fasses du soucis pour moi, mais prendre soin de moi c'est quelque chose qui m'appartient, à moi, et non à toi. Tu seras toujours ma petite fille chérie, où que tu sois. Et tu sais que j'aime bien ma vie en ce moment. J'ai de bons amis et j'adore mon travail. J'aimerais bien me marier un jour mais pas tout de suite. Je vais bien ma chérie* », dit Barbara doucement. « *Maintenant tu ferais bien de dormir. Ça va mieux ?* »

Abigail répondit à sa mère par un sourire pâlichon et un câlin, puis se pelotonna sous les couvertures. Barbara resta éveillée de longues heures cette nuit-là, réfléchissant et laissant remonter des souvenirs, et quelques larmes glissèrent sur ses joues. Elle réalisa que ce serait plus difficile qu'elle ne l'avait imaginé de voir Daniel se remarier, et de voir Abigail faire partie d'une famille où elle n'aurait pas sa place. Elle savait qu'elle devrait écouter beaucoup de bavardages à propos du mariage, et qu'elle devrait sans doute aider pour la robe de demoiselle d'honneur, ce qu'elle n'apprécierait sans doute pas tellement.

Mais Barbara réalisa aussi que tout comme elle s'était adaptée au départ de Daniel, elle s'adapterait à son remariage. Et elle avait été honnête avec Abigail : elle aimait *vraiment* sa vie en ce moment, et elle n'aurait même jamais cru cela possible il y a à peine un an.

– *Je vais y arriver* » se dit-elle avant de s'écrouler de sommeil. « *Ce sera différent et je devrais peut-être serrer un peu les dents, mais je vais y arriver* ».

Etre capable d'accepter le remariage de son ex-mari, même si c'était douloureux, signifiait que Barbara avait de bonnes chances d'être capable de construire une autre sorte de relation avec Daniel, une relation au sein de laquelle ils deviendraient des partenaires dans l'éducation de leur fille. Lentement mais surement, leur ancienne relation se transformait en quelque chose qui finirait par aider leur famille à guérir et à évoluer.

c. Et « l'ancienne » famille ?

Nous l'avons déjà évoqué, le changement ne peut s'inscrire que sur la durée. Des ex- conjoints sont parfois stupéfaits de s'entendre s'appeler « chérie » ou « mon cœur » par simple habitude. D'autres habitudes peuvent ainsi aussi perdurer dans le cadre de la famille élargie. Des membres de l'« ancienne » famille comme les grands-parents, tantes, oncles, et cousins, ont aussi du mal à s'adapter à un divorce, et se demandent comment ils vont trouver leur place dans la nouvelle configuration, comment et à qui être loyal. Parfois des membres de la famille vont prendre parti, et un parent en cours de divorce peut décider de couper les enfants de tout contact avec la famille de son ancien partenaire.

Toutefois, les grands-parents et les autres membres de la famille peuvent être un lien important entre les enfants et leur histoire, et peuvent leur offrir une certaine stabilité et un sens de continuité lorsque tout semble avoir été ébranlé.

Cela peut être difficile d'accepter que ces relations perdurent lorsque l'on a du ressentiment pour son ex-conjoint et tout ce qui lui est associé. Cependant, les enfants continueront sans doute à se considérer comme faisant partie de l'« ancienne » famille, et auront toujours envie de voir leur « mamie » ou leur « bon-papa ».

Plus encore, ces membres de la famille élargie sont souvent de précieuses sources de soutien et de soulagement pour les parents, en particulier lorsque tout le monde aura commencé à se sentir mieux. Ainsi, lorsque c'est possible, il y a souvent de nombreux bénéfices à maintenir des liens actifs et solides avec la famille de son ex.

2. S'assurer que les deux parents sont présents dans la vie de l'enfant

a. Les pères absents : il est toujours temps de renouer

Il existe de nombreux pères séparés très impliqués, qu'ils aient la garde de leurs enfants ou non. Ils sont proches de leurs enfants et leur consacre du temps, de l'énergie et bien d'autres ressources Ces pères-là partagent à la fois les frustrations et les joies de voir leurs enfants grandir et se développer, et ils méritent d'être reconnus et encouragés. Les statistiques cependant, nous renseignent sur des faits qui donnent à réfléchir. 15 % des familles monoparentales ont un homme à leur tête (contre 13 % en 1999). Lorsque les parents se séparent, 83 % en moyenne ont trouvé un accord sur le mode de résidence et dans 74 %, la résidence est fixée chez la mère. Quand bien même le père dispose d'un droit de visite et paye une pension alimentaire pour ses enfants, chez certains d'entre eux, le lien se distend. Leurs visites se font rares et certains renoncent mêle à payer la pension.

Les pères s'impliquent souvent plus lorsque les enfants grandissent, mais la cohérence et la participation régulière dans les rituels de la vie quotidienne sont importants dès le début. Les pères jouent un rôle crucial dans le développement intellectuel moral et émotionnel de leurs enfants, et l'absence de père crée un vide.

Est-ce que les enfants ont besoin de leur mère ? Absolument. Est-ce que des beaux-pères ou des amis proches de la famille peuvent aider à remplir cet espace vide et procurer ce faisant un modèle masculin positif ? Certainement. Toutefois, il n'en reste pas moins que personne ne remplace vraiment le père d'un enfant. Et même lorsque l'enfant, l'adolescent ou le jeune adulte n'a pas vu son père depuis des années, le manque peut encore se faire sentir. Parfois un sentiment de trahison et d'abandon demeure également, et cela peut handicaper la confiance de l'enfant, ou son désir de se risquer lui même dans le mariage ou la parentalité.

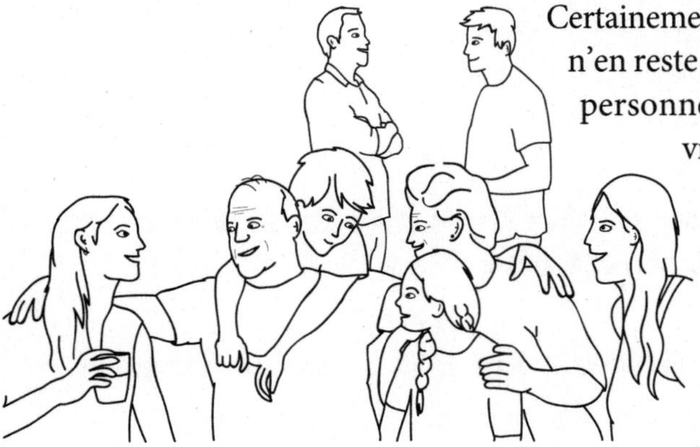

Si vous êtes un père, vous avez un rôle crucial à jouer dans la vie de votre enfant et personne ne peut jouer ce rôle là à votre place. Si vous avez été absent de la vie de vos enfants, il n'est jamais trop tard pour faire différemment et renouer le lien. Oui, vous rencontrerez sans doute de la résistance de la part de leur mère, et peut-être aussi de la part de vos enfants. Certains outils présentés dans ce livre pourront vous aider. Il existe aussi de plus en plus de groupes de parentalité et de sites internet dédiés aux pères célibataires. Il ne faut pas hésiter à demander de l'aide. Il n'y aura peut-être jamais de meilleur moment que maintenant.

b. Le parent qui n'a pas la garde : rester en lien

Dans un monde idéal, les enfants profiteraient d'un amour engagé et de l'implication des deux parents. Si l'on n'a pas la garde de ses enfants, ce sera peut-être difficile de participer régulièrement à leur vie. Si l'on habite loin, le contact avec les enfants peut se trouver limité aux visites occasionnelles de l'été et des vacances.

Pourtant, les enfants bénéficient d'avoir deux parents qui restent connectés et impliqués, et il existe de nombreuses façons d'être une composante vitale de leur quotidien.

Voici quelques pistes pour que, père ou mère, si vous n'avez pas la garde de vos enfants, vous puissiez rester connectés le mieux possible :

- *Appeler régulièrement. Même si vous habitez la même ville, un coup de fil rapide pour dire bonne nuit et savoir ce qui s'est passé aujourd'hui vous aidera vous et votre enfant à rester connectés. Si les contacts avec votre ex conjoint sont un problème, appelez sur le téléphone portable de l'enfant, ou s'il n'en n'a pas, arrangez-vous pour appeler à une heure fixe, et demandez à ce que votre enfant soit autorisé à décrocher le téléphone.*
- *Souvenez-vous des vacances, des anniversaires et des évènements importants. Si vous ne pouvez pas être là, envoyez des cartes, des emails ou des messages.*

- *Utilisez un emploi du temps à double entrée que vous vous partagerez pour vous suivre mutuellement en pensées.*
- *Ouvrez-vous à vos enfants. Prenez le temps de partager votre histoire personnelle, vos centres d'intérêt, et ce que vous savez faire.*
- *Faites des activités AVEC les enfants (pour être ensemble) plutôt que pour eux.*
- *Terminer les visites sur une note positive, et s'il y a eu des tensions dans le temps passé ensemble, résolvez-les avant de vous quitter.*
- *Lorsque vous êtes avec vos enfants, faits des Temps d'Echange en Famille et utilisez les compétences parentales de la Discipline Positive pour construire la confiance et le sentiment de proximité. Ne vous servez jamais du temps passé avec vos enfants pour manipuler leur comportement. Par exemple, il n'est pas éducatif de dire : « si tu ne te comportes pas bien je ne viendrais pas te chercher le prochain weekend ».*
- *Gardez courage. Les enfants perçoivent votre attitude et sentiront l'énergie de votre amour même lorsque vous ne pouvez pas être avec eux tout le temps.*
- *Si vous voyagez sans vos enfants ou vivez loin d'eux, leur envoyer un « coffre aux trésors » remplis de coquillages, de feuilles, de galets ou de petits souvenirs des endroits que vous visitez peut être un moyen de leur faire savoir qu'ils sont toujours dans vos pensées et dans votre cœur.*

Lorsque l'on n'a pas la garde de ses enfants et qu'on ne les voit que les week-ends et pendant les vacances, le manque de temps peut être très frustrant, et même parfois décourageant pour construire une relation. Les pistes ci-dessus aideront, par des petites choses, à nourrir le lien pour faire de ce temps limité un temps de qualité relationnelle pour apporter de la cohérence, de l'équilibre, de l'attention et de l'amour dans la continuité.

Si tant est que cela soit possible, il est précieux de rester connecté(e) également à votre ex-conjoint pour travailler de concert à l'éducation de votre enfant. Montrez que vous êtes intéressés par les décisions concernant sa garde, par les évènements de l'école, par ses activités extra-scolaire, son suivi médical, etc.. Offrez votre opinion sans critiquer celle de votre ancien compagnon ou compagne.

Lorsque l'on se sépare, il est important de se souvenir que les enfants ont commencé leur vie avec leurs deux parents, et que chacun d'eux leur est indispensable. Une part irremplaçable de ce qu'ils sont. Les enfants sont capables de ressentir l'énergie d'un amour honnête et attentionné, et ils sentent que l'on est engagé auprès d'eux même lorsque l'on ne peut pas passer beaucoup de temps ensemble. Continuer à s'impliquer après un divorce peut être difficile et même douloureux, autant pour la mère que pour le père, mais ce pourrait être le plus grand des cadeaux que l'on puisse faire à ses enfants.

3. Comment le divorce affecte-t-il *réellement* les enfants ?

La plupart des parents divorcés ont entendus des histoires terribles à propos d'enfants tellement affectés par le divorce de leurs parents qu'ils ne sont jamais parvenus à développer leur confiance en eux, leur estime de soi ni même à construire des relations équilibrées.

Une étude menée aux Etats Unis a récemment démontré que les facultés d'adaptation des enfants et leur bien-être émotionnel sont moins corrélés au divorce lui-même qu'à l'intensité du conflit qui règne entre leurs parents, à l'organisation mise en place pour le parent qui n'a pas la garde des enfants, aux difficultés économiques rencontrées et à des changements de vie stressants. La bonne nouvelle étant que tous ces éléments essentiels sont des problèmes que des parents dévoués et impliqués peuvent gérer.

Bien entendu, le divorce affecte les enfants. Cependant, la *façon dont on divorce* a une importance considérable sur les perceptions et les croyances qu'ils se forgeront de ces événements.

a. Le divorce affecte les enfants

C'est une évidence. Les enfants fondent leur univers tout entier sur leur structure familiale, et lorsque cette structure s'effondre, le monde de l'enfant se retrouve temporairement dépourvu de soutènement. Les enfants ont une notion du temps qui diffère de celle des adultes : ils ne comprennent pas que le chaos n'est que temporaire, et cela génère de l'anxiété.

Car ce qu'ils savent c'est qu'ils dépendent de leur famille et qu'ils perçoivent que cette famille a désormais implosé.

Les enfants se sentent souvent désemparés. Ils ne peuvent pas empêcher le divorce, le réparer ou sauver maman ou papa. Leurs souhaits, leurs préoccupations, et leurs craintes semblent passer au second plan. Ils peuvent se sentir extrêmement seuls. Le divorce est une expérience intensément douloureuse.

Le divorce affecte les enfants différemment selon leur classe d'âge. Le docteur Anthony E. Wolf a découvert que les enfants luttent contre tout un panel de problèmes, selon leur propre processus de développement. *(« Why did you have to get a divorce – and when can I get a hamster ? » A guide to parenting through divorce*, éditions Noonday, 1998). Lorsque les enfants ont moins de deux ans, la séparation de leurs parents va toucher leur sens de l'attachement et leur sentiment de confiance. Entre deux et cinq ans, ils souffriront plus du stress lié au changement et à la perte.

Dès six ans les enfants sont suffisamment âgés pour se faire du souci, et ressentent souvent une angoisse par rapport à l'endroit où ils vont vivre, ce qu'il va advenir d'eux, et comment gérer leur propre conflit de loyauté. Les besoins complexes des adolescents en quête à la fois d'indépendance et de lien sont perturbés lorsque leurs parents divorcent, ce qui risque de faire flamber leur rébellion et les conflits vis à vis de chacun de leurs parents.

La plupart des parents ont du mal à accepter la vérité. Ils ne peuvent pas garantir que leurs enfants ne ressentiront aucune douleur, et il n'existe aucun mot ou action magique qui feraient disparaître leur souffrance. Toutefois, si l'on est attentif à la façon dont on divorce et que l'on évite de tomber dans les pièges qui compliquent la gestion des événements pour les enfants, on les aidera à passer ce cap et à retrouver l'équilibre au sein d'une famille réorganisée.

b. Accompagner les enfants dont un parent est absent

Delphine partage : Mon mari m'a quitté lorsque j'étais enceinte de trois mois de notre deuxième enfant. Notre aîné avait à peine trois ans à l'époque et ne se souvient pas de son père. Il ne fait pas du tout partie de notre vie, en fait je n'ai pas entendu parler de lui depuis deux ou trois ans. Les deux enfants sont à l'école élémentaire maintenant et m'ont posé beaucoup de question à propos de leur père. Je crois qu'ils se sentent tristes parce qu'ils n'ont pas de papa et leurs amis en ont un. Comment est-ce que je peux les aider à gérer cela ?

Dans les premières années de leur vie, les enfants sont égocentrés (ils se voient comme le centre de leur propre univers). Ainsi, parfois, ils sont convaincus que l'absence d'un de leur parent est d'une certaine façon de leur faute. Ils sont à cet âge d'excellents observateurs, mais ils n'interprètent pas toujours ce qu'ils voient avec justesse. Or ils voient que les autres enfants ont un père et qu'eux n'en n'ont pas.

Les outils que nous avons vus jusqu'ici seront efficaces également dans ce contexte : l'écoute active pour entendre ce que les enfants ressentent, l'honnêteté émotionnelle pour partager avec des mots simples ce qui s'est passé. L'enfant aura besoin de nous sentir accessible pour leurs questions, et on leur fera comprendre que leur envie d'en savoir plus est légitime. Enfin, même si ces conversations sont parfois inconfortable pour le parent, l'effort de ce dernier de ne pas prendre les émotions de l'enfant (chagrin, frustration de ne pas connaître son père) personnellement, comme un signe de rejet ou de rancune. Le chagrin qu'ils éprouvent de ne pas connaître leur père ne veut pas dire qu'ils ne nous aiment ou ne nous apprécient pas.

Il est normal qu'un enfant fasse preuve de curiosité à propos d'un parent manquant. Il peut être en colère contre lui pour avoir disparu. Et il a besoin de comprendre que ce dernier n'est pas parti parce que lui, l'enfant, était « mauvais ». Il se peut aussi qu'il idéalise ce parent qu'il ne connaît pas, les fantasmes peuvent avoir l'air bien plus attrayant que la réalité.

Des encouragements, beaucoup d'écoute, et une volonté d'affronter honnêtement ce qui différencie votre famille de l'image traditionnelle d'une famille « normale » aideront votre enfant à donner un sens à un univers qui peut sembler confus et décevant. Et oui, un seul parent aimant et impliqué peut vraiment suffire. Si on les accompagne, les enfants auront la ressource de gérer ce défi. Les parents efficaces n'essayent pas de protéger leurs enfants de toute peine mais les aident à apprendre comment la gérer.

4. Vers un partenariat fonctionnel avec l'autre parent : poser les bases relationnelles

79 % des familles monoparentales se sont constituées à l'issue d'un divorce ou d'une séparation. Ce qui signifie que pour la plus part des parents solos, un part importante – et souvent source de stress – de leur parentalité consiste à faire avec l'autre parent de leur enfant.

Comment s'entendre alors que l'on n'est plus mariés ? Comment gérer les visites, le droit de garde et les nouvelles relations dans chacun des deux foyers ? Que faire si tout simplement on ne se supporte plus ? Et que faire si l'autre parent ne vient jamais rendre visite, n'appelle jamais, donne l'air de s'en moquer ? Que faire s'il ou elle ne contribue pas aux frais occasionnés par l'éducation de l'enfant ? Et que dire à vos enfants ?

Personne ne peut dire exactement comment construire un partenariat fonctionnel avec l'autre parent de votre enfant. Cela demande de nombreux ajustements, des efforts et de l'implication. Il existe cependant quelques pièges à éviter pour poser des bases saines d'un fonctionnement favorable à l'harmonie pour tous, parents comme enfants.

Voici quelques pistes qui pourront aider à poser des lignes de conduite :

- *Respecter le besoin qu'à l'enfant d'aimer l'autre parent et de passer du temps avec lui.*
- *Résister à la tentation de se servir des enfants comme espions*
- *Accepter que l'on ne puisse pas contrôler l'autre parent*
- *Ne donner pas libre cours à la manipulation que les enfants pourraient être tentés d'exercer*
- *Eviter de critiquer son « ex-conjoint » ou de « sauver » son enfant.*

a. Respecter le besoin qu'à l'enfant d'aimer et de respecter l'autre parent

Les enfants sont incroyables. Ils ont la capacité de voir clairement les erreurs et les défauts de leurs parents et de les aimer quand même. Ils savent par exemple que leur père ne tient pas souvent ses promesses, ou que leur mère est étourdie et qu'on ne peut pas toujours compter sur elle. Pourtant, ils savent aussi que leurs parents font partie de qui *ils* sont et ont une place dans la construction de leur identité. Attaquer l'autre parent ou interférer négativement dans les relations peut les blesser personnellement. Presque tous les enfants souhaitent continuer à aimer leurs deux parents, peu importe ce que les parents pensent l'un de l'autre – et souvent malgré les négligences, les promesses brisées et les échecs relationnels.

Les parents peuvent être vulnérables au lendemain d'un divorce, et cela peut être tentant d'influencer la loyauté d'un enfant en dénigrant l'autre parent, en se montrant possessif ou en exerçant son contrôle. Or le fait pour les enfants d'avoir envie de voir l'autre parent et de passer du temps avec lui ne veut pas dire que notre enfant soit en train de vous trahir ou qu'il ne nous aime pas. Les enfants trouvent souvent bien plus facile d'aimer plusieurs adultes plutôt que d'être forcés de choisir entre deux. Même si cela n'est pas toujours facile pour les parents, permettre aux enfants de construire et nourrir leur relation avec chaque parent avec le sentiment d'y être pleinement autorisés les aidera grandement à vivre l'expérience de la séparation. De même, lorsque les deux parents s'accordent sur l'approche éducative, lorsqu'ils participent *chacun* à leur mesure à poser un cadre à la fois ferme et bienveillant (sans que l'un assume un rôle stricte de gendarme pendant que l'autre se fait le parent « cool » centré sur les plaisirs), lorsqu'ils respectent ce qui est fait chez l'autre parent (même si eux font différemment), c'est de la sécurité et de la cohérence qu'ils offrent à leurs enfants. Et si les parents ne sont pas d'accord sur la façon de faire, c'est encore respecter les enfants que d'en parler en dehors d'eux, entre adultes, en partageant chacun sa vision des choses et en recherchant des solutions qui pourront convenir aux deux parties.

b. *Résister à la tentation de se servir de ses enfants comme espions.*

D'une manière ou d'une autre, lorsque l'on se sépare après des années de vie commune, on est toujours curieux de savoir comment cela se passe chez l'ex-conjoint. Et si, par exemple, il refait sa vie avec quelqu'un d'autre alors que l'on vit seul(e), on peut être envahi(e) par l'amertume, le rejet et la colère.

La tentation est alors grande de solliciter les enfants par nos questions et suppositions pour avoir des détails sur ce qu'il se passe dans la maison de l'autre parent.

Edouard rentra un matin et annonça qu'il avait passé une magnifique soirée avec sa mère et Jeremy, son nouveau compagnon.

– *On est sortis au restaurant pour manger une pizza!*» dit Eddie, «*et puis on a joué à un jeu ensemble*».

Puis il ajouta innocemment:

– *Et puis Jéremy est resté dormir à la maison*».

Son père, blessé, jaloux et un peu en colère dit alors:

– *Ah oui? Et il a dormi où?*»

La réponse d'Edouard n'a pas d'importance. Comme nous l'avons mentionné, les enfants ont des antennes incroyablement sensibles qui leur permettent de détecter les émotions véritables de leurs parents. Dès l'instant où il avait enregistré la question de son père et perçu les émotions sous-jacentes, Edouard s'inquiéta des effets blessants de sa réponse. La seule façon pour lui d'éviter de trahir sa mère tout en satisfaisant la curiosité de son père était de mentir ou de dire:

– *Je ne sais pas*».

Les enfants pris entre deux parents vivent un conflit de loyauté, car ils aiment les deux. Ils cherchent à tout prix à les protéger et à éviter d'aggraver le conflit.

Ainsi, satisfaire notre curiosité, toute légitime soit-elle, en se servant des enfants comme d'intermédiaire est une entreprise risquée pour eux. Si nous souhaitons les aider à trouver un équilibre plein et entier dans chacun de leur deux foyers, mieux vaut s'abstenir de les associer à notre curiosité. De même, les lier à nos secrets avec des « *surtout, tu n'en parles pas !* » peut provoquer chez eux un sentiment de malaise et être émotionnellement difficile à gérer.

La plupart des enfants veulent se sentir libres d'aimer les deux parents et de participer pleinement à leurs deux foyers, bref, d'avoir deux familles.

Une après-midi, Bénédicte était en train de ramener son jeune fils Marc, de l'école à la maison. Son père venait juste d'annoncer à Marc qu'il pensait l'emmener dans le sud pour Noël pour rendre visite à sa nouvelle petite amie et à ses enfants. Noël était dans un mois, et Marc n'osait pas évoquer le voyage avec sa mère de peur de la faire souffrir. Bénédicte perçut son émotion et bien que l'idée ne l'emballe pas, elle lui donna un coup de main :

– *Tu vas certainement t'amuser comme un fou avec papa et Carol à Noël* », dit-elle sur un ton anodin tandis qu'elle s'éloignait de l'école.

Marc se tourna vers elle avec le visage empreint de surprise.

– *T'es au courant ?* » demanda-t-il.

Bénédicte observa les épaules de son fils se détendre : le soulagement était évident.

– *Est-ce que tu avais peur de me parler de ce voyage parce que tu avais peur de me blesser ?* » demanda-t-elle.

Marc acquiesça, encore trop intimidé pour en dire plus.

Bénédicte fut ensuite capable d'expliquer ce qu'elle ressentait.

– *Tu sais, ça n'est pas toujours facile pour moi de penser que papa est maintenant heureux avec une autre personne. Parfois, je me sens encore mal, mais avec le temps, cela passera. Et je comprends très bien que tu aimes beaucoup Carole et que tu aies très envie de faire ce voyage.* »

Cela prit du temps mais Marc commença à réaliser que sa mère pouvait accepter ses émotions et ses envies, même si les siennes étaient différentes. Peu à peu il se mit à parler plus librement de son autre maison et de sa nouvelle famille. Ce n'était pas toujours facile à entendre pour Bénédicte, mais elle était sincèrement heureuse que Marc se sente suffisamment à l'aise pour être honnête avec elle, et qu'il n'ait plus le sentiment de devoir lui dissimuler une part de sa vie.

Les enfants ne doivent porter que ce qui leur appartient. Parce qu'ils sont si perméables aux émotions de leur parents et peuvent facilement s'en tenir pour responsables, il est essentiel de leur rappeler avec des mots simples qu'ils n'ont pas la responsabilité de la séparation de leurs parents ni de leur bonheur respectif. Ils sont en droit de reconstruire leur équilibre dans chaque foyer sans avoir la crainte de faire souffrir. Pour les aider dans ce processus, notre responsabilité de parent sera de les rassurer quand cela est nécessaire et de garder nos antennes en alerte sur leurs émotions pour les accompagner dans leur nouvelle vie, autant chez nous que chez l'autre parent.

c. Accepter que vous ne puissiez pas contrôler l'autre parent.

Les deux filles de Suzanne s'étaient levées et habillées tôt ce samedi matin. Leur père venait les chercher pour passer la journée avec elles. Elles prêtèrent à peine attention aux dessins-animés du samedi matin, leurs oreilles tendues vers le carillon de la porte, et elles se levaient fréquemment pour jeter un coup d'oeil dans la rue. Suzanne regardait, impuissante, les aiguilles de l'horloge tourner, les dessins animés se terminer, et l'heure du déjeuner venir et passer. Elle vit progressivement l'excitation et les sourires de ses filles se faner. Ne sachant quoi leur dire, elle s'affairait dans la maison tout en maudissant leur père intérieurement.

Robert, le père des fillettes, se présenta au milieu de l'après-midi avec un air contris.

– *Mais où tu étais ?* » lui cria Suzanne.

– *Tu ne savais pas que les filles t'attendraient ? Pourquoi tu n'as pas appelé ? Tu as toujours été comme ça ! Si tu ne peux pas tenir les promesses que tu fais à tes enfants, peut-être que tu ne devrais pas avoir de droits de visite du tout !* »

Sur la défensive face à l'agressivité de Suzanne, Robert renchérit :

– *J'ai oublié que j'avais promis à ma compagne et à ses enfants de les emmener déjeuner. Arrête de m'agresser !* »

Tandis que leurs parent se disputaient au dessus de leurs têtes, les deux fillettes se tenaient debout, regardant leurs chaussures et tripotant leurs vêtements, souhaitant en silence pouvoir être ailleurs, bien loin des hurlements.

Cependant, la seule vie qu'un parent solo peut contrôler, c'est la sienne. Essayer de manipuler l'autre parent ou de forcer des changements dans une attitude ou dans façon de faire risque probablement de provoquer amertume et colère : une situation explosive pour l'enfant qui se retrouve pris entre les deux.

Les couples mariés qui élèvent des enfants sont parfois en désaccord, ou ont des opinions divergentes en ce qui concerne la parentalité. Mais d'une certaine façon, lorsque les couples divorcent, ces différences semblent s'amplifier. Il est difficile de ne pas avoir envie de contrôler ce qui se passe chez l'autre parent, ou de forcer ce dernier à changer d'une façon ou d'une autre. Accepter l'autre tel qu'il est devient un défi.

Quand bien même Suzanne avait de bonnes raisons de se sentir en colère, et Robert une justification à son retard, la gestion agressive de leur désaccord et leur souhait de se changer l'un l'autre ne fit qu'aggraver le désarroi de leurs filles.

C'est indéniablement douloureux pour un enfant de devoir faire face à la déception qu'un parent irresponsable peut provoquer. Malgré tout, nous devons tous apprendre à gérer la déception et à accepter la réalité, et on peut apporter son aide en se concentrant sur les sentiments de l'enfant plutôt que sur les échecs de l'autre parent. Les écouter, partager ses propres émotions, expliquer que le retard n'est pas de la faute des enfants mais un conflit dans l'organisation du planning de leur père, échanger entre adulte en dehors des enfants pour exprimer son désaccord, utiliser les Temps d'échange en Famille pour trouver des solutions : autant d'outils pour faire de son foyer un lieu sécurisant pour les enfants.

d. Ne donner pas libre cours à la manipulation en critiquant votre « ex » ou en sauvant votre enfant.

Pauline s'apprêtait à prendre une douche lorsque le téléphone sonna.

– *Maman ?* » chuchota une petite voix. «*Maman, tu me manques. Je veux pas rester chez papa, S'il te plait viens me chercher !* »

Pauline pouvait entendre les larmes dans la voix du petit Paul de six ans, et son chuchotement trahissait le fait que son père ne savait pas qu'il était en train d'appeler. Pauline prit une profonde et lente inspiration, et combattit l'envie qui la démangeait très fortement de sauter dans sa voiture pour aller chez son ex-mari.

– *Chéri* » dit-elle avec douceur, « *Qu'est ce qui se passe ?* »

Désormais Paul pleurait à chaudes larmes :

– *Je veux juste pas rester ici. Je te veux toi ! Maman, ne m'oblige pas à rester ici* ».

Pauline tâtonna pour trouver les mots justes :

– *Paul, mon poussin, je sais que tu es triste. Je me rends compte combien c'est dur pour toi. Tu me manques aussi. Je t'envoie un énorme câlin par le téléphone – est ce que tu le sens ?* »

Il y eu un reniflement étouffé de l'autre côté de la ligne.

– *Mmh-hhm* » dit-il.

Puis Pauline demanda :

– *Paul, où est ton papa ? Est-ce-que tu peux aller le chercher pour moi ?* »

Lorsque son ex-mari prit le téléphone, Pauline avait repris contenance.

– *Paul vient juste de m'appeler. Il n'a pas l'air bien et se sent seul. Je crois que ça aiderait si tu t'asseyais un moment avec lui pour lui parler* ».

Pauline entendit Benjamin prendre une profonde inspiration, puis il la remercia d'avoir appelé, et proposa que Paul la rappelle le lendemain.

Pauline raccrocha le téléphone en se sentant elle même bien seule, tout en étant convaincue qu'elle avait agit correctement. Aussi en colère qu'elle puisse être parfois contre Benjamin, elle savait qu'il était un bon père, et qu'il prenait son rôle de parent sérieusement. Elle voulait que leur fils se sente proche d'eux deux – et elle ne voulait pas que Paul apprenne qu'il pouvait jouer un parent contre l'autre, même si ses sentiments étaient sincères. Avec le temps, la décision de ses parents de travailler ensemble plutôt que de se battre pour l'affection de

Paul lui permettrait de les aimer et de les respecter tout autant l'un que l'autre.

Il est tentant – parfois terriblement – de vouloir intervenir dans la relation d'un enfant avec son autre parent. Les enfants souvent ne savent pas ce dont ils ont besoin. A d'autres moment le désir de leurs parents de s'attaquer l'un l'autre exacerbe le conflit de loyauté dont souffre l'enfant, et leur donne la possibilité de manipuler des situations – et leurs parents. Il est difficile de mettre la langue dans sa poche, et de se retenir de critiquer et d'attaquer l'autre parent. Mais encourager le respect et la proximité avec les deux parents (en l'absence d'abus ou de négligence avérés), ne peut, sur le long terme, qu'être bénéfique aux parents comme aux enfants.

BOÎTE À OUTILS

- Prendre le temps de gérer la séparation émotionnelle au-delà de la séparation légale
- Dans ce processus de reconstruction, prendre soin de soi (chapitre 13)
- Rappeler aux enfants avec des mots simples que le divorce n'est pas de leur responsabilité : c'est une histoire entre deux adultes, et bien que séparés, leur père et leur mère continuent à les aimer de tout leur cœur (les enfants se rendent facilement responsables de situations qui leur échappent).
- Conserver les liens avec la famille élargie : les grands-parents, oncles et tantes, peuvent être un soutien précieux.
- S'assurer que les deux parents sont présents dans la vie de l'enfant : un père qui a été longtemps absent, un parent qui n'a pas la garde, pourront apporter beaucoup par leur présence dans la vie de l'enfant.
- Pour rester en lien quand on a peu de temps ensemble, les coups de téléphone, les cartes, emails, souvenirs de vacances seront autant de signes de présence.
- Lorsque l'on a un peu de temps, on pourra centrer ce temps sur de la qualité relationnelle : faire des activités ensemble, des Temps d'Echange en Famille, partager.
- Que ce soit sur le divorce lui-même ou sur un parent

absent, accueillir les questions des enfants avec ouverture et y répondre avec simplicité.

- Pour poser les bases d'un partenariat qui fonctionne avec l'autre parent, le fil rouge qui guidera les parent sera, au-delà de leurs désaccord, l'intérêt de leur enfant :
  - Respecter le besoin qu'à l'enfant d'aimer l'autre parent et de passer du temps avec lui.
  - Résister à la tentation de se servir de ses enfants comme espions
  - Accepter que l'on ne puisse pas contrôler l'autre parent
  - Ne pas donner libre cours à la manipulation en critiquant son « ex-conjoint » ou en « sauvant » son enfant.

16 VERS UNE COPARENTALITÉ RESPECTUEUSE

1. Les parents séparés ou divorcés restent liés d'une façon ou d'une autre

Contrairement au veuvage qui entraîne inéluctablement la monoparentalité, la séparation et le divorce eux ne privent généralement pas les enfants de leurs parents.

Que la séparation soit souhaitée ou non, lorsqu'on est parent d'un enfant avec quelqu'un d'autre, cette personne fait partie de votre vie pour de nombreuses années. Dépasser les émotions souvent difficiles à vivre qui ont accompagné cette rupture de telle sorte que s'instaure une relation civile avec son « ex » peut sembler impossible à première vue. Dans le chapitre précédent nous avons évoqué les pièges à éviter afin de préparer le terrain de façon constructive.

Divorcer ne veut pas dire cesser d'être un parent. Cela marque un changement certes, mais il est toujours possible d'élever des enfants conscients d'avoir deux parents qui les aiment. Cela prend du temps de faire le deuil de la relation que l'on avait avant et d'être prêt à réinvestir son énergie différemment. Cela requiert aussi maturité et engagement même si malheureusement toutes les histoires n'ont pas une fin heureuse. Alors comment vivre avec ses blessures ou les dépasser pour se concentrer sur le bien-être de l'enfant ?

Les bagarres et désaccords que l'on a pu connaître dans son couple ne présagent pas nécessairement d'une incapacité à développer un partenariat qui permettra d'être des co-parents efficaces.

Reste à apprendre à faire évoluer une relation d'intimité vers un partenariat parental.

2. Construire un partenariat fonctionnel

a. Définition de la coparentalité

En France, la « coparentalité » est devenue le concept majeur qui organise la loi de mars 2002 sur l'autorité parentale.

Cette notion, qui suggère qu'« il est de l'intérêt de l'enfant d'être élevé par ses deux parents » – qu'ils soient en couple ou non, célibataires, mariés ou divorcés, ou, pourquoi pas, de même sexe -, suscite de nombreuses controverses dans lesquelles nous ne rentrerons pas.

Dans cet ouvrage nous utiliserons le terme de coparentalité selon sa définition juridique « nom donné à l'exercice conjoint par les deux parents de l'autorité parentale » et nos propos auront pour objet de nourrir la réflexion autour de la question suivante : comment construire une coparentalité qui soit un partenariat efficace et fonctionnel.

b. Communiquer de manière efficace

i. Décider de la façon dont on souhaite communiquer

Le premier pas sur le chemin de la coparentalité est d'apprendre à communiquer de façon efficace et ouverte. Si l'on ne peut pas imposer une façon de communiquer à l'autre on peut décider de ce que l'on fera, comme par exemple garder son calme autant que faire se peut. De même, l'honnêteté émotionnelle (voir chapitre 4) ne requiert pas l'expertise de deux personnes, une seule suffit. Nous pouvons partager ce que nous pensons, ce que nous ressentons et ce que nous voulons. La clé est de ne pas s'attendre à ce que son ex-partenaire pense ou ressente la même chose que soi et de ne pas partir du principe qu'il nous donnera ce que nous souhaitons.

La démarche est alors guidée par ce que l'on peut faire soi pour contribuer à une communication saine et constructive et non pas par ce que l'on aimerait que l'autre fasse.

Certains parents divorcés trouvent utile d'imaginer leur nouvelle relation comme une sorte de partenariat dans l'entreprise d'élever des enfants. Il est possible de se pencher sur les détails des droits de visite et de partager les informations concernant les activités sportives, l'école, les maladies et les événements importants sans se référer aux problèmes émotionnels inhérents à la fin d'un mariage ou d'une relation.

Il est rare que dans l'exercice de son métier on apprécie toutes les personnes avec lesquelles on est amené à travailler. Certaines nous sont plus sympathiques que d'autres et pourtant cela ne nous empêche pas d'accomplir ce qui doit l'être. Bien souvent on choisit d'être courtois et respectueux sans compliquer les relations de travail avec notre ressenti envers un tel ou une telle.

Des « ex » peuvent apprendre à éviter les gestes qu'ils savent déclencheurs de conflits, être respectueux des sentiments de chacun, échanger des idées sur la façon d'exercer sa parentalité.

Parfois l'exercice est trop difficile et les émotions encore trop vives. C'est alors l'occasion de faire appel à une aide extérieure : médiateur, groupe de soutien en parentalité, conseiller. Cet effort pour garder une communication ouverte n'est pas seulement un droit de l'enfant, c'est une chance de vivre cette réorganisation de façon plus sereine, pour les parents comme pour les enfants.

Bien souvent le refus d'un ex-conjoint de co-construire un partenariat respectueux, n'a rien de personnel. Il est bon de s'en souvenir. Ce choix parle d'elle ou de lui, et non de vous. Dans ce cas-là, ne pas riposter est probablement le choix le plus sage et le plus aidant pour ses enfants.

ii. Partager l'information

Les informations à propos des activités de l'enfant, de sa santé, et de ses progrès peuvent être un outil important aidant les deux parents à rester connectés – comme cela peut devenir une arme dans la lutte pour obtenir l'affection de l'enfant.

Il existe une Règle d'or en matière de partage de l'information : s'efforcer de transmettre à l'autre parent les informations que l'on souhaiterait avoir si on était à sa place.

C'est non seulement une façon d'organiser la logistique, de rester centrer sur ce qui concerne l'enfant, de s'assurer que les routines sont stables mais c'est aussi un message fort envoyé à l'enfant sur le fait que même lorsque les parents ne s'entendent plus, leur amour et leur implication pour l'enfant ne changent pas.

Et même lorsque l'autre parent n'est pas impliqué, le simple fait de l'informer est une preuve de respect et de courtoisie que l'enfant intègre d'ailleurs comme modèle au même titre que le reste.

Enfin, s'il nous est impossible de conserver notre calme en présence de l'autre parent, le partage d'information peut tout aussi bien se faire par courrier électronique ou par boîtes vocales interposées.

3. Se mettre d'accord sur un projet de coparentalité

Lorsque c'est possible, partir d'une structure ou d'un plan sur lesquels les deux parents se sont mis d'accord peut éviter nombre de conflits et s'avérer très bénéfique pour les enfants.

A quoi peut ressembler un plan parental ?

A un certain moment au cours du processus légal, on peut envisager les problèmes suivants et tenter de se mettre d'accord à leur sujet avec l'autre parent de son enfant :

- Planification des droits de visite : toutes les formules sont possibles et imaginables (elles peuvent résulter d'un accord entre les deux parents ou d'une décision du juge)
- Responsabilité : qui prendra quelles décisions ?
- Education, lycée et dépenses : comment souhaite-t-on s'organiser ?
- Soins médicaux, dentaires et assurances maladies ou autres
- Suivi thérapeutique lorsqu'il est nécessaire
- Mode de garde des enfants (il est conseillé de se pencher sur les détails logistiques)
- Education religieuse
- Education parentale
- Contact avec la famille élargie (visites aux grands-parents et aux autres membres de la famille)
- Déménagements : est-ce que chacun des parents peut changer de ville et emmener les enfants ?
- Activités (sports, danse, musique etc.) qui les prend en charge ? Qui se charge des transports ? Qui y assiste ?
- Transports
- Accès aux documents scolaires et autres
- Impact sur les impôts : qui bénéficie de la déduction ?
- Comment seront gérées les modifications d'emploi du temps ?
- Comment seront résolus les désaccords ?

Cette liste n'est pas exhaustive mais peut déjà donner le vertige à beaucoup de parents. L'idée est de co-construire un cadre, souvent avec l'aide d'une médiation familiale, afin de faciliter le quotidien de tous, une fois les choses en place. Par exemple, dans l'idéal, plus les routines seront similaires d'un foyer à l'autre plus la vie de l'enfant s'en trouvera facilitée. Par ailleurs, le fait de co-construire un plan permet d'en faire part à l'enfant qui saura un peu mieux à quoi s'attendre. Autant de facteurs sécurisants dans cette période de changement.

La loi reconnaît que les enfants se portent mieux s'ils ont des rapports continus et fréquents avec leurs deux parents. Le juge restreindra les droits d'un parent à voir son enfant uniquement dans le cas où il existe des preuves selon lesquelles l'exercice de son droit de visite présenterait un danger pour l'enfant. Encore une fois, lorsqu'on traverse des conflits trop vifs pour en discuter à deux, le recours à une médiation par une troisième personne qui se montre objective est toujours une solution.

4. Construire deux familles équilibrées pour ses enfants

L'exercice de la coparentalité n'est pas toujours possible. Il est important de souligner, avant d'aller plus loin, que la coparentalité n'est pas indispensable au bon développement de l'enfant : les enfants peuvent grandir de façon saine et heureuse avec un seul de leurs deux parents. Mais construire une relation fonctionnelle et respectueuse avec son ex-partenaire (et ce, que le climat soit bon ou conflictuel entre les deux parents) ne peut qu'être bénéfique pour soi et pour l'enfant. Voici quelques suggestions pour s'aventurer sur ce chemin qui, comme tous les apprentissages, s'inscrit dans le temps.

Construire une coparentalité efficace

- Offrir respect et dignité
- Avoir un plan parental et respecter ses engagements
- Se méfier des batailles légales
- Exprimer sa gratitude lorsqu'elle est justifiée
- Se concerter pour faciliter les transitions
- Respectez l'histoire familiale

a. *Offrir respect et dignité*

« *Mais je ne respecte pas mon ex !* » pourrait-on entendre. « *Je ne l'apprécie même pas !* » Comme nous l'avons vu précédemment, il existe une différence entre les émotions et ce que l'on en fait. On peut ne pas supporter une personne et choisir néanmoins de la traiter avec courtoisie et respect. Alors bien sûr, on ne peut pas exiger de son « ex-conjoint » qu'il ou elle vous rende la pareille, mais il suffit d'un seul des deux partenaires qui se comporte respectueusement pour faire déjà une différence.

b. *Avoir un plan parental et respecter ses engagements*

Comme les routines pour les plus jeunes, le plan parental est un élément sécurisant dans une phase de transition comme une séparation. Il permet de savoir à quoi s'attendre et de préparer l'enfant, de mettre un peu de maîtrise là où il y a beaucoup d'incertitudes. Que ce soit un document écrit ou des accords moins formels cette démarche est porteuse de cohérence et favorise une coparentalité plus harmonieuse.

La plupart des parents (et des enfants) trouvent beaucoup plus facile de gérer les allées et venues d'un système de garde partagée et des droits de visite lorsqu'on s'est mis d'accord sur un emploi du temps précis et que tout le monde s'y conforme. Il devient alors plus facile d'intégrer l'imprévu sans trop de heurts. L'idéal, bien sûr, lorsque c'est possible est d'anticiper les changements de programme afin de pouvoir en informer l'autre parent et s'arranger.

c. *Se méfier des batailles légales*

Parfois avoir recours au tribunal est inévitable, même si c'est rarement le meilleur endroit pour résoudre des problèmes. Les batailles légales ont tendance à traîner en longueur et constituer une défense coûte cher. Et la tension est généralement palpable dans le contexte antagoniste d'une salle d'audience.

Pour toutes ces raisons et bien d'autres, la procédure légale devant le juge reste le dernier recours. L'hostilité et la colère entre les deux ex-partenaires ne sont pas propices à la réflexion, et provoquent de la peine et de l'anxiété chez les enfants. Autant investir son énergie dans la médiation, dans une démarche auprès d'un conseiller ou d'une personne neutre et de confiance pour avancer de façon constructive.

d. *Exprimer sa gratitude lorsqu'elle est justifiée*

« *Le père de ma fille et moi sommes passés par un divorce assez compliqué* » raconte une maman solo, « *et cela m'a pris longtemps pour accepter l'idée d'exercer une coparentalité avec lui. Un point qui a fait une grande différence au cours de cette démarche, c'est qu'il a financé – sans même que je le demande – un stage d'été de ballet extraordinaire pour notre fille et ça, je n'aurais jamais pu me le permettre. Ce n'a pas été facile pour moi, mais je l'ai appelé pour le remercier. Etonnement, notre relation est devenue plus facile depuis.* »

Le partage des responsabilités parentales allège infiniment la charge qui repose sur les épaules de chacun. Témoigner sa gratitude à son ex nous met dans un état d'esprit qui nous conduit vers plus de légèreté, de respect mutuel, de satisfaction.

Si décrocher son téléphone pour exprimer sa reconnaissance est trop difficile, un petit mot de remerciement suffit. Exprimer sa gratitude est une faculté qui s'exerce comme un muscle et change le regard que l'on pose sur la vie.

e. Se concerter pour faciliter les transitions

De nombreux parents solos racontent que l'humeur et le comportement de leurs enfants changent lorsqu'ils rentrent de chez l'autre parent. Les principaux intéressés trouvent difficile de faire des allers / retours entre les domiciles de leurs deux parents. Alors comment faciliter ces transitions inévitables ? Si les approches parentales des deux parents sont parfois très différentes, l'enfant a une grande capacité d'adaptation à condition que chaque parent sache se montrer à la fois ferme et bienveillant dans l'application des règles qui régissent son propre foyer. Les enfants peuvent être tentés de tester les limites posées de part et d'autre, et plus particulièrement au moment des transitions d'un endroit à l'autre. La Discipline Positive a justement à cœur d'aider les parents à enseigner à leurs enfants les compétences nécessaires pour s'adapter de façon constructive.

Par exemple, l'objet des routines et des chartes établies avec les enfants est d'accompagner de façon simple et pratique les séparations, les transitions, la logistique qui veut que l'enfant puisse avoir avec lui de quoi travailler (ses devoirs, son matériel, ses livres), ses vêtements, etc.

C'est dans la pratique, dans la façon de gérer les oublis que la routine pourra être affinée et que l'enfant pourra être associé à l'amélioration de l'existant, à travers la recherche de solutions (*« qu'est ce qui pourrait t'aider à penser à tes affaires ? Quelles sont tes idées ? »*). Une opportunité, grâce à l'entraînement, d'apprendre une compétence de vie essentielle, celle de se montrer responsable.

Si les approches parentales des deux parents sont parfois très différentes, l'enfant a une grande capacité d'adaptation à condition que chaque parent sache se montrer à la fois ferme et bienveillant dans l'application des règles qui régissent son propre foyer.

Cela peut aussi être utile de permettre aux enfants d'avoir leur espace à eux dans chaque maison. Si ce n'est pas possible, on leur proposera des tiroirs, des étagères, des boîtes de rangement de telle sorte que l'enfant puisse organiser ce qui est à lui. (Cela peut être judicieux de fournir aux tout-petits et aux enfants en âge de maternelle des doubles de leurs couvertures, nounours, doudous et autres objets de transition)

f. Respecter l'histoire familiale

Qui n'a pas eu un jour l'envie furieuse de brûler les albums photos et les lettres d'amour, de se débarrasser des alliances et des souvenirs, d'effacer toute trace de ce mariage soldé par une rupture. Une femme racontait un jour en atelier qu'elle avait juste laissé sa robe de mariée suspendue dans un placard de la chambre, en quittant la maison, un reproche silencieux adressé à son mari qui avait demandé le divorce. Mais le temps passant, de nombreux parents regrettent ces gestes vifs. Certes la relation n'est plus, mais le besoin de connaître son héritage demeure cher l'enfant.

Annie sut que quelque chose n'allait pas à l'instant où Christian, son fils de huit ans, passa la porte. Elle se leva du canapé, et alla vers lui pour le prendre dans ses bras.

– *Bonjour mon cœur. Comment ça va ? As-tu passé un bon moment avec papa ?*»

Christian secoua la tête. Puis, le menton tremblant, il regarda sa mère.

– *Papa va encore voyager, maman. On devait aller voir le match ce week-end mais maintenant on n'y va plus. Il dit qu'il est désolé, que c'est juste du boulot*».

Christian lutta avec ses émotions pendant un moment puis il explosa.

– *Je le déteste et lui, il ne m'aime pas ! Son boulot pourri est toujours plus important que moi. Je veux juste rester avec toi à partir de maintenant.* »

Dans sa tête Annie imagina une douzaine de réponses possibles, exprimant des sentiments variés allant de la sympathie teintée d'agacement envers son fils jusqu'à prendre la défense de son père. Annie savait que Charles aimait Christian, elle savait aussi qu'une partie des raisons qui poussaient Charles à travailler autant étaient son envie que leur fils ne manque de rien.

– *Tu sais quoi*» dit-elle en le serrant dans ses bras «*on va dîner et après je te montrerai quelque chose*».

En s'asseyant près de sa mère, un peu plus tard, Christian avait l'air à la fois intrigué et sur la défensive.

– *Qu'est ce que c'est maman ?*» demanda-t-il.

– *Il y a des photos que j'ai envie de regarder avec toi*» dit Annie tranquillement, en allant chercher un album photo.

Ensemble, mère et fils tournèrent les pages. On y voyait Charles tenant fièrement son fils nouveau-né.

– *Regarde : tu venais de naître et papa a été le premier à te prendre dans ses bras ! Il a l'air tellement fier !*», dit Annie.

Il y avait des photos de Charles et de Christian en train de jouer, de rire ensemble, de se chatouiller ou de dormir pelotonnés. On voyait aussi Christian avec la minuscule panoplie d'outils que son papa avait fabriqués pour lui, travaillant dans le garage avec son père. Christian ne disait pas grand-chose, mais il regardait attentivement chaque photo. Finalement il pointa du doigt une qui le montrait entre son père et sa mère.

– *Est-ce que je peux avoir celle-ci maman ?* » demanda-t-il doucement.

Quelques jours plus tard, Annie donna en cadeau à son fils un médaillon d'or avec une date gravée au dos.

– *Ouvre-le Christian* » lui dit sa maman.

A l'intérieur du médaillon, un jeune homme et une jeune femme se souriaient.

– *C'est le cadeau de mariage que ton père m'a offert. Je veux que tu l'aies chéri, pour que tu puisses te souvenir que tu as deux parents qui se sont aimés et étaient si heureux lorsque leur petit garçon est né. Nous ne sommes peut-être plus ensemble aujourd'hui, mais une chose n'a pas changé. Nous t'aimons tous les deux, Christian.* »

Christian regarda le médaillon, puis sa mère.

– *Merci, maman* » dit-il.

– *Est-ce que je peux appeler papa ?* »

Annie savait que son fils serait parfois déçu par ses parents, et que tous les trois feraient des erreurs. C'est en partageant des morceaux choisis de leur histoire familiale qu'Annie put aider son fils à retrouver de la sérénité, à se souvenir que si le contexte avait changé, il était entouré depuis toujours par deux parents qui l'aimaient.

5. Lorsque les enfants « se servent du système »

Tôt ou tard, dans les familles monoparentales du monde entier, ça arrive. « *Je veux aller vivre avec mon père (ou ma mère)* », « *Je ne veux plus vivre avec toi* ». Il est difficile de recevoir cette menace ultime sans se sentir blessé, inquiet ou menacé dans son rôle de parent.

Dans n'importe quelle famille, il arrive que les enfants fassent jouer un parent contre l'autre afin obtenir ce qu'ils veulent. Cette stratégie devient bien plus efficace encore lorsque les parents sont séparés.

Qu'est ce qui pousse les enfants à proférer de telles menaces ? Sans doute savent-ils fort bien que nous y sommes sensibles ! Les enfants sont intelligents, et ils font ce qui fonctionne. Or menacer de partir vient directement toucher le parent solo dans sa confiance en lui, dans sa vulnérabilité. Souvenez-vous des besoins cachés derrière les comportements inappropriés.

L'objectif de prendre une revanche : Un enfant qui menace de partir vivre avec son autre parent peut agir ainsi par désir de revanche. Il se peut qu'il se sente blessé pour telle ou telle raison et ait envie de riposter contre la personne disponible pour qui cela aura de l'importance – son père ou sa mère.

Ou bien, l'objectif de prendre le pouvoir : il se peut qu'il menace de partir dans le but de satisfaire son besoin de se sentir en maîtrise. Dans n'importe quelle famille, il arrive que les enfants fassent jouer un parent contre l'autre afin d'obtenir ce qu'ils veulent. Cette stratégie devient bien plus efficace encore lorsque les parents sont séparés.

Ou encore, il se peut qu'il ne poursuive pas un objectif mirage et que son comportement soit l'expression d'un désir réel d'aller vivre chez son autre parent. Cela pourrait aussi être la façon qu'il a de vous dire qu'il a juste besoin de voir plus son autre parent.

Comment savoir ce qui se passe réellement ? Un coup d'œil à la grille d'identification des besoins (GIB page 215) pourra être utile. La première étape sera d'identifier ce que l'on ressent en tant que parent, ce qui nous donnera alors des indices précieux sur ce que recherche réellement notre enfant.

Sans dramatiser, la question de curiosité, comme l'écoute active sont des outils très pertinents pour explorer ce qui se trame dans le cœur de l'enfant. En fait, souvent, lorsque le parent se refuse à mordre à l'hameçon et répond en disant simplement (sans colère ni moquerie), « *Eh bien, c'est quelque chose dont nous devrions discuter* », la menace perd une partie de son pouvoir magique et l'enfant ne s'en servira (plus ou moins) pour entrainer l'adulte dans un chantage affectif.

Marie reçut un coup dans l'estomac quand sa fille de treize ans, Manon, lui annonça

– *Je veux aller vivre avec papa* ».

Puis elle se souvint d'une discussion portant exactement sur ce sujet qui avait eu lieu deux semaines auparavant dans son groupe pour parents solos. Elle prit une bonne respiration puis répondit calmement

– *J'aimerais vraiment en parler avec toi plus tard ce soir* ».

Manon riposta

– *Tu ne me feras pas changer d'idée* ».

Marie n'en avait pas l'intention :

– *Mon but n'est pas de te faire changer d'idée mais de t'écouter sérieusement et de respecter ce que tu penses et ce que tu ressens. Et je sais que je serai plus disponible pour faire ça d'ici quelques heures. Est ce que juste avant le dîner ça te va ?* »

Toute situation n'a pas besoin d'être « réparée » ni qu'on y trouve une solution. Souvent il suffit d'avoir une conversation qui aide l'enfant à prendre conscience de ses émotions et à les exprimer.

Mère et fille eurent donc cette discussion qui se déroula ainsi :

– *Je suis prête à t'écouter, dis-moi ce qui se passe* » commença Marie.

Manon soupira et dit :

« *Je veux juste aller vivre avec papa* ».

Marie répondit :

– *Je comprends, je ne suis pas en train de te dire que tu ne peux pas. Je voudrais essayer de comprendre ce qu'il y a derrière cette décision. Pourquoi veux-tu aller vivre avec ton papa ?* »

– *J'ai juste envie, c'est tout* ».

Marie dit alors :

– *Manon, j'ai l'impression que tu te sens mal à propos de quelque chose. J'ai essayé d'imaginer ce que j'ai pu faire pour te blesser, mais je ne trouve pas. Est ce qu'il y a quelque chose dont tu ne me parles pas ?* »

Marion se mit à pleurer.

– *Papa me manque c'est tout. Le papa d'Angela l'emmène camper cet été et moi je ne vois presque jamais le mien. Il n'est jamais venu à mes concerts de piano ou à rien d'autre. C'est juste que je déteste ne jamais avoir deux parents !* »

Marie prit Manon dans ses bras.

– *Oh Manon* » dit-elle, « *Je suis tellement désolée. Je sais comme cela peut être difficile. Je sais combien tu aimes ton papa. Et à dire vrai, je comprends bien pourquoi tu as envie de passer autant de temps avec lui qu'avec moi.* »

Manon en convint :

– J*e déteste que papa et toi ayez divorcé* ».

Marie s'employa à faire comprendre à sa fille qu'il est bien normal d'aimer ses deux parents, d'avoir envie de passer du temps avec chacun, de rêver que les choses n'aient pas changé.

Marion était surprise, Elle demanda:

– *Tu veux dire que tu ne serais pas furieuse contre moi si je partais vivre avec papa pendant un moment?»*

Marie dit doucement:

– *Tu me manquerais évidemment, mais je ne serais pas fâchée».*

Marion passa ainsi un an chez son père avant de revenir vivre chez sa mère. De nombreux parents solos n'auraient pas eu envie d'envisager l'option de laisser leur enfant faire le choix de sa résidence, mais cela avait fonctionné pour Marie. Plusieurs facteurs ont rendu cette option possible:

- *Prendre un temps de pause afin d'aborder la discussion dans le calme et avec rationalité.*
- *Utiliser la grille d'identification des besoins cachés derrière les comportements, l'écoute active, la question de curiosité pour comprendre ce qui motive la demande de l'enfant. Dans l'exemple de Marie, la confusion avait poussée sa fille à se montrer hostile, et à viser la personne la plus facile à atteindre, sa mère. Le but de Marie a été de l'aider à démêler ses émotions et de parvenir à une décision constructive.*
- *Faire confiance et respecter la capacité de l'enfant à prendre certaines décisions (bien sûr il est indispensable de prendre en compte son âge et sa maturité), et poser un cadre, et donc des limites pour que l'enfant puisse participer aux décisions de façon réfléchie et non réactive.*

C'est un facteur d'équilibre lorsque l'enfant a la chance d'avoir deux parents impliqués, aimants. C'est de cette façon là aussi que l'autre parent continue à faire partie de notre vie.

Les enfants ont parfois envie de modifier le calendrier des visites de façon temporaire en raison d'évènements particuliers ou de besoins spécifiques. Si l'on souhaite impliquer les enfants dans les décisions qui les concernent, à nous de poser des limites fermes et bienveillantes qui leur éviteront de tomber dans la manipulation. Certains parents considèrent que permettre à des enfants plus âgés de gérer les changements directement avec le parent concerné fonctionne plutôt bien. Plus notre communication sera ouverte et constructive avec l'autre parent, plus ces changements se feront en douceur.

6. « J'ai besoin de vous deux ! »

Lorsque des parents prennent en considération les pensées et les souhaits de leurs enfants, ils savent que parfois le père et la mère seront appelés à être au même endroit, au même moment : assister au même spectacle, à des championnats sportifs, aux réunions de parents d'élève, à un mariage ou autre célébration.

C'est un facteur d'équilibre lorsque l'enfant a la chance d'avoir deux parents impliqués, aimants. C'est de cette façon-là aussi que l'autre parent continue, au-delà des différents qui nous opposent, à faire partie de notre vie.

Investir le temps et l'énergie nécessaire pour faire de notre relation avec l'autre parent de notre enfant une relation positive et équilibrée (même si elle ne peut pas être une relation d'amour) nous épargnera à nous et à notre enfant bien des souffrances. C'est aussi l'opportunité de poser les bases d'une vie plus heureuse et plus saine pour tous.

BOÎTE À OUTILS

- Faire le deuil de la relation que l'on avait avant et être prêt à réinvestir son énergie différemment.
- Garder à l'esprit que l'on ne changera pas son ex-partenaire ni sa façon de gérer son foyer.
- Co-construire un partenariat fonctionnel
  - Partager l'exercice de l'autorité et des responsabilités parentales.
  - Passer d'une relation d'intimité à un partenariat courtois (à l'image des relations que nous développons dans notre vie professionnelle)
  - Communiquer de façon efficace (questions de curiosité, écoute active, honnêteté émotionnelle, éviter les gestes déclencheurs de conflits, respecter les sentiments de l'autre parent)
  - Décider, pour soi, de la façon dont on souhaite communiquer et être modèle de cette compétence pour ses enfants (en particulier dans le cas ou l'autre parent ne souhaite pas communiquer ou s'accorder sur la façon de le faire)
  - On peut ne pas supporter une personne et choisir néanmoins de la traiter avec courtoisie et respect.
  - Trouver le moyen qui convient pour partager l'information (de visu, par téléphone, mail, messageries interposées, etc)
  - Avoir un plan parental et respecter ses engagements :

le plan parental, qu'il soit écrit ou moins formel est un élément sécurisant dans une phase de transition comme celle d'une séparation. Il permet de savoir à quoi s'attendre et de préparer l'enfant, de mettre un peu de maîtrise là ou il y a beaucoup d'incertitudes.

- Se méfier des batailles légales et investir son énergie de façon constructive : Autant investir son énergie dans la médiation, dans une démarche auprès d'un conseiller ou d'une personne neutre et de confiance pour avancer de façon constructive.

- Exprimer sa gratitude à l'autre parent lorsqu'elle est justifiée
- Se concerter pour faciliter les transitions et prévenir des changements
- Respectez l'histoire familiale
  - La relation n'est plus, mais le besoin de l'enfant de connaître son héritage demeure.
  - Faire passer le message à l'enfant qu'il est aimé de ses deux parents.
  - Encourager l'enfant à continuer à voir les deux côtés de sa famille lorsque c'est possible.
- Impliquer les enfants dans les décisions qui les concernent lorsqu'on juge que c'est approprié.
  - Permettre à l'enfant d'être loyal envers ses deux parents
  - Identifier le besoin qui se cache derrière le comportement (GIB chapitre 10) et faire des recherches de solutions avec l'enfant (par exemple lorsque ce dernier souhaite aller vivre chez l'autre parent)
  - Poser un cadre, et donc des limites pour que l'enfant puisse participer aux décisions de façon réfléchie et non réactive.
  - Faire confiance et respecter la capacité de l'enfant à prendre certaines décisions (bien sûr il est indispensable de prendre en compte son âge et sa maturité).

17 CÉLÉBRER VOTRE FAMILLE

Lorsqu'on interroge les gens sur l'image qu'ils ont de la famille, nombreux sont ceux qui décrivent une configuration traditionnelle, avec un couple marié et deux ou trois enfants. Et pourtant, la réalité d'aujourd'hui propose un paysage bien plus varié : couple marié ou non, familles monoparentales, familles recomposées, résidence commune ou séparées, tous les schémas existent. Est-ce que cela signifie que les schémas non « traditionnels » et par exemple la famille monoparentale ne seraient pas « normaux » ? Sûrement pas. Cela prouve simplement que les croyances peuvent perdurer au-delà des changements. Aussi, si l'on vit dans une famille « non traditionnelle », non seulement doit-on l'accepter, mais bien plus, il faut le célébrer ! Les foyers monoparentaux peuvent être des lieux merveilleux où grandir. Ils ne sont pas « brisés », et les enfants qui y vivent ne sont pas condamnés à l'échec ou la désillusion. Les familles qui deviennent monoparentales demandent un peu de temps d'adaptation et de réorganisation pour retrouver un équilibre pour tous, mais elles peuvent être sereines, stables, et offrir un espace plein d'amour pour les adultes et les jeunes enfants qui le partagent.

1. Reconnaître la valeur de votre famille monoparentale

Votre famille a un caractère unique. Autant individuellement qu'ensemble, vos enfants et vous avez des forces, des capacités et une faculté de compréhension qui vous sont propres. Votre famille ne ressemble peut-être pas tout à fait à celle des voisins (ou ne fonctionne peut-être pas tout à fait comme celle que vous observez dans les séries télévisées), elle a justement à ce titre une valeur unique.

Il est souvent plus facile de se concentrer sur ce qui va mal que sur ce qui fonctionne, et pourtant, il y a beaucoup de choses positives dans les familles monoparentales. Parfois, la disparition, des conflits et des désaccords qui existaient avant le divorce permet à chaque parent de se sentir plus libres et plus disponibles pour construire une relation profonde avec les enfants. Lorsqu'elle est imposée, la monoparentalité peut être perçue comme un manque ou une souffrance, mais avec le temps, on verra apparaître les bénéfices et les spécificités qui font de notre famille un schéma unique.

2. Qu'est-ce que notre famille a de si spécial ?

La comparaison avec les familles « traditionnelles », où avec la famille que nous formions avant la séparation nous conduit souvent à avoir les yeux rivés sur ce que l'on a perdu, sur nos illusions déçues, sur les difficultés concrètes que génère notre nouvelle configuration familiale. C'est oublier que chaque personne qui compose notre famille (nous et chacun de nos enfants) a une personnalité unique, avec des talents, des atouts, et que la combinaison de tous ces éléments fait de notre famille une entité très spéciale.

Un jour, bientôt, (lorsque vous serez prêt, peut-être au cours d'un Temps d'Echange en Famille), prenez un moment avec vos enfants, utilisez une grande feuille de papier, et commencez à réfléchir, à discuter, et à y écrire tout ce qui fait que votre famille est spéciale. « *On n'est pas spéciaux du tout* » penserez-vous peut-être, « *Nous sommes juste des gens comme les autres qui essayent de s'en sortir* ». Mais vous découvrirez, si vous prenez le temps et l'énergie d'y réfléchir, qu'il existe des points très particuliers qui font que votre famille est à part.

Et parce que chacun d'entre nous est unique, les familles que nous formons le sont tout autant.

Ce que vous découvrirez vous surprendra peut-être. Il se peut qu'il règne dans votre foyer une atmosphère particulièrement chaleureuse et ouverte, ou une énergie faite de motivation et d'enthousiasme. Chaque enfant a ses propres centres d'intérêts – basket, musique, danse classique, jeux vidéo, lecture – qui fait sa joie. Vous avez vos propres compétences et vos propres talents. Votre famille a peut-être des animaux domestiques rigolos, ou peut-être partagez-vous les mêmes intérêts (le camping, le vélo, la lecture ou le jardinage) qui vous donne un sentiment d'identité. Votre foyer, votre quartier, tout ce qui vous concerne – même ce qui est inconfortable – fait de vous quelqu'un de différent et d'unique.

Une fois que vous aurez rempli votre feuille de papier, vous pourrez passer encore un peu de temps ensemble à découper des images dans des magazines pour illustrer ce que vous y aurez noté. Puis affichez votre « portrait de famille » dans un endroit bien en vue, et enrichissez-le suivant votre inspiration. Peut-être trouverez-vous une devise ou un proverbe familial qui fera un titre parfait. Prendre du temps en famille pour découvrir ce qui vous rend unique vous aidera à vous sentir tous unis, à apprécier ce que vous avez, et à comprendre que ce qui rend votre famille différente est une force sur laquelle on peut s'appuyer.

3. Réinventer des traditions

Une large part de l'identité d'une famille repose sur ses traditions : la façon dont on passe les moments importants, les célébrations et les rituels que l'on instaure dans nos vies passées ensemble.

Pour les parent solos, les traditions et fêtes familiales ne sonnent plus très « justes ». Les vacances de fin d'année par exemple, déjà compliquées à organiser, deviennent un moment particulièrement difficile. Souvent le temps des enfants doit être partagé entre les deux parents, et pour celui qui reste seul, la vie peut sembler un peu vide.

Pour les traditionnels moments forts en famille, de nombreuses questions jusque là inconnues viennent à l'esprit : mes enfants seront-ils avec moi pour mon anniversaire ? Avec qui passeront-ils Noël ? Il semble que quelque soit l'organisation que l'on trouve, l'un des parent se sentira seul, froissé, un peu perdu.

Cependant, il y a des choses concrètes à faire pour réinventer la tradition dans une famille monoparentale et réinsuffler de la joie dans les fêtes de fin d'année et dans les occasions de célébration familiales.

Voici quelques pistes

- Renoncer aux mythes
- Improviser ou faire les choses différemment pour réinventer les traditions
- Impliquer les enfants dans l'organisation des moments festifs
- Essayer de résister à la pression d'offrir des cadeaux en abondance

a. *Renoncer aux mythes*

Nous sommes encore nombreux à penser qu'une fête de famille doit ressembler à un épisode de *La Petite Maison dans la Prairie*: la mère sert un délicieux dîner aux enfants qui attendent sagement à table, avec les joues toutes roses, en regardant avec admiration leur père qui termine de jouer un air de Noël à la guitare. Il n'y a pas de dispute, pas d'enfant fatigué et pleurnicheur, pas de souvenirs amers. La réalité est souvent bien différente, même pour la plus heureuse des familles. Peut-être que la meilleure façon d'envisager les traditions familiales est d'accepter ce qui est et de le rendre le meilleur possible pour toutes les parties concernées. *Différent* ne veux pas dire « pire ».

b. *Improviser ou faire les choses différemment pour réinventer la tradition.*

Difficile de changer lorsqu'on a « toujours fait comme ça » ! C'est l'essence même de la tradition qui nous revient. Toutefois, le contexte familial a changé, et cela offre une excellente opportunité de « faire autrement ». Peut-être d'ailleurs que de « faire autrement » correspondra davantage à l'identité du parent solo.

> *Prendre du temps en famille pour découvrir ce qui vous rend uniques vous aidera à vous sentir tous unis, à apprécier ce que vous avez. Une façon de comprendre que ce qui rend votre famille différente est une force.*

Si vos enfants ne sont pas avec vous les jours festifs, vous pouvez organiser une fête spéciale un jour où vous êtes ensemble. Le calendrier en soi n'a rien de magique, ce qui importe c'est de prendre le temps pour faire naître des *moments magiques* ensemble.

c. *Impliquer les enfants dans l'organisation des moments festifs*

Cela peut s'avérer intéressant de demander aux enfants quelles traditions ont le plus de sens à leurs yeux. On pourrait découvrir qu'en fait, personne n'attache vraiment d'importance aux desserts de chez tel pâtissier chez qui l'on va depuis des années, mais qu'en revanche, tout le monde serait ravi de passer du temps à jouer à un jeux ou partager ses meilleurs souvenirs avec un bon chocolat chaud. Les choses toutes simples sont parfois ce que l'on retient de plus fort des journées particulières et des fêtes familiales.

d. *Résister à la Tentation de la montagne de cadeaux*

Lorsque les premières fêtes de famille ont lieu dans une nouvelle configuration familiale, on est parfois tentés de compenser le manque par une avalanche de cadeaux. Personne n'appréciera les fêtes si on doit passer les mois qui suivent à se soucier de payer les factures. Dans toutes les familles, il y a des enfants qui un jour ou l'autre demandent : « *Et c'est tout ?* » après avoir déballé une montagne de cadeaux. Plutôt que de se sentir coupable de ne pas pouvoir offrir encore plus de cadeaux, on peut alors saisir l'opportunité d'enseigner à ses enfants d'autres façon de trouver de la joie et de la magie dans la fête.

La « montagne » n'a pas besoin d'être haute pour rendre heureux. On peut choisir un cadeau spécifique pour chaque enfant, et décider ensemble de consacrer un budget à une autre famille qui serait encore plus démunie financièrement.

Trouver une façon d'aider quelqu'un d'autre peut redonner une perspective sur ce que les fêtes sont censées être. C'est une façon de partager l'esprit de la fête en se montrant utile et tourné vers l'autre.

4. De nouvelles façons de célébrer

Découvrir de nouvelles façons de célébrer les fêtes et d'unir une famille monoparentale demande du courage. Elena redoutait la perspective du jour de Pâques. Non seulement c'était les premières fêtes depuis son divorce, mais ses deux enfants passeraient le week-end avec leur père et leurs grands-parents, partageant la tradition de la chasse aux œufs en chocolat avec toute la famille, sauf elle. A l'idée de rester assise seule dans son appartement vide, les larmes lui montaient aux yeux. Tout à coup, en lisant un magazine, une idée lui vint à l'esprit.

Elle décrocha son téléphone et fit ses réservations avant d'avoir eu le temps de changer d'avis. Ce soir-là, Elena et ses enfants s'assirent ensemble et discutèrent de l'emploi du temps de chacun.

– *Vous savez tous les deux que je ne vais pas passer la fête de Pâques avec votre papa et vos grands-parents cette année, n'est-ce pas ?* » demanda Elena. Les enfants hochèrent la tête, incertains de la réaction de leur mère.

Trouver une façon d'aider quelqu'un d'autre peut vous redonner une perspective sur le vrai sens des fêtes.

Elena sourit :

– *J'ai quand même envie de le fêter avec vous, même si nous ne serons pas ensemble le jour même, alors j'ai pensé que nous pourrions préparer un repas spécial ce mercredi, juste nous trois. Qu'est ce que vous en pensez ?* »

Des sourires enthousiastes accueillirent la suggestion, et Elena et ses enfants s'organisèrent une merveilleuse fête de Pâques anticipée. Les enfants décidèrent que parce-qu'ils feraient la chasse aux oeufs chez leur grand-mère, ils allaient faire des recettes d'œufs salés chez leur mère. Elena rit et donna son accord. Ensemble ils décorèrent le centre de table avec des bougies et des confettis, discutant en même temps de la signification de cette fête. Lorsque ce fut l'heure de leur fête de Pâques à eux, ils mirent la table avec le plus joli service de vaisselle, allumèrent les bougies et éteignirent les lumières électriques.

A la lueur des bougies, Elena prit les mains de ses enfants et leur demanda à chacun ce qui leur inspirait de la gratitude. Cela leur prit un peu de temps pour y réfléchir – l'année avait été difficile pour tout le monde – mais chaque membre de la famille avait au moins une chose pour laquelle ils étaient sincèrement reconnaissants.

Puis Benoît demanda, incertain :

– *Est ce qu'on peut dire les choses pour lesquelles on n'est pas reconnaissant ?* »

Elena acquiesça.

– *Je ne suis pas reconnaissant pour le divorce* », dit-il alors doucement, « *mais je suis content que l'on s'aime encore* ».

Plus d'une larme coula autour de cette table ce soir-là, mais c'était aussi un moment de guérison et de compréhension. Elena savait en serrant ses enfants dans ses bras pour leur dire bonne nuit que leur fête de Pâques spéciale avait été une bonne idée.

Les jours suivants, après avoir déposé ses enfants surexcités chez leur père, elle fit sa valise et conduisit jusqu'à une ville du bord de mer où elle avait réservé une chambre d'hôtes pour retrouver une vieille copine célibataire. Ce n'était pas facile d'être sans les siens, en particulier lorsque tous les autres semblaient faire partie d'un couple ou d'une famille, et pourtant elle se sentit heureuse de la tranquillité et du calme de cette escapade. Elle trouva le coin magnifique. De fait, elle décida d'y emmener les enfants l'année suivante – son tour de les avoir – pour une fête de Pâques au bord de la mer.

5. Créer des moments privilégiés.

Les moments qui font de nous une famille n'ont pas besoin d'être réservés aux fêtes et aux occasions spéciales. Des moments privilégiés qui nous réunissent « tous ensemble » peuvent avoir lieu au quotidien, et c'est important de leur faire de la place dans nos vies si remplies.

Un voisin qui regarderait à travers les fenêtres de la maison de Gaëtan pourrait penser que la vie y estparfois un peu inhabituelle.

Gaëtan rentre chaque soir auprès de trois enfants affamés. Généralement, il y a la machine à faire tourner, les devoirs à faire ou à vérifier, et toutes les tâches et routines d'une vie de famille.

Pourtant, l'approche de Gaëtan n'est pas tout à fait comme celle des autres. Il pousse la porte de la maison, enlève ses chaussures et s'allonge sur le tapis.

– *Où sont mes petits ?* » hurle-t-il. « *Où sont tous mes enfants ?* »

Des moments spéciaux qui nous réunissent « tous ensemble » peuvent faire partie du quotidien, et c'est important de leur faire de la place dans nos vie si remplies.

Et ou qu'ils soient dans l'appartement, les enfants de Gaëtan se précipitent pour se jeter sur le torse de leur père, chatouillant, gloussant et criant. Pendant un moment, c'est un vrai bazar. Puis quand les rires se calment, Gaëtan et ses enfants discutent de ce qui s'est passé durant la journée, de la façon dont ils se sentent, et de ce qu'ils feront ce soir-là. Cela peut sembler un rituel idiot aux yeux des voisins, mais pour la famille de Gaëtan c'est un moyen délicieux de rester proche, et de laisser la place aux rires et à la connexion. Puis ils s'attaquent tous ensemble au dîner et aux corvées.

Les moments spéciaux peuvent être mis en place autour de n'importe quelle activité appréciée par la famille. Des Temps d'Echange en Famille réguliers n'offrent pas seulement un moment pour résoudre les problèmes, ils construisent un sens de la famille et un sentiment d'appartenance, puisque chaque membre va y participer et y avoir une place.

Créer des moments spéciaux pour votre famille peut vouloir dire faire une promenade à vélo le week-end, faire un pique-nique ou un match de foot, ou juste passer du temps ensemble. Ces moments n'ont pas besoin d'être parfaits, et de fait ils ne le seront sans doute pas. Mais plus ils seront fréquents, plus solide sera l'ancrage familial. Ces moments privilégiés que vous passez avec vos enfants n'ont pas besoin de coûter beaucoup d'argent ou d'être des événements de grande envergure. La présence à l'autre est ce qui fait la différence.

Ce que les parents peuvent donner à leur enfant de plus important, ce sont des souvenirs de disponibilité et de partage. Ces souvenirs précieux sont les racines qui feront grandir l'arbre de votre famille. Et pour les parents solos, ces moments privilégiés sont une façon de resserrer les liens familiaux de leur foyer, et d'y faire entrer la guérison et la joie.

6. La force des rituels

La vie moderne ne semble pas laisser beaucoup de place aux rituels. En fait, nombre d'entre nous ne savent pas vraiment ce que le mot *rituel* signifie. Pourtant, émailler notre quotidien de rituels peut y apporter une richesse et un sens de la fête qui contribuent à se sentir heureux, du moins le plus souvent.

Les rituels sont ces événements familiers et répétitifs qui finissent par faire partir de la structure de nos vies. Parfois leur naissance est spontanée, mais nous pouvons aussi les prévoir, les créer et nous en servir pour rassembler notre famille et en resserrer les liens. Un exemple familier est le rituel du coucher. Mettre les enfants au lit, en particulier les plus jeunes, peut devenir une lutte de fin de journée que chaque famille redoute. Développer un rituel (que nous appelons aussi « routine ») permet aux enfants de se sentir en sécurité, dans un environnement douillet, et facilite la séparation du soir pour les plus jeunes.

Les rituels peuvent nous aider à marquer et à célébrer les transitions et les événements qui font date au cours de nos vies. Ils nous aident à guérir, et nous offrent un moyen d'exprimer nos chagrins ou nos joies. Nous connaissons tous les rituels d'anniversaires – le gâteau, les bougies, la chanson familière – mais on peut en faire plus pour rendre l'occasion vraiment spéciale. On pourrait par exemple décider d'emmener l'enfant fêté déjeuner en tête à tête « *juste nous deux* ». Peut-être le petit dont c'est l'anniversaire pourra choisir son menu, et aura le droit d'utiliser une assiette particulière. Peut-être a-t-on une vieille décoration adorée sans laquelle ce ne serait pas le même gâteau d'anniversaire. Si vos enfants ont perdu un parent ou un de leurs frères, on pourrait débuter un rituel spécifique « du souvenir » à l'anniversaire de leur décès, comme celui d'allumer une bougie, de se remémorer de bons souvenirs, de faire quelque chose que celui qui nous a quitté aimait faire. On pourrait aussi décider de planter un arbre ou un rosier, de regarder les vieux albums photos. La clé est de faire en sorte que les rituels que l'on instaure nous ressemblent ; à chaque famille ses rituels. Tout particulièrement durant les premières années si difficiles, ce genre de rituels donnera à la

famille toute entière l'occasion de partager leur chagrin, de se souvenir et de guérir.

Les rituels peuvent nous aider à marquer et à célébrer les transitions et les événements qui font date au cours de nos vies.

Les rituels sont un moyen de resserrer les liens d'une famille. Il est important de s'assurer, cependant, que l'on prend en considération l'unicité et la situation de sa famille lorsqu'on programme la célébration de ces moments privilégiés. Bien que les célébrations traditionnelles ou reçues en héritage puissent marquer des événements merveilleux dans la vie d'une famille, organiser quelque chose simplement parce que c'est prévu risque de susciter l'ennui et un sentiment d'obligation plus que de faire naître l'esprit d'identité et la joie que l'on recherche.

7. Faire passer le message d'amour

Il est bien trop facile pour les parents – pour tous les parents – de se laisser happer par la course de la vie de tous les jours. On est occupé à *faire* des choses, à gérer des problèmes, à écouter, parler, à s'efforcer de garder notre famille soudée. Parfois on oublie de prendre le temps (ou on ne sait pas trop comment faire) de rappeler à nos enfants que nous les aimons. Et parfois nous laissons passer leurs tentatives de nous dire qu'ils nous aiment.

Il y a cette belle histoire à propos de l'amour d'un enfant qui circule sur internet. Nous la partageons ici en remerciant son auteur anonyme.

Il y a quelque temps, un père se fâcha contre sa fille de cinq ans pour avoir gâché tout un rouleau de papier cadeau doré. Ils n'avaient pas beaucoup de moyens et il s'était mis en colère quand son enfant avait voulu décorer ainsi une boite à déposer sous l'arbre de Noël.

Malgré tout, la petite fille apporta son cadeau à son père le lendemain matin en lui disant :

– C'*est pour toi papa* ».

Il se sentait encore mal à l'aise d'avoir réagi de façon excessive la veille, quand très surpris, il découvrit que la boite était vide. Sur un ton ou transparaissaient un peu d'agacement et de déception, il dit à sa fille : « mais tu ne sais pas que quand on offre un cadeau à quelqu'un il doit y avoir quelque chose dedans ? »

La petite fille regarda vers lui avec les yeux pleins de larmes et dit :

– *Oh papa, ça n'est pas vide. J'ai soufflé des bisous dans la boite. Tous pour toi, papa* ».

Le père était anéanti. Il serra sa petite fille dans ses bras et lui demanda pardon.

Ce père conserva la boite dorée près de son lit durant des années. Chaque fois qu'il perdait courage, il y puisait un bisou imaginaire et se souvenait de l'amour que son enfant y avait mis. Que nous en soyons conscients ou non, chacun d'entre nous a reçu une boite dorée rempli de l'amour inconditionnel de nos enfants et de leurs baisers. S'il vous est arrivé de demander pardon à un enfant, vous avez sans aucun doute fait l'expérience de cette vague d'amour irrésistible. Et si être rassuré sur l'amour qu'on nous porte a un effet si puissant sur nous, est ce qu'il peut en être autrement pour nos enfants ?

« *Bien sur, mes enfants savent que je les aime* » diront la plupart des parents. « *Je leur dit tout le temps* ». Certaines études intéressantes ont démontré que ce qui transmet l'amour de façon la plus puissante n'est pas ce que l'on dit mais ce que l'on *fait* : regarder dans les yeux, toucher l'autre avec tendresse, passer du temps ensemble, construire le sentiment d'appartenance et la notion de valeur d'un enfant. Ebouriffer en passant près de sa chaise les cheveux de sa fille en train d'étudier, faire un câlin inattendu à son fils tandis qu'il s'applique à construire sa tour de légos, ces gestes disent « je t'aime et je t'apprécie » d'une façon merveilleuse. Dire parfois « oui » au lieu de « non », surtout lorsqu'on s'y attend le moins, peut ravir un enfant et rendre tout le monde plus joyeux. Même le petit cadeau le moins cher (un paquet de chewing-gum, des cartes) devient magique lorsqu'il signifie « tu es spécial ».

Faire passer le message d'amour

Exprimer son amour pour un enfant est si important, et il existe tant de façons créatives (et bon marché) de le faire ! Voici quelques suggestions, qui pourraient vous inciter à en inventer d'autres :

- *Envoyez des messages. Essayez de glisser un mot sous la porte de la chambre de votre enfant pour lui dire que vous pensez à lui, ou collez un post-it dans son sac à dos lorsqu'il va chez son autre parent. Un poème drôle, un « je t'aime » ou juste un « smiley » lui diront qu'il est unique.*
- *Servez-vous des technologies modernes, elles offrent de nombreux moyens de rester en lien. Une carte de vœux electronique, une photo, un texto...*
- *Utilisez les objets comme des symboles. Un soir une maman raconta à son petit garçon, qui était perturbé, qu'il pouvait raconter ses problèmes à son petit lapin en peluche et que le lapin le comprendrait toujours. Pendant des années, le garçon retrouvait le lapin caché dans ses affaires chaque fois qu'il quittait la maison, et se souvenait de sa maman qui l'aimait.*
- *Passez des moments « privilégiés » ensemble. Rien ne dit mieux « je t'aime » que des moments réguliers passés en tête à tête avec un enfant, à échanger vos pensées, à jouer, ou juste à être ensemble.*

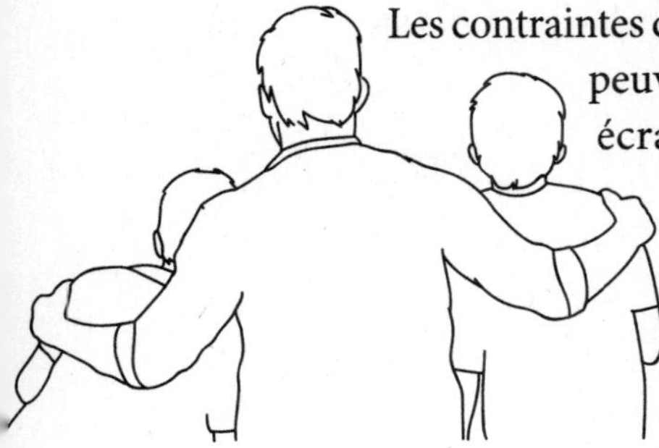

Les contraintes de la vie quotidienne avec nos enfants peuvent sembler moins amères et moins écrasantes lorsque nous parvenons à communiquer notre amour. Bien sûr, il arrivera que les enfants fassent des choix malheureux et qu'on doive les accompagner pour apprendre des compétences qui leur manquent. Les outils de La Discipline Positive pourront aider à cela, avec toujours en toile de fond notre tendresse de parent qui dit à l'enfant que quoi qu'il arrive, on l'aimera toujours de tout notre cœur.

Les contraintes du quotidien liées à la vie de famille peuvent paraître moins écrasantes lorsque nous parvenons à communiquer notre amour.

Certaines familles utilisent un signe non-verbal, comme de mettre la main sur le cœur, pour envoyer un message d'amour et d'apaisement même en pleine discussion houleuse.

Ainsi il existe 1 000 façons de s'assurer que l'amour que l'on ressent pour ses enfants soit décliné en petits gestes quotidiens et atteigne sa cible.

8. Le rire *est* le meilleur des remèdes

Une des meilleures (et des plus saines) façons d'exprimer son amour est de rire ensemble. C'est parfois plus facile à dire qu'à faire, mais nourrir votre sens de l'humour, apprendre à reconnaître et à apprécier les aspects loufoques de l'existence, et trouver les moyens de rire avec vos enfants peut apporter un changement immense à la façon dont on *ressent* la vie.

Pierre était en train d'arroser ses géraniums flétris un soir d'été, lorsque Théo et Nathan, ses jumeaux, apparurent dans le jardin devant la maison.

– *On s'ennuie papa* » grognèrent-ils. « *Y'a rien à faire et il fait trop chaud dans la maison. Et on ne veut pas se coucher parce qu'on est pas fatigué et qu'il fait encore jour* »

Sourcils froncés, les deux garçons s'assirent sur le perron de façon parfaitement symétrique.

Pierre ressentit une pointe d'énervement. Ils avaient eu la même conversation au moins deux fois cette semaine. Ils avaient réfléchi ensemble à ce qu'ils pouvaient y faire et s'étaient mis d'accord pour acheter un ventilateur lorsque leur budget le leur permettrait. Pourtant les garçons continuaient à ressasser le même sujet. Il était sur le point de faire une remarque agacée, lorsque la vue des deux petits visages grognons et identiques lui parut drôle.

– *Voilà un peu de frais* » dit-il en souriant, tout en faisant gicler un peu d'eau du tuyau d'arrosage sur les jambes nues de ses garçons.

Les deux garçons sautèrent sur leurs pieds. « *Papaaaaa* ! » s'exclamèrent-ils en disparaissant à toute vitesse derrière la maison.

– *Oh super* », pensa Pierre, « *maintenant je les ai rendus furieux* !

Il était en train d'aller fermer le tuyau d'arrosage pour rentrer parler aux petits lorsque Théo et Nathan apparurent au coin de la maison, armés jusqu'aux dents avec leurs pistolets à eau super puissants.

Durant les quinze minutes suivantes, les voisins furent invités au spectacle d'une bataille d'eau dans le jardin de Pierre. Et lorsque la bataille cessa, ils étaient tous les trois hilares et trempés jusqu'aux os.

– *Bon* » dit Théo d'un ton grave en examinant son t-shirt dégoulinant, « *je crois que je n'ai plus chaud* ».

Quelque chose dans le ton de sa voix fit sourire son frère et son père, et tous les trois se mirent à rire, marchant en file indienne pour rentrer se doucher et se coucher.

Nourrir votre sens de l'humour, apprendre à reconnaître et à apprécier les aspects loufoques de l'existence, et trouver les moyens de rire avec vos enfants peut apporter un changement immense à la façon dont on ressent *la vie.*

Est-ce que le rire résout tous les problèmes ? Bien sûr que non, mais la vie semble plus légère avec le rire, tant que l'on rit « avec quelqu'un » et non « de quelqu'un ». Une bataille d'oreillers spontanée ou un concours de chatouilles, ou bien des grimaces qui naissent à un moment inattendu qui vont rappeler aux parents comme aux enfants que la vie peut être quelque chose de drôle et de léger, même s'il y a des choses à faire par ailleurs. Parfois un enfant qui rechigne à ramasser ses jouets le fera à toute vitesse si cela devient un jeu. Parfois un sourire et un « *je te parie que tu ne peux pas ramasser ces jouets (ou mettre ton pyjama ou te laver les dents) avant que je n'ai compté jusqu'à dix* » transforme la tâche en un prétexte pour s'amuser plutôt qu'en lutte de pouvoir. Parfois juste échanger des blagues et des histoires drôles offre à tout le monde l'occasion de sourire ensemble, quelque chose qui ne se produit pas assez souvent, dans la plupart de nos foyers.

9. L'importance de la spiritualité

Les experts qui se penchent sur l'étude des familles équilibrées en concluent qu'elles partagent souvent une qualité en commun, un sens spirituel. Pour certaines cela signifie faire partie d'une communauté religieuse reconnue, pour d'autres cela peut signifier quelque chose de tout à fait différent.

Un théologien célèbre définissait la *spiritualité* comme « une forme d'identification proactive avec quelque chose de plus grand que soi qui donne un sens et un but à son existence ». La religion et la spiritualité sont deux choses distinctes. La spiritualité peut toucher un idéal auquel on croit, qui nous pousse vers le meilleur de nous même.

Pour la majorité des gens, une vie spirituelle est une source de force, une base sur laquelle construire, une façon efficace de créer un sentiment d'appartenance à quelque chose qui nous dépasse.

BOÎTE À OUTILS

- Reconnaître l'unicité de sa famille : chaque membre de la famille a des qualités et des caractéristiques uniques, et cela fait du foyer une famille unique.
- S'amuser à lister avec les enfants ce qui rend votre famille « spéciale »
- Réinventer des traditions en se rappelant que le mythe de la famille où tout se passe toujours bien n'existe pas.
- En profiter pour revoir les traditions avec les enfants et convenir avec eux de ce qui leur importe vraiment (peut être qu'un jeu ensemble remplacera le gâteau traditionnel du pâtissier du quartier)
- Lors des fêtes, résister à offrir une montagne de cadeaux
- Apprendre aux enfants à trouver aussi leur joie dans l'aide apportée aux autres autour d'eux.
- Si vous n'avez pas vos enfants pour les fêtes, organiser une fête spéciale (même si elle n'est pas le jour J)
- Créer des moments privilégiés de connexion : au-delà des choses à faire, le lien avec les enfants passe par le jeu, la fête, les instants partagés pour profiter de qui ils sont.
- Se servir des rituels pour créer une identité familiale (rituel du coucher, rituel du souvenir, etc.)
- Faire passer le message d'amour (un texto, un petit mot, un geste…)

- Créer des occasions de rire ensemble : la vie est tellement plus légère quand on rit !
- Trouver une forme de spiritualité, une dimension qui ancre, qui donne du sens et qui ressource.

CONCLUSION

Nous voici parvenus à la fin d'un livre, mais ce n'est que le début d'un voyage. Il se peut que la monoparentalité ait été un projet soigneusement conçu ou un voyage que l'on aurait préféré ne jamais entreprendre. Peut-être trouvez-vous que la traversée est effrayante et la rive trop éloignée, que vous êtes désorienté, peut-être dépassé. Il se peut aussi que vous sachiez déjà qu'il n'y a pas de voyage sans péripéties certes mais aussi sans découvertes, joies de l'instant, et rencontres.

Etre parent est presque toujours une expérience d'apprentissage, plus encore pour l'adulte que pour l'enfant. Si l'on pose un regard de confiance sur la monoparentalité, elle est aussi une chance de construire quelque chose de beau, de faire naître une nouvelle vision de la vie de famille, et de la voir fructifier.

Oui, il *est* possible d'élever des enfants responsables, respectueux et pleins de ressource en tant que parent solo et de les voir grandir pour devenir des adultes heureux et compétents. C'est notre espoir en tant qu'auteurs – et parents – que vous puissiez choisir les outils qui vous conviennent et vous aideront à atteindre ce but. Vous *pouvez* construire un foyer solide et aimant, un cadre propice à tous les apprentissages quel qu'ils soient.

Vous avez l'occasion de guider vos enfants, avec amour, sagesse et confiance, pour qu'ils développent la capacité de faire face à la vie et à tous ses défis. En étant un modèle de ce que vous avez envie de leur transmettre, vous pouvez apprendre à vos enfants à développer les compétences de vie qui vous semblent essentielles.

Célibataire ou non, vous êtes avant toute chose le *parent* de votre enfant.

Il est tentant, pris dans la course de la vie de tous les jours, d'espérer de toutes ses forces l'arrivée de la prochaine étape, quelle qu'elle soit. Lorsqu'ils sont bébés, on attend avec impatience qu'ils sortent des couches, fassent leurs nuits, leurs dents ou deviennent plus autonomes. Lorsqu'ils sont au jardin d'enfant, on rêve qu'ils entrent à l'école. Et face aux défis de l'adolescence, on a hâte que nos enfants prennent leur indépendance.

Presque tous les parents savent – aussi dur à croire que cela puisse paraître maintenant – que le jour vient où ils ne veulent qu'une chose, c'est ralentir le processus. Difficile à croire que le petit enfant qui peinait à faire ses lacets – cela semble être hier – soit déjà à l'université et soit devenu un jeune adulte indépendant. Apprendre à ralentir, à apprécier et vivre chaque instant avec ses enfants, procure des joies dont on ne profite pas toujours suffisamment.

Vous vous souvenez de notre cyprès ? Si cet arbre pouvait parler, il nous raconterait que parfois il aimerait être n'importe où ailleurs, lorsque s'accrocher à la roche exige plus de force et de persévérance qu'il ne semble en posséder. Qu'il serait parfois si simple et tentant de céder aux vents et aux tempêtes.

Mais le cyprès comme le parent solo possèdent une force qui émerge de la tempête elle-même. Avec patience, ils gagnent un supplément d'âme à être ainsi façonnés par le vent et les difficultés. Cette force, avec le temps, devient source d'inspiration et refuge pour ceux qui les entourent.

Chaque parent solo finit par trouver sa voie et peut apprendre à faire confiance à sa propre sagesse, à changer ce qui doit l'être lorsque c'est nécessaire. L'important n'est pas tant où l'on est mais ou l'on souhaite aller, sans pour autant viser la perfection. Aucun d'entre nous ne sera jamais un parent parfait, et il y a bien peu de chance que nos enfants soient des enfants parfaits. En revanche, en embrassant la réalité avec toutes ses joies et ses aspérités, on fait de son mieux et l'on se rapproche ainsi du parent que l'on a envie d'être.

A PROPOS DES AUTEURES

Jane Nelsen, docteur en éducation, thérapeute familiale californienne, est mère de 7 enfants, grand-mère de 22 petits-enfants et arrière grand-mère de 7. Elle est l'auteur du tout premier livre de Discipline Positive traduit dans le monde entier et a co-signé l'intégralité des autres livres de Discipline Positive. De renommée internationale, elle donne aujourd'hui des conférences dans le monde entier.

www.positivediscipline.com

Cheryl Erwin, psychothérapeute familiale et conjugale, coach parental et formatrice. Elle partage la Discipline Positive avec parents et professionnels dans plusieurs pays du monde. Elle a élevé seule son fils aujourd'hui âgé de 32 ans et père lui-même. Pour en savoir plus sur l'auteur : www.cherylerwin.com

Carol Delzer, avocate spécialisée dans le droit de la famille, thérapeute familiale. Elle a élevé seule sa fille Jessica qui a été source d'inspiration tout au long de la co-écriture de ce livre.

ADAPTATRICES

Béatrice Sabaté, psychologue française, maître formatrice en Discipline Positive co-signe l'adaptation de cet ouvrage. Elle a donné l'élan initial au développement de la Discipline Positive en France et adapté le premier livre de Discipline Positive de Jane Nelsen *La Discipline Positive, comment éduquer avec fermeté et bienveillance* de Jane Nelsen (publié en 2013), ainsi que *La Discipline Positive pour les adolescents* de Jane Nelsen et Lynn Lott (publié en 2014).

Armelle Martin, avocate de formation, formatrice certifiée en Discipline Positive, co-signe l'adaptation de cet ouvrage. Avec Béatrice Sabaté, elle est co-fondatrice de l'organisme de formation Acteurs de lien – www.acteursdelien.com

L'Association Discipline Positive France, ADPF,
développe avec succès l'approche éducative de
Discipline Positive au sein des familles
et des établissements scolaires de l'hexagone.
www.disciplinepositive.fr

MAQUETTE ET MISE EN PAGES

Zeharbegi@

IMPRESSION : CORLET À CONDÉ-SUR-NOIREAU (14)
DÉPÔT LÉGAL : SEPTEMBRE 2016. N° D'IMPRESSION 183741
IMPRIMÉ EN FRANCE